Gehirn und Verhalten

# Inhaltsverzeichnis

# Vorwort

Dieses Buch befaßt sich mit dem menschlichen Gehirn, der wohl rätselhaftesten Struktur, die die Natur je geschaffen hat, und dem durch seine Funktion hervorgebrachten Verhalten. Unser Gehirn besteht aus Myriaden einzelner Nervenzellen, die ständig untereinander scheinbar einfache und trotzdem für uns meist unverständliche Signale austauschen. Und dennoch – wir denken, fühlen, wollen. Wer oder was lenkt die Nervenzellen bei ihrem offensichtlich sinnvollen Agieren und wie entstehen daraus unsere Sinneseindrücke oder unser Handeln?

Viele Wissenschaftszweige haben sich mit Gehirn und Verhalten befaßt, angefangen von Philosophie und Theologie über Psychologie, Psychiatrie und Neurologie bis hin zu Chemie und Physik. In diesem Buch werden wir diese Probleme von einem jungen Wissenschaftszweig aus neu beleuchten, nämlich der Synergetik, die aus der Physik hervorging, sich aber bald zu einer eigenständigen Wissenschaft der Entstehung und Funktion komplexer Systeme entwickkelte. Das mathematisch-naturwissenschaftliche Fundament der Synergetik wird dabei immer wieder sichtbar werden. So werden auch Gehirn und Verhalten unter diesem Blickwinkel erscheinen, unter dem überraschende neue Einblicke in die Funktionsweise unseres Gehirns möglich werden. Es arbeitet in der Tat anders, als wir denken (im doppelten Sinne dieses Satzes!).

Das vorliegende Buch ist ein Sachbuch aus erster Hand – viele der hier dargestellten Resultate wurden von einem der Verfasser, zum Teil auch in Zusammenarbeit mit Kollegen und Mitarbeitern, erarbeitet und zunächst in wissenschaftlichen Fachzeitschriften veröffentlicht. Hierbei stand stets der enge Bezug zu den experimentellen Ergebnissen im Vordergrund. Die Zeit erscheint reif, das neue, teilweise sogar revolutionäre Bild von Gehirn und Verhalten einer Öffentlichkeit vorzustellen, die an neuen Entwicklungen des wissenschaftlichen Weltbildes interessiert ist. Hierfür ist eine Sprache, die auch der wissenschaftliche Laie versteht, Voraussetzung.

Im Vorwort eines unserer früheren populärwissenschaftlichen Bücher zitierten wir das bekannte Wort von Helmut Schmidt von der Bringschuld der Wissenschaft. Hieran hat sich seither nichts geändert, im Gegenteil: Es ist dringender denn je nötig, daß Wissenschaftler dem immer stärker werdenden Auseinanderdriften von Gesellschaft und Wissenschaft entgegenwirken. Hierzu will dieses Buch seinen Beitrag leisten.

Eine Reihe von Konzepten, wie sie in diesem Buch dargestellt sind, haben bereits Eingang in Gebiete gefunden, die eng mit unserer Thematik zusammenhängen, wie der Psychologie und Psychiatrie. Hier möchten wir auf die Bücher von Jürgen Kriz, sowie Günter Schiepek und Wolfgang Tschacher (vgl. Literaturverzeichnis) verweisen.

Eine schöne Ergänzung zum vorliegenden Buch scheint uns die bei der Deutschen Verlags-Anstalt erschienene und von Reinhard Breuer herausgegebene Sammlung von Beiträgen zum Leib-Seele-Problem zu sein, das von vielen Blickwinkeln aus beleuchtet wird. Zugleich hoffen wir aber, daß das vorliegende Buch für Sie, liebe Leserin, lieber Leser, eine spannende Lektüre auch über Ihr Gehirn bietet, das uns immer wieder mit neuen Überraschungen konfrontiert.

Wir benutzen die Gelegenheit, um einer Reihe von Fachkollegen für höchst anregende Diskussionen über die Jahre hinweg zu danken. Mit M. Stadler und P. Kruse diskutierten wir über die Beziehungen zwischen Gestalttheorie und Synergetik, mit E. Başar, T. Bullock, W. Freeman, T. Lehmann und anderen Forschern über die verschiedenen Aspekte der EEG-Messungen und ihrer Interpretation. Mit H. Körndle und K. H. Leist konnten wir über die Analyse von Bewegungen diskutieren, ebenso wie mit P. Beek und W. Beek, O. Meijer und L. Peper. Mit P. Vanger kooperierten wir über die Erkennung von Gesichtsausdrücken und mit J. Portugali über sein Konzept der Inter-Repräsentations-Netzwerke. Die enge Zusammenarbeit mit Scott Kelso sei besonders hervorgehoben. Weiterer Dank gehört den Mitgliedern des Instituts für Theoretische Physik und Synergetik der Universität Stuttgart für ihre Zusammenarbeit.

Unser besonderer Dank geht an drei Personen, die in hervorragendem Maße zum Gelingen dieses Buches beigetragen haben, nämlich Frau Irmgard Möller, die nicht nur in höchst effizienter Weise das Manuskript schrieb, sondern auch in vielerlei Weise half, das Buch in seinen endgültigen Zustand zu bringen. Frau I. Möller und Herrn Dr. J. Schilp gelang es immer wieder, den Computer zu bändigen. Herr Dr. Andreas Daffertshofer sorgte für die Abbildungen und zeichnete eine ganze Reihe von ihnen mit Hilfe des Computers neu.

Schließlich und ganz besonders danken wir den Damen und Herren der Deutschen Verlags-Anstalt für die schon traditionell hervorragende Zusammenarbeit, insbesondere Herrn Dr. R. Lebe, Herrn Ulrich Volz und Frau Margot Adrion.

Stuttgart, Mai 1997

Hermann Haken und Maria Haken-Krell

Kapitel 1

# Einführung

## Was macht die Biologie so faszinierend und schwierig zugleich?

Alle Organismen sind äußerst komplex. Die meisten von ihnen bestehen aus einer sehr großen Zahl von Zellen, die selbst wieder höchst kompliziert aufgebaut sind. Darüber hinaus zeigen viele Organismen, insbesondere Menschen und Tiere, komplexes Verhalten. Damit diese selbst einfache Bewegungen ausführen können, müssen deren Zellen in sinnvoller Weise zusammenwirken, was sich dann als Koordination der Muskeln äußert. So prägte der berühmte Physiologe Sherrington zu Beginn des 20. Jahrhunderts den Ausdruck *Synergie von Muskeln*. Derartig hohe Koordination liegt natürlich auch dem Atmen, dem Herzschlag und der Blutzirkulation zugrunde. Auf einer noch höheren Ebene kooperieren im menschlichen Gehirn viele Zellen in sinnvoller Weise, um Wahrnehmung, wie Sehen und Hören, Denken, Sprache, Schreiben und Lesen und andere Phänomene, einschließlich der Gefühle, hervorzubringen. In all diesen Fällen entstehen völlig neue Eigenschaften des Gesamtorganismus, die auf dem mikroskopischen Niveau der einzelnen Zellen überhaupt nicht vorhanden sind. Eine einzelne Nervenzelle riecht nicht, sieht nicht, fühlt nicht. Eines der größten Rätsel der Biologie ist sicherlich dieser hohe Grad von Integration, mit dem die mikroskopisch kleinen Zellen verknüpft sind, um die makroskopisch wahrnehmbaren Fähigkeiten von Mensch und Tier hervorzubringen. Wie stark diese integrative Macht unseres Gehirns ist, läßt sich am besten mit Abbildung 1.1 belegen, die ein Gemälde des mittelalterlichen Malers Giuseppe Arcimboldo zeigt. Auf den ersten Blick erkennen wir ein Gesicht, aber wenn wir näher hinschauen, erkennen wir nichts anderes als eine Ansammlung von Früchten und Gemüse. Wir

**Abb. 1.1**
Gemälde des Malers Giuseppe Arcimboldo (1527–1593). Ist es ein Gesicht oder Obst und Gemüse?

erkennen dieses Gesicht nicht wegen, sondern trotz seiner einzelnen Teile. Dieses Beispiel können wir metaphorisch benutzen, wobei die einzelnen Teile im wesentlichen die Nervenzellen sind und nicht Gesamtheiten wie Früchte. Wie wird diese Integration hervorgebracht? In früheren Zeiten konnten wir Bilder sehen, bei denen im Gehirn eines Menschen wieder ein Mensch (Homunkulus) sitzt, der die Bewegungen steuert oder sieht. Natürlich muß dann in diesem Homunkulus wieder ein Homunkulus sitzen, der dieselben Tätigkeiten ausführt. So geht diese Art russischer Puppe unendlich oft weiter – offenbar ein unsinniger Denkansatz. Im 20. Jahrhundert schrieb der berühmte Neurophysiologe John Eccles gemeinsam mit dem Philosophen Karl Popper ein Buch mit dem Titel »Das Selbst und sein Gehirn« (The Self and its Brain), wo sie in gewisser Weise das Selbst oder Ich als einen Programmierer interpretierten und das Gehirn als einen Computer.

In unserem Buch werden wir eine ganz andere Auffassung vertreten. Wir werden nämlich nicht annehmen, daß die Integration der Gehirnzellen durch irgendwelche Organisationszentren, durch Programmierer oder durch eine Art von Computerprogrammen hervorgebracht wird. Wir werden vielmehr die Idee der sogenannten Selbstorganisation entwickeln, bei der die einzelnen Teile eines Systems, zum Beispiel eben die Nervenzellen des Gehirns, ihr Zusammenwirken ganz von sich aus bewerkstelligen. Hierzu werden wir das noch relativ junge Forschungsgebiet der Synergetik, auf deutsch »der Lehre vom Zusammenwirken«, heranziehen.

Die Synergetik kann als die am weitesten fortgeschrittene Theorie der Selbstorganisation betrachtet werden, und wir werden zeigen, wie diese Theorie bei einer Fülle von biologischen Phänomenen angewendet werden kann, insbesondere bei solchen, die mit Gehirnaktivitäten, wie Wahrnehmung und Verhalten, verknüpft sind. Wir werden biologische Systeme, einschließlich des menschlichen Gehirns, als gigantische Systeme betrachten, die den Gesetzen der Physik genügen. Dies ist natürlich Musik in den Ohren der materialistischen Schule der Philosophie. Wir werden aber auch sehen, daß die Gesetze in der Biologie nicht eindeutig von physikalischen Gesetzen hergeleitet werden können. Es gibt andere zusätzliche Gesetze, die mit dem Auftreten neuer Eigenschaften oder, gelehrter ausgedrückt, die mit der Emergenz neuer Qualitäten verknüpft sind. In dieser Weise wird es sich zeigen, daß die Synergetik nicht in Konflikt mit der Physik ist, aber daß sie andererseits nicht mit irgendeinem Physikalismus identifiziert werden darf. Die letzten beiden Sätze hören die »Materialisten« nicht so gerne und haben schon Anlaß zur Kritik gegeben. Wie wir sehen, geraten wir so unversehens in philosophische Gefilde, und wir werden in unserem Buch noch darauf zurückkommen. Vielleicht zur Klärung der Begriffe noch eine kurze Bemerkung: Während Synergetik eine Disziplin ist, ist Selbstorganisation ein Phänomen.

## Ziele der Synergetik

Komplexe Systeme – unser Gehirn ist hier nur ein Beispiel – bestehen aus vielen einzelnen Teilen, Elementen, oder Untersystemen, die sich oft gegenseitig in einer komplizierten Weise beeinflussen. Ein klassisches »Rezept«, um solche Systeme zu behandeln, geht auf den französischen Gelehrten René Descartes zurück. Gemäß ihm hat man ein komplexes System in immer elementarere Teile zu zerlegen, bis man auf einem Niveau ankommt, auf dem diese Teile verstanden werden können. Ganz offensichtlich folgt die Molekularbiologie dieser Linie. In ihr sucht man nach den Molekülen, die beim Stoffwechsel, bei der Vererbung und den anderen biologischen Vorgängen auftreten und eine Rolle spielen. Hierbei sieht man es oft als Erklärung eines biologischen Phänomens an, wenn das hieran beteiligte Molekül identifiziert wurde. Zweifellos hatte und hat die Molekularbiologie große Erfolge zu verzeichnen, und dies mag der Grund dafür sein, daß einer Reihe von Biologen der Blick auf ganz andere, aber mindestens ebenso wichtige Fragestellungen verstellt ist. Durch die wechselwirkenden Elemente eines Systems entstehen nämlich qualitativ neue Eigenschaften auf dem makroskopischen Niveau. So bleibt unzweifelhaft eine enorme Lücke in unserem Verständnis der Beziehung zwischen der mikroskopischen und der makroskopischen Ebene. Es ist das Ziel der Synergetik, diese Lücke zu überbrücken. Gleichzeitig werden wir sehen, daß in den meisten Fällen die Strukturen nicht durch eine »organisierende Hand«, oder wie Adam Smith es für die Wirtschaft ausdrückte, durch eine »unsichtbare Hand«, entstehen, sondern von den Systemen selbst geschaffen werden. Deshalb sprechen wir von Selbstorganisation.

Die Methode, die wir die Descartsche Methode nennen könnten, hat noch weitere Tücken. Um die einzelnen Teile, wie die riesige Zahl der Gehirnzellen, zu beschreiben, ist eine enorme Menge von Information nötig, mit der kein Mensch umgehen kann. Daher müssen wir adäquate Methoden entwickeln, um Information zu komprimieren. Ein Beispiel, wie dieses Ziel erreicht werden kann, liefert uns schon unser Temperatursinn. Wie wir wissen, besteht ein Gas, wie Luft, aus Myriaden einzelner Moleküle, aber wir nehmen ihre individuelle Bewegung nicht wahr. Statt dessen integriert unser Körper über ihre Bewegung und fühlt nur ihre mittlere Energie, oder das, was wir als Temperatur bezeichnen. Auch unsere Sprache verfährt in ähnlicher Weise. In den meisten Fällen stellen einzelne Worte ganze Klassen dar, oder Kategorien, oder Objekte, oder komplizierte Tätigkeiten. Zum Beispiel bezieht sich das Wort »Hund« auf die verschiedensten Rassen, Größen, Bewegungen usw.

Können wir eine allgemeine Theorie entwickeln, die es uns gestattet, Information ganz automatisch in angemessener Weise zu komprimieren? Wie wir sehen werden, geschieht oft eine solche Informationskompression in Situationen, wo ein System seinen makroskopischen Zustand qualitativ ändert. In der unbelebten Natur gibt es eine ganze Zahl solcher abrupter Übergänge, die Phasenübergänge genannt werden. Beispiele aus der Physik werden durch das Frieren von Wasser zu Eis geliefert oder das Einsetzen von Magnetismus. Hierbei treten völlig neue physikalische Eigenschaften zutage, zum Beispiel mechanische. Auf Eis können wir gehen, auf Wasser nicht. Wie wir sehen werden, finden wir in der Biologie eine Fülle ähnlicher qualitativer Änderungen, die von einfachen Bewegungsänderungen bis hin zu komplizierten Wahrnehmungsänderungen reichen.

# Das Gehirn als komplexes System

Untersuchen wir, aus welchen »Bausteinen« das Gehirn aufgebaut ist, so finden wir ein phantastisches Wunderwerk der Miniaturisierung. Mit einem Gewicht von etwa 1,5 Kilo enthält es die fast unvorstellbare Anzahl von rund 100 Milliarden Nervenzellen, Neuronen genannt. Dies entspricht der Anzahl der Sonnen in unserer Milchstraße.

Um die enorme Zahl der Neuronen zu illustrieren, betrachten wir ein Modell: Wir denken uns jedes von ihnen so stark aufgeblasen, daß hundert Neuronen in einen Fingerhut passen, sagen wir von einem Kubikzentimeter. Dann würden wir ein Haus von je 10 Meter Höhe, Tiefe und Breite benötigen, um all diese Fingerhüte unterzubringen. Um die Neuronen aber in dem ja viel kleineren Gehirn unterzubringen, müssen diese winzig klein sein. Die Durchmesser der Zellkörper betragen einige Tausendstel Millimeter, sind also kleiner als die Dicke eines Menschenhaares.

Faszinierend ist auch die komplexe Verschaltung der Nervenzellen. Zahlreiche Verbindungen, Telefondrähten ähnlich, laufen zwischen den Neuronen, um zwischen diesen Informationen auszutauschen. So kann ein Neuron mit bis zu zehntausend anderen verknüpft sein. Die genannten Zahlen lassen erahnen, welch komplexes Gebilde unser Gehirn ist, und wie schwierig es ist, dieses zu erforschen, geschweige denn eine Maschine mit auch nur annähernd seinen Fähigkeiten zu konstruieren. Denken wir nur daran, daß unser Gehirn in einem Bruchteil von Sekunden Informationen von der Außenwelt in lebendige Wahrnehmungen verwandelt, wie farbenfrohe Bilder, mitreißende Melodien, angenehme Düfte, um nur einige Beispiele zu nennen. Selbständig kann es Entscheidungen treffen, und es vermag im Gedächtnis eine Informationsmenge von etwa $10^{10}$ (eine Eins mit zehn Nullen!) Bits (Ja/Nein-Entscheidungen) zu speichern.

So hat denn auch die Forschung über das Gehirn und seine Funktionen viele Facetten und, um ehrlich zu sein, diese Facetten sind praktisch unerschöpflich. Daher müssen wir wohl fragen, welche Fragen vernünftig sind. Diese Fragen hängen umgekehrt von dem allgemeinen Stand der Wissenschaft ab, welcher selbst wieder auf experimentellen Techniken und theoretischen Konzepten, wie auch mathematischen Verfahren und neuerdings auch Computermodellen, beruht. Auch der alte Traum der Menschen, Roboter mit menschenähnlichen Eigenschaften zu schaffen, hat nichts von seiner Attraktivität eingebüßt und dient in der neueren Forschung dazu, Einblicke in intelligentes Verhalten zu bekommen. Aber darüber hinaus hängen alle diese Fragen vom Geschmack oder unserer vorangegangenen Ausbildung, vielleicht sogar vom Zeitgeist ab. Im Hinblick auf die große Komplexität des Gehirns müssen wir nach Modellen, Paradigmen oder Metaphern Ausschau halten. Aber auf welchem Niveau und mit welcher genauen Bedeutung sollen wir diese Denkweisen verwenden? Wir werden uns diesen Fragen im folgenden zuwenden.

## Traditionelle und synergetische Interpretation von Gehirnfunktionen

Um dem Leser ein Gefühl zu geben, wie unsere Auffassungen, die auf der Synergetik beruhen, sich von den traditionellen Ansichten unterscheiden, nehmen wir einige der grundlegenden Resultate dieses Buches vorweg. In der linken Spalte von Tabelle 1 haben wir die traditionellen Konzepte aufgelistet, während die entsprechenden Konzepte, die auf der Synergetik beruhen, in der rechten Spalte erscheinen.

Betrachten wir den Inhalt von Tabelle 1 im Detail, indem wir die linke und die rechte Seite Zeile für Zeile vergleichen. Das traditionelle experimentelle und theoretische Studium von Gehirnfunktionen beruht auf dem Konzept der *einzelnen* Zelle, während wir in der Synergetik unsere Aufmerksamkeit auf die Tätigkeit eines *Netzwerks* von Zellen richten. So betrachten wir statt des Individuellen das Ensemble. Dieser Unterschied zwischen den Gesichtspunkten läßt sich am besten erkennen, wenn wir die Frage der »Großmutterzelle« in der traditionellen Theorie diskutieren. Diese Bezeichnung ist natürlich spaßhaft gemeint, hat aber einen seriösen Hintergrund. Wenn wir nämlich unsere Großmutter erkennen, so soll dies durch eine

| Traditionell | Synergetik |
|---|---|
| Zelle | Netzwerk von Zellen |
| individuell | Ensemble |
| Großmutterzelle | Gemeinschaft von Zellen |
| Steuerungszelle | Gemeinschaft von Zellen |
| lokalisiert | delokalisiert |
| Engramm | verteilte Information |
| programmierter Computer | selbstorganisiert |
| algorithmisch | selbstorganisiert |
| sequentiell | parallel und sequentiell |
| deterministisch | deterministisch und Zufallsereignisse |
| stabil | nahe an Instabilitätspunkten |

**Tabelle 1**
Vergleich zwischen traditionellen und synergetischen Auslegungen von Gehirnfunktionen

einzige Zelle, eben die Großmutterzelle, erfolgen. In der synergetischen Auffassung wird die Erkennung von Mustern – das Gesicht
der Großmutter – durch die Tätigkeit eines ganzen Verbandes von
Zellen erreicht.

Früher wurde die Steuerung von Bewegungen auf eine Steuerzelle
zurückgeführt, während sie in der Synergetik das Resultat der Tätigkeit eines Ensembles von Zellen ist. Während nach der traditionellen
Auffassung Gehirntätigkeiten streng lokalisiert sind, werden sie jetzt
als delokalisiert angesehen und können sich über ausgedehnte Gebiete des Gehirns erstrecken. Gemäß dieser Vorstellung müssen wir
nun nicht mehr die sogenannten Engramme, also lokalisierte Ge-
dächtnisspuren, sondern verteilte Information suchen. Diese Ge-
sichtspunkte werden auch vom Konnektionismus geteilt, bei dem bestimmte Computer-Netze als Modell für psychische Vorgänge
dienen, worauf wir später noch zurückkommen werden. Ein grundsätzlicher Unterschied zwischen unserem Standpunkt und dem anderer Denkschulen wird sichtbar, wenn wir die weithin vertretene
Ansicht betrachten, daß das Gehirn wie ein programmierter Computer arbeitet, der auf Algorithmen, das heißt bestimmten Rechenvor-
schriften, beruht. Aber wer oder was wirkt hier als Programmierer?

Unserer Ansicht nach arbeitet das Gehirn nach dem Prinzip der Selbstorganisation. In der herkömmlichen Auffassung wird die hereinkommende Information sequentiell, also Schritt für Schritt nacheinander, verarbeitet. In der neuen Auffassung wird Information hauptsächlich parallel, das heißt gleichzeitig von vielen einzelnen Nervenzellen, verarbeitet. Das Konzept eines programmierten Computers beinhaltet, daß das ganze System streng deterministisch arbeitet. Wie wir in unserem Buch nachweisen werden, bestimmen sowohl deterministische als auch Zufallsereignisse das biologische Geschehen. Ein weiterer grundlegender Unterschied zeigt sich im Hinblick auf Stabilität. In der herkömmlichen Auffassung wird angenommen, daß das Gehirn stets in einem stabilen Zustand ist. Dies ist die Basis für viele Experimente und auch Theorien über Gehirnfunktionen. Wir werden zeigen, daß das Gehirn nahe an Instabilitätspunkten arbeitet, wobei wir auf diese Begriffe noch näher eingehen werden.

Wir hoffen, daß die Tabelle 1 die Neugier der Leserin oder des Lesers geweckt hat, um diese neuen Gedankengänge zu verfolgen und speziell zu sehen, welchen experimentellen Nachweis wir anbieten können, der derartige grundlegende Änderungen im theoretischen Verständnis der Gehirnfunktionen nahelegt.

Kapitel 2

# Wir erkunden unser Gehirn

## Das Gehirn als Schwarzer Kasten

Die Methode des sogenannten *Schwarzen Kastens* (englisch *black box*) ist Ingenieuren der Nachrichtentechnik wohlbekannt. Wenn diese einen neuen Fernseher oder eine Telefonvermittlung konstruieren sollen, indem sie einzelne Bauteile zusammenfügen, so kümmert es die Ingenieure wenig, was im einzelnen in den verschiedenen Bauteilen vor sich geht. Es genügt ihnen zu wissen, wie der Zusammenhang zwischen den Signalen aussieht, die in ein Bauteil hineingeschickt werden und denen, die herauskommen, zum Beispiel wie stark die hereinkommenden Signale verstärkt oder in welcher Weise sie verändert werden. Ganz ähnlich sind Wissenschaftler bei der Erforschung des Verhaltens von Menschen oder Tieren vorgegangen, indem sie insbesondere deren Gehirn als eine *black box* ansehen, das in spezifischer Weise auf spezielle Reize von außen reagiert. Diese Methodologie, die mit dem englischen Namen *behaviorism* (oder auf deutsch: Behaviorismus) belegt wurde, geht insbesondere auf den amerikanischen Verhaltensforscher Burrhus F. Skinner zurück. Dieser konstruierte besondere Käfige, um die Reaktionen von Tieren, zum Beispiel Ratten, auf spezielle Reize, wie etwa Nahrung oder Bestrafung, zu studieren und auch, wie und was diese lernen. Diese Methode wurde in einem Cartoon karikiert, auf dem eine Ratte zu einer anderen sagt: »Haben wir den Professor nicht gut dressiert! Jedesmal, wenn wir diesen Hebel bewegen, bekommen wir Futter.«

Bei diesem Verfahren werden die inneren Zustände des Gehirns des Tieres völlig ignoriert, ja, es galt sogar als unwissenschaftlich, hierüber überhaupt Fragen zu stellen. Dies mag noch bei Tieren als plausibel erscheinen, da diese ja nicht sprechen können, aber bei

Menschen, die sich mitteilen können, ließ man einen ganz wichtigen Aspekt außer acht, nämlich die sogenannte Introspektion, das heißt unsere eigenen inneren Erfahrungen. Heutzutage scheinen sich diese Dinge sehr zu ändern, und es gibt eine ganze Reihe von Studien, die um Einblick in die geistigen Zustände von Tieren bemüht sind.

Auf jeden Fall ist der *Behaviorismus* nicht mehr im Zentrum der modernen Forschung, obgleich die Untersuchung verschiedener Arten von Verhalten noch ein wichtiges Werkzeug zur Erforschung des Gehirns ist, wie wir später sehen werden. Auf einige dieser Forschungen wollen wir schon jetzt kurz hinweisen. Die Bewegungen, wie etwa Gehen, Schwimmen von Menschen und Tieren, aber auch andere Körperbewegungen, werden in den sogenannten Bewegungswissenschaften, wie sie vor allen Dingen etwa in Deutschland, Holland und den USA etabliert sind, intensiv studiert. Derartige Untersuchungen sind von Interesse für die Sportwissenschaft, aber auch für die Medizin, wo es um die Rehabilitation von verletzten Menschen geht, aber auch solchen, die etwa an der Parkinsonschen Krankheit leiden.

Menschliches Verhalten im geistigen Bereich wird von der Psychologie und bei krankhaften Fällen von der Psychiatrie studiert. Wie wir noch sehen werden, sind hier gerade abrupte Wechsel von einem Verhalten zu einem anderen, wie sie zum Beispiel bei schizophrenen Schüben oder beim Umschlag von einer manischen in eine depressive Phase auftreten, von besonderem Interesse. In gewisser Weise können wir auch das Studium der Sprache durch Sprachforscher als die Methode der *black box* ansehen, denn hier ist man nicht daran interessiert was im Gehirn vorgeht, wenn Sprache produziert wird, sondern nur an der abstrakten Struktur dieses geistigen Produkts.

Aber auch ein neuer Zweig der Forschung tritt immer mehr in den Vordergrund, wo versucht wird, die Struktur der Sprache auf die Struktur des Gehirns zurückzuführen. Die psychologischen Studien der Wahrnehmung beim Hören und Sehen kann man als eine gewisse Brücke zwischen der äußeren und der inneren Welt auffassen, je nachdem wie man die entsprechenden Experimente interpretiert, bis zu welchem Grad man die Introspektion hier mit einbezieht. Wir werden in diesem Buch erkennen, daß das Studium all der hier genannten Vorgänge schon weit mehr Einblick in das Funktionieren unseres Gehirns gibt als wir vielleicht ahnen, und daß wir hier auch manche Überraschungen erleben können.

## Wir öffnen den Schwarzen Kasten

Wenn wir wie ein Chirurg bei einer Gehirnoperation die Schädeldecke öffnen, so sehen wir eine weißgraue Masse, deren Form sehr stark an eine Walnuß erinnert (Abb. 2.1, 2.2). Sie hat ähnliche Furchen wie diese, eine ähnliche äußere Form und besteht sogar auch aus zwei Hälften, die durch ein Verbindungsstück, den sogenannten Balken, miteinander verbunden sind. Sieht man sich diese ziemlich einheitliche Masse unter dem Mikroskop an, so werden nicht viele Details sichtbar. Das Ganze ändert sich aber schlagartig, wenn diese Masse eingefärbt wird, was zuerst von dem Gehirnforscher Camillo Golgi getan wurde. Dann wird unter dem Mikroskop plötzlich ein ganzes Netzwerk, das viele Knoten enthält, sichtbar. Diese Knoten sind nichts anderes als die Nervenzellen oder Neuronen. Diese Nervenzellen können ganz verschiedene Formen haben, und man unterscheidet etwa zwanzig Sorten derartiger Zellen. Zum Beispiel hat das Neuron der Abbildung 2.3a die Form einer Pyramide und wird daher pyramidale Zelle genannt. Manche Gehirnregionen enthalten fast lauter solche Zellen. Andere Zellen (Abb. 2.3b) werden Purkinje–Zellen nach ihrem Entdecker Johannes Purkinje genannt. Neuronen haben viele Verzweigungen, und wir müssen später natürlich der Frage nachgehen, was die Neuronen mit der Funktion des Gehirns zu tun haben. Bleiben wir aber noch ein wenig bei der Struktur und Funktion des Gehirns auf dem makroskopischen Niveau.

## Struktur und Funktion auf dem makroskopischen Niveau

Wie sich im Laufe der Forschungen, oft aber auch durch Zufallsentdeckungen, ergeben hat, führt das Gehirn spezielle Tätigkeiten in seinen verschiedenen Regionen oder, wie man auch sagt, Arealen,

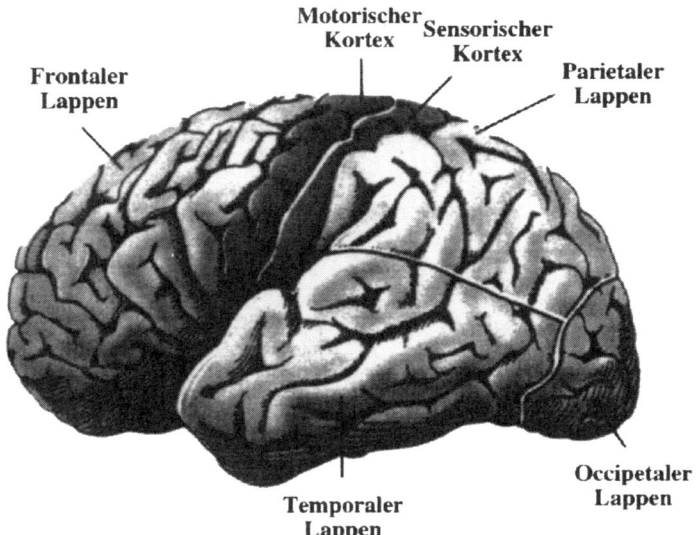

**Abb. 2.1**
Seitenansicht des Gehirns. Das Gesicht wäre links.

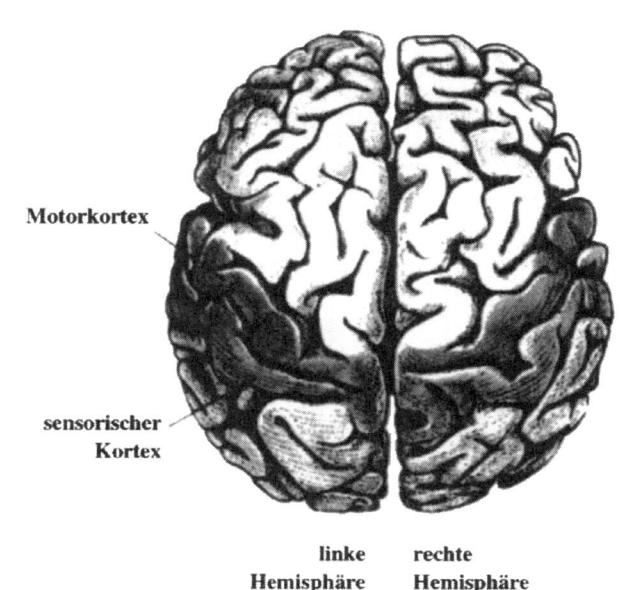

**Abb. 2.2**
Ansicht des Gehirns von oben.

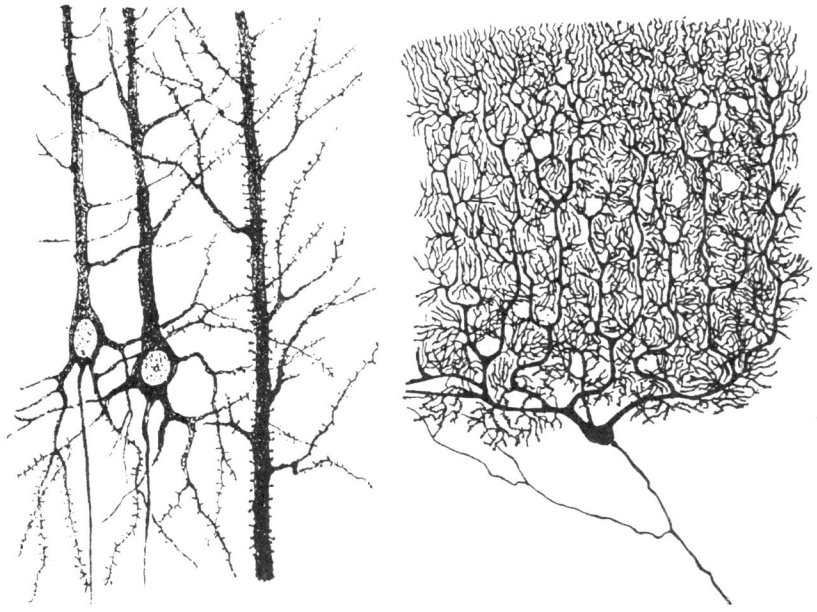

**Abb. 2.3**
a: Pyramidal-Zelle;                     b: Purkinje-Zelle.

aus. Allerdings sollten wir gleich bemerken, daß es Verschiebungen von Funktionen zwischen verschiedenen Arealen geben kann, so daß die funktionale Landkarte des Gehirns Änderungen erleidet. Insbesondere wenn das Gehirn beschädigt worden ist, kann unter Umständen ein anderes Areal die vorher gestörte Funktion mit übernehmen. Verletzungen des Gehirns oder Schlaganfälle waren die ersten Hinweise, wo solche funktionalen Areale lokalisiert sind. Zum Beispiel kann ein Schlaganfall auf der linken Seite des Gehirns zur Lähmung der rechten Körperseite führen, zum Beispiel von einem Arm, einem Bein oder einer Hand. Entsprechend kann ein Schlaganfall in der rechten Hemisphäre eine Lähmung in Teilen der linken Körperseite hervorrufen. Gehirn und Körper sind also, wenn man so will, kreuzweise verschaltet. 1861 fand der französische Arzt Paul Broca, daß ein Schlaganfall im linken Teil des Gehirns in einem ziemlich lokalisierten Areal die Sprache beeinträchtigen kann. Einige Jahre später (1874) entdeckte der deutsche Arzt Carl Wernicke ein anderes Zentrum, das nahe dem Broca-Zentrum lokalisiert ist, und auch mit Sprache zu tun hat. Die Funktionsweise dieser beiden Zentren ist aber verschieden. Im Falle der Schädigung des Broca-Zentrums kann die Person immer noch sinnvoll sprechen, aber die Grammatik ist praktisch verlorengegangen. Wird andererseits das Wernicke-Zentrum geschädigt, so erzeugt die Person anscheinend korrekte, also grammatikalisch richtige Sätze, aber solche die sinnlos sind. Dieses Beispiel macht bereits eine höchst bemerkenswerte Eigenschaft unseres Gehirns deutlich. Zum einen gibt es hier spezialisierte lokale Bereiche, die aber dann doch wieder intensiv zusammenwirken müssen, um etwas wirklich sinnvolles Ganzes zu erzeugen. Jedes dieser beiden Zentren hat sich auf etwas ganz Spezielles, nämlich Grammatik bzw. Inhalt spezialisiert, aber wenn wir sprechen, kommt die übliche richtige Sprache nur dann zustande, wenn beide Zentren innigst zusammenwirken. Dies ist auch bei einer Reihe von anderen Gehirnfunktionen der Fall. Zum Beispiel weiß man heute, daß es ein spezielles Areal im Gehirn gibt, das für die Erkennung von menschlichen Gesichtern zuständig ist, neben Arealen, die die übliche Umgebung um uns erkennen. Trotzdem erscheinen natürlich die Gesichter als Teil der ganzen von uns wahrgenommenen Umgebung. Auch Farben und Formen werden in verschiedenen Teilen des Gehirns wahrgenommen, trotzdem erscheinen uns diese als ein einheitliches Ganzes.

Gehen wir aber in der Entdeckungsgeschichte von Gehirnfunktionen weiter. Eine weitere wichtige Entdeckung wurde im Russisch-Japanischen Krieg von 1904/05 von dem japanischen Mediziner Inoue gemacht. Die Russen hatten ein neues Gewehr entwickelt, das den Kugeln eine größere Durchschlagskraft verlieh. Solche Kugeln trafen japanische Soldaten und durchdrangen deren Köpfe. Aber obwohl in einer Reihe von Fällen die Augen dieser Soldaten nicht getroffen worden waren, wurden sie trotzdem blind. Dies führte Inoue zu dem Schluß, daß der hintere Teil des Gehirns für die Sehwahrnehmung verantwortlich ist.

Betrachten wir auch noch kurz die Rolle der beiden Hälften des Gehirns, deren Funktionsweisen erstaunlich verschieden sind. Wie fand man dieses heraus? Die beiden Hälften des Gehirns sind durch ein Bündel von Nervensträngen, dem Balken, verbunden. Nun hatten Mediziner gefunden, daß epileptische Anfälle positiv beeinflußt werden können, wenn der Balken teilweise oder ganz durchgeschnitten wurde. Leider hatten aber solche Operationen auch beträchtliche Nebenwirkungen. Der amerikanische Forscher R. W. Sperry studierte das Verhalten von derartigen Patienten mit einem zertrennten Gehirn und machte dabei sensationelle Entdeckungen. Um sie zu verstehen, müssen wir den Leser daran erinnern, daß das, was der Mensch auf der rechten Seite seines Gesichtsfeldes sieht, durch Nervenbahnen in die linke Gehirnhälfte geleitet wird und umgekehrt, daß das, was er in dem linken Gesichtsfeld sieht, in die rechte Gehirnhälfte geleitet wird. Durch eine entsprechende Lage verschiedener Objekte kann man also so die linke oder die rechte Gehirnhälfte aktivieren. Wenn nun Objekte im linken Gesichtsfeld gelagert wurden, konnte der Patient sie nicht bewußt wahrnehmen und sie auch nicht benennen, aber der Patient konnte durchaus die verschiedenen Objekte manipulieren, zum Beispiel Besteck auf einen Teller legen. Wenn umgekehrt die Objekte im rechten Gesichtsfeld zu erkennen waren, so konnten sie vom Patienten korrekt benannt werden. Grob gesprochen kann man sagen, daß die linke Seite des Gehirns für Sprache verantwortlich ist, wie auch für Vorgänge, die der Reihe nach erfolgen, wohingegen die rechte Gehirnseite sich mit komplexen Szenen, mit Musik, mit der inneren Vorstellung von Bildern, usw. befaßt. Allerdings muß man hier ein Vorsichtszeichen aufstellen, da diese Unterscheidungen nicht ganz streng sind, und die Hirnfunktionen auch von einem Areal auf ein anderes, zumindest unter Umständen, verschoben werden können.

## Zerstörungsfreie Methoden

Schon in der unbelebten Natur gibt es bei der Untersuchung von Werkstücken sogenannte zerstörungsfreie Methoden, bei denen das Werkstück also in keiner Weise bei der Untersuchung beschädigt wird. Solche Methoden sind natürlich auch ideal für das Gehirn, sei es von Menschen, sei es von Tieren. Eine solche Methode ist uns allen bekannt, nämlich wie man zerstörungsfrei in den Menschen hineinsehen kann, etwa wo seine Knochen und inneren Organe liegen, oder auch krankhafte Veränderungen, wie Tumore, vorhanden sind. Das ist natürlich das Röntgenverfahren. In der modernen Gehirnforschung verwendet man darüber hinaus aber noch weitere Verfahren, die üblicherweise nur dem Fachmann bekannt sind. Wir wollen deshalb ein wenig auf sie eingehen, weil mit diesen Verfahren höchst interessante Aufschlüsse über Gehirnfunktionen möglich werden.

### Das Messen elektrischer Felder im Gehirn

In Zukunftsromanen konnte man – und kann man auch heute noch – lesen, daß Menschen elektromagnetische Wellen, etwa wie Radiowellen, aussenden, und damit andere Menschen hypnotisieren und so diesen ihren Willen aufzwingen können. Um sich vor solchen Manipulationen zu schützen, trugen dann die Akteure in diesen Zukunftsromanen ein Drahtgeflecht auf dem Kopf. Dafür, daß sich Menschen auf diese Weise gegenseitig beeinflussen können, fehlt wohl jeder Nachweis, aber, wann immer wir denken, oder selbst im Ruhezustand, werden im Gehirn elektromagnetische Felder erzeugt, die dann auch nach außen dringen können. Untersuchungen derartiger elektromagnetischer Felder gestatten Einblicke in Gehirnfunktionen, wie wir noch sehr ausführlich in diesem Buch sehen werden. Bereits 1875 stellte der Arzt Caton fest: »Bringt man Elektroden an zwei Punkten der Oberfläche des Gehirns ... an, so fließen schwache Ströme wechselnder Polarität durch den Verstärker.« Aber erst 1929 führte der Arzt Hans Berger das Studium dieser sogenannten Elektroenzephalogramme von Menschen ein. Das Wort Elektroenzephalogramm (abgekürzt EEG) bedeutet die Aufzeichnung der elektrischen Aktivität des Gehirns. Um ein solches EEG aufzunehmen, werden eine oder mehrere Elektroden auf der Schädeldecke befestigt, womit elektrische Spannungen gemessen werden können (Abb. 2.4). Um eindeutige Ergebnisse zu erzielen, wird der Unterschied der Spannung zwischen einer solchen Elektrode und einer Referenzelektrode gemessen. Zum Beispiel kann die Referenzelektrode, die immer die gleiche ist, auf der Schädeldecke befestigt sein. Diese Spannungsunterschiede schwanken nun im Laufe der Zeit mehr oder minder regelmäßig auf und ab, wobei in Abhängigkeit von der geistigen Tätigkeit ganz verschiedene Typen von solchen

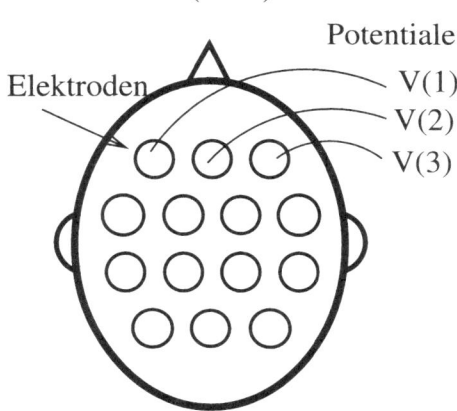

Elektroenzephalogramm
(EEG)

Potentiale

Elektroden

V(1)
V(2)
V(3)

**Abb. 2.4**
Schema der Messung des Elektroenzephalogramms (EEG). Auf der Schädeldecke (hier von oben gesehen, die Nase zeigt im Bild nach oben) werden Elektroden aufgebracht, die die elektrische Spannung über eine Referenzelektrode
messen. Damit werden die sogenannten elektrischen Potentiale V bestimmt.

Zeitkurven gefunden werden. Derartige Kurven können sehr unregelmäßig aussehen, und ihre Interpretation ist oft schwierig. Daher
haben die Mediziner eine Anleihe bei der Nachrichtentechnik genommen und verwenden sogenannte Frequenzfilter. Dies bedeutet,
daß sehr rasche Schwingungen durch einen solchen Filter nicht
durchgelassen werden, sondern nur langsamere, oder umgekehrt,
daß nur solche Schwingungen weggefiltert werden, die zu langsam
sind. Damit gelingt es den Medizinern, bestimmte Frequenzbänder
zu definieren, so das Alpha-Band, das Schwingungen umfaßt, die
etwa zehnmal in der Sekunde erfolgen. Wenn eine Versuchsperson
im Ruhezustand ist und die Augen geschlossen hält, so treten derartige Alpha-Wellen auf, brechen aber zusammen, wenn die Person die
Augen öffnet oder eine Tätigkeit beginnt. Im Schlaf können verschiedene Phasen in den entsprechenden Frequenzbändern beobachtet
werden. Eine von ihnen ist die sogenannte REM-Phase. Dieses Wort
stammt aus dem Englischen und bedeutet *rapid eye movements*,
schnelle Augenbewegungen. In dieser Phase tritt bei den Versuchs-

personen also eine schnelle Augenbewegung auf, zugleich träumt diese Person auch heftig.

Nun könnte man meinen, daß jede Stelle im Gehirn ihre eigene elektrische Aktivität entfaltet und so, wenn verschiedene Elektroden auf der Schädeldecke aufgebracht werden, die verschiedensten Zeitkurven registriert werden. Dies ist aber oft nicht der Fall, wie wir in unserem Buch darlegen wollen. Das was an einer Stelle an elektrischen Feldern erzeugt wird, hängt engstens mit den Feldern zusammen, die an einer anderen Stelle produziert werden. Man spricht daher auch von kohärentem, das heißt zusammenhängendem Verhalten. Um derartige Vorgänge zu studieren, um also solche raum-zeitlichen Vorgänge zu untersuchen, muß man mehrere Elektroden auf der Schädeldecke befestigen und die jeweiligen Spannungsunterschiede gegenüber einer Referenzelektrode im Laufe der Zeit messen. Abbildung 2.5 zeigt derartige Zeitserien, die den einzelnen Elektroden entsprechen, wobei die Anordnung der Kästen dieser Abbildung der der Elektroden auf der Schädeldecke entspricht. Auf den ersten

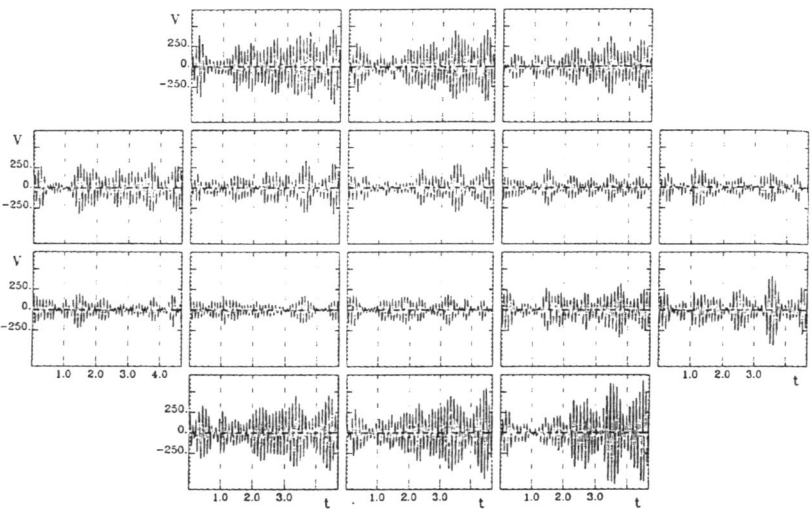

**Abb. 2.5**
Zu jeder Elektrode von Abbildung 2.4 gehört ein entsprechendes Kästchen, in dem nach rechts die Zeit und nach oben die gemessenen Potentiale aufgetragen sind.

32

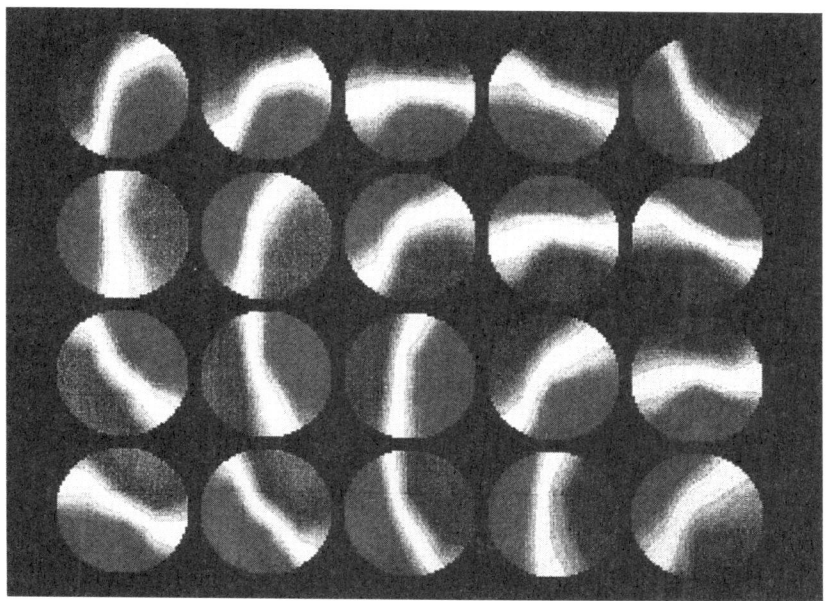

Abb. 2.6
Die einzelnen Kreise entsprechen jeweils einem Zeitpunkt und sind jeweils in jeder Zeile von links nach rechts zu betrachten. In jedem Kreis ist die räumliche Verteilung der Potentiale aufgetragen, wobei hellgrau hohes, mittelgrau mittleres und dunkelgrau niedriges Potential bedeutet. Wie das raum-zeitliche Muster zeigt, scheinen sich hier Wellen zu bewegen.

Blick mag es erscheinen, als würde hier nur wenig Verbindung im Verhalten zwischen den einzelnen Kästen zutage treten. Dies ändert sich aber, wenn wir aus den gemessenen Zeitreihen der Abbildung 2.5 ein raum-zeitliches Muster konstruieren. Zu jedem Zeitpunkt gibt es ja in jedem Kästchen der Abbildung 2.5 eine spezielle Erregung. Nun können wir eine Umordnung vornehmen, indem wir einen ganz speziellen Zeitpunkt herausgreifen und die herrschende Aktivität gemäß den einzelnen Kästchen auf der Gehirnschale aufmalen. So ergibt sich dann ein Intensitätsmuster, etwa wie in der Abbildung 2.6 oben links. Hierbei bedeutet hell eine hohe und dunkel eine niedrige elektrische Spannung. Trägt man nun für aufeinanderfolgende Zeitpunkte jedesmal alle diese Intensitäten auf der Schädeldecke auf, so ergibt sich eine Folge von raum-zeitlichen Mustern, wie sie in Abbildung 2.6 dargestellt ist, wobei die Zeitfolge von oben links nach oben rechts, dann in der zweiten Zeile von links nach rechts usw. erfolgt. Was als unzusammenhängendes Gewirr von Kurven in Abbildung 2.5 erschien, nimmt nun eine höchst deutliche Struktur an. Wir sehen hier keineswegs einen wirren Fleckenteppich vor uns, sondern ausgeprägte großflächige Muster, die zeigen, daß selbst ausgedehnte Gehirnregionen in gleicher Weise elektrisch aktiv sind. Aber, und das ist der zweite Punkt der Erkenntnis, diese Muster sind keineswegs statisch, sondern sie laufen im vorliegenden Beispiel um wie eine Art rotierende Welle.

Eine Reihe von Forschern, wie D. Lehmann in Zürich und Hellmuth Petsche in Wien haben den Zusammenhang zwischen geistigen Tätigkeiten und der Lokalisierung von erhöhter elektrischer Aktivität im Gehirn studiert. Hierbei stand weniger die Bewegung von diesen raum-zeitlichen Mustern im Vordergrund, sondern eher die Frage nach der Lokalisierung von Gehirnaktivitäten. Zum Beispiel soll es nach Lehmann verschiedene Zentren geben, die aktiv werden in Abhängigkeit davon, ob eine Person an ein abstraktes oder ein konkretes Objekt denkt. Hier werden zugleich verschiedene Forschungsrichtungen deutlich; die eine Richtung sucht nach streng lokalisierten Vorgängen im Gehirn, während die andere nach kohärenten Mustern sucht. Beide Forschungsrichtungen haben ihre eigene Bedeutung, und wir werden sie in dem Buch immer wieder neu beleuchten. Besonders werden wir erkennen, daß es im Gehirn sogenannte chaotische Prozesse gibt, aber wen wundert das schon.

**Magnetfelder im Gehirn**

Das Gehirn erzeugt nicht nur elektrische Felder, sondern auch magnetische, allerdings äußerst schwache, deren Stärke ein winziger Bruchteil derjenigen des erdmagnetischen Feldes ist. Daher müssen die Versuchspersonen sehr sorgfältig vor solchen Störeinflüssen abgeschirmt werden. Solche schwachen Magnetfelder können durch einen physikalischen Apparat gemessen werden, der die Abkürzung *Squid* trägt, was zugleich den skurrilen Humor von Wissenschaftlern beleuchtet. *Squid* bedeutet nämlich im Englischen Tintenfisch, und wenn man einen Menschen mit seinem Kopf unter einer Apparatur

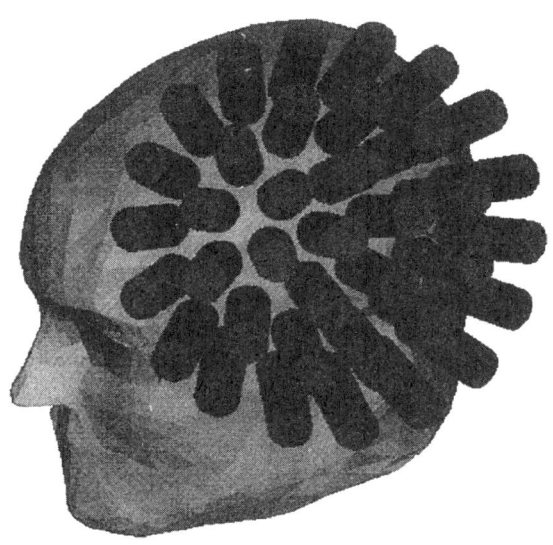

**Abb. 2.7**
Anordnung von *Squids* (Magnetfelddetektoren) auf der Schädeldecke im Kelso-Experiment.

aus *Squids* sitzen sieht, so könnte man daran erinnert sein, daß der Tintenfisch seine Tentakeln mit den Saugnäpfen auf das Haupt der Versuchsperson gelegt hat. In Wirklichkeit ist aber *Squid* ein Kunstwort, das aus den Anfangsbuchstaben von *super conducting quantum interference device*, also supraleitender Quanteninterferenz-Apparat, zusammengesetzt ist. Die Funktion der *Squids* beruht auf einem speziellen – in der Supraleitung entdeckten – Effekt, nämlich dem Josephson-Effekt. Das soll uns aber hier nicht weiter kümmern.

Betrachten wir lieber ein Beispiel einer kürzlichen Untersuchung mit Hilfe solcher *Squids*. Hier wurde eine Anordnung von 37 *Squids* auf der Schädeldecke der Versuchsperson befestigt, und zwar in einer Region, die Teile des sogenannten motorischen und sensorischen Kortex umfaßt, also Gehirnareale, die für die Bewegung und Empfindungen zuständig sind (Abb. 2.7). In diesen von J. A. S. Kelso und Mitarbeitern durchgeführten Experimenten hörte die Versuchsperson ein periodisches Signal in Form regelmäßig ausgesandter Pieptöne. Die Versuchsperson sollte dann mit einem Finger einen

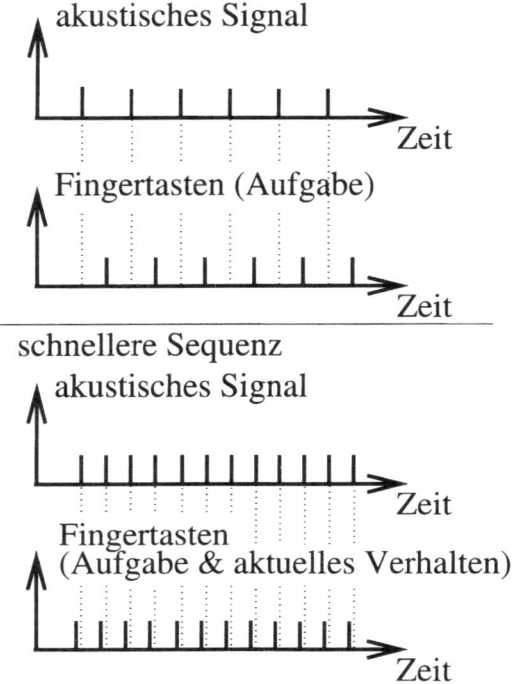

**Abb. 2.8**
Schematische Darstellung der Resultate des Kelso-Experiments. 1. Das akustische Signal ist gegenüber der Zeit aufgetragen. 2. Das Tasten des Fingers soll zwischen den akustischen Signalen erfolgen und wird auch so ausgeführt. 3. Schnellere Sequenz des akustischen Signals. 4. Die Testperson kann der Aufgabe beim Fingertasten nicht mehr folgen, sondern drückt die Taste praktisch gleichzeitig mit dem akustischen Signal.

Knopf *zwischen* den einzelnen aufeinanderfolgenden Signalen drücken. Das gelang ihr auch, wenn der zeitliche Abstand zwischen diesen Signalen genügend groß war. Wurde aber der Abstand verringert, so konnte unterhalb eines bestimmten Zeitabstandes die Versuchsperson nicht mehr diesen sogenannten synkopierenden Zustand aufrechterhalten, sondern schaltete auf ein neues Verhalten um, indem sie genau mit den Piepsignalen den Knopf drückte. Diese Resultate sind schematisch in Abbildung 2.8 dargestellt. Dieser Übergang ist natürlich schon an sich bemerkenswert, weil hier die Versuchsperson entgegen der Anordnung, also ganz unwillkürlich,

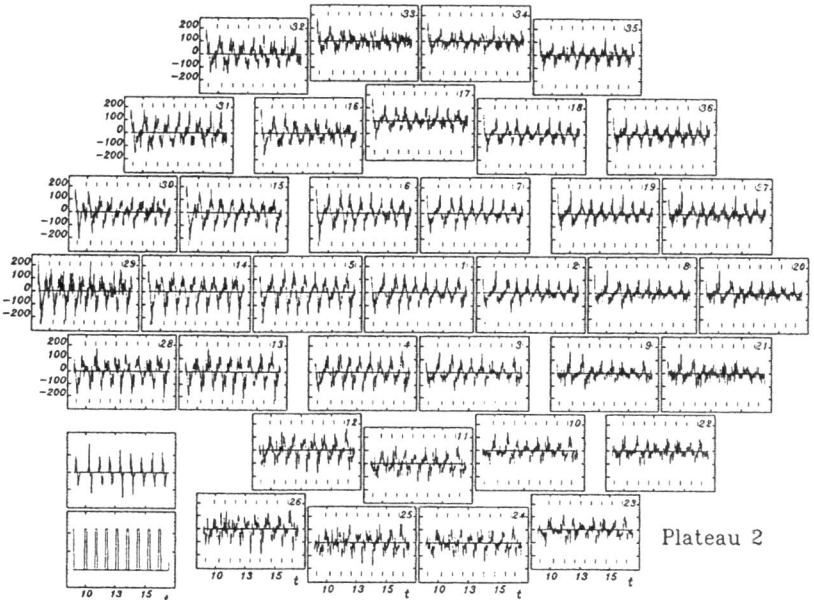

**Abb. 2.9**
Zu jedem *Squid* auf der Schädeldecke gehört jeweils ein Kästchen, in dem gegenüber der Zeit das lokal gemessene magnetische Feld aufgetragen ist. Der Kasten links unten zeigt Referenzsignale, die hier nicht weiter diskutiert werden. Die Signale wurden aufgenommen, bevor der Übergang von der Synkopation zur Synchronisation erfolgte.

von einer Verhaltensweise auf eine andere umschaltet. Derartige Umschaltvorgänge werden wir bei verschiedenen Gehirntätigkeiten feststellen können und sehen, wie sich hier unser Hirn gewissermaßen willentlichen Akten entzieht. In Zusammenhang mit der Erkundung unseres Gehirns ist natürlich die Frage von besonderem Interesse, ob sich dieser Übergang von der einen Verhaltensweise zur anderen auch im sogenannten Magnetoenzephalogramm (MEG) widerspiegelt (Abb. 2.9, 2.10). Obwohl auf den ersten Blick die entsprechenden Zeitreihen und auch die daraus hergeleiteten räumlichen Muster sehr kompliziert aussehen, lassen sich diese Daten dennoch sehr schön analysieren, wobei insbesondere das Charakteristikum des Übergangs deutlich in Erscheinung tritt. Hierauf werden wir in Kapitel 10 näher eingehen. Gegenüber den EEG-Messun-

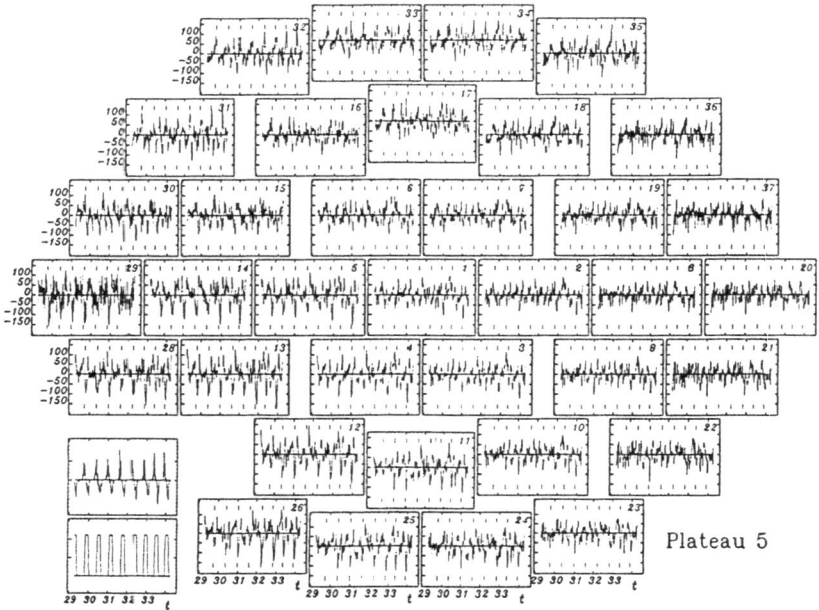

**Abb. 2.10**
Das Gleiche wie Abbildung 2.9, aber nachdem der Übergang zur synchronen Fingerbewegung erfolgt ist.

gen bieten die MEG-Messungen wichtige Vorteile. Während nämlich durch die Gehirnschale elektrische Felder verzerrt werden, dringen die magnetischen Felder ungehindert hindurch und können so direkt gemessen werden. Auch müssen bei den EEG Messungen immer Spannungsdifferenzen gegenüber einer Referenzelektrode gemessen werden, während die magnetischen Messungen absolute Werte liefern.

Sehen wir uns im nächsten Abschnitt eine weitere wichtige physikalische Methode an, wie wir die Aktivitäten des Gehirns gewissermaßen sichtbar machen können. Es handelt sich hier um die Erforschung des Gehirns mit radioaktiven Substanzen, die Positronen aussenden.

## Positronen lassen das Gehirn erstrahlen

Wie die meisten Körperzellen, so müssen auch die Nervenzellen des Gehirns ständig Nahrung erhalten, um arbeiten zu können. Der Nährstoff, der ihnen zugeführt wird, ist die Glukose. Der Fluß des Blutes, der die Glukose transportiert, hat sich wohl als der zuverlässigste Nachweis der lokalen geistigen Tätigkeit erwiesen. Interessanterweise wurde eine derartige Beziehung bereits von Charles S. Roy und Charles Scott Sherrington 1890 vorausgesehen, die feststellten, daß durch einen automatischen Mechanismus die Blutversorgung zum Gehirn mit den örtlichen Aktivitäten des Gehirns verknüpft ist. In der Tat erfordern solche Teile des Gehirns, die an geistigen Prozessen beteiligt sind, eine stärkere Blutversorgung. Allerdings arbeiten die Neuronen selbst, zumindest über kurze Zeitabstände, ohne den Sauerstoff oder, wie der Fachmann sagt, anaerobisch. Daher tragen die Venen, die ja bekanntlich das Blut abtransportieren, eine höhere Konzentration von Sauerstoff als üblich. Wie lassen sich nun derartige erhöhte Sauerstoffkonzentrationen nachweisen? In entsprechenden Experimenten wird Wasser, das ja aus Wasserstoff und Sauerstoff besteht, in die Armvene injiziert. Aber, und das ist der Knackpunkt des ganzen Experiments, im Wasser ($H_2O$) wird ein radioaktives Isotop verwendet. Dieses Isotop sendet eine spezielle Art von Teilchen aus, das Positron. Dieses Teilchen ist erst kürzlich in die Schlagzeilen geraten, weil es, gemeinsam mit dem Antiproton, Bestandteil des Antiwasserstoffs ist, des einfachsten Bausteins der Antimaterie. Schon früher hatten Science-fiction-Autoren darüber spekuliert, was denn passiert, wenn ein Mensch einem Wesen aus einer derartigen Antiwelt begegnet. Sobald sie sich die Hand reichen, lösen sie sich in Nichts auf, wobei nur Strahlung übrig bleibt. Das ist genau das, was passiert, wenn ein Positron im menschlichen Gehirn ausgesandt wird. Nach sehr kurzer Zeit trifft es auf ein Elektron, das ja überall vorhanden ist, und vereinigt sich mit diesem sozusagen zu Nichts. Aber übrig bleibt eine höchst energiereiche Strahlung, die sogenannte $\gamma$-Strahlung, die nichts anderes ist als eine Art Röntgenstrahlung, nur mit sehr viel höheren Energien. Bei der Vereinigung von Positron und Elektron besteht diese $\gamma$-Strahlung aus zwei Teilchen, den sogenannten $\gamma$-Quanten, die in genau entgegengesetzter Richtung davonfliegen. Stellt man nun um den Kopf der Versuchsperson Zähler auf, die diese davonfliegenden Teilchen registrieren, sobald sie auftreffen, so kann man feststellen, wann zwei entgegengesetzt aufgestellte Zähler zur gleichen Zeit ein Teilchen empfangen. Daraus kann man dann die Richtung bestimmen, woher die γ-Teilchen gekommen sind. Stellt man eine Reihe solcher Zähler auf, kann man den Ursprung der γ-Quanten millimetergenau lokalisieren und so feststellen, wo sich der radioaktive Sauerstoff des Wassers im Gehirn befunden hatte. Man könnte vermuten, daß nun auf diese Weise direkt sichtbar wird, wo höhere Blutkonzentrationen vorhanden sind und wo das Denken jeweils stattfindet. Allerdings hat diese Methode eine Tücke, da auch bereits das inaktive Gehirn gewissermaßen leuchtet, so daß zwischen den Bildern, die von einem inaktiven Gehirn und einem aktiven Gehirn aufgenommen werden, kein großer Unterschied zu bestehen scheint. Indessen werden höchst ausgeprägte Unterschiede sichtbar, wenn die beiden Bilder voneinander abgezogen werden. Dieses Abziehen muß man sich folgendermaßen vorstellen: Man teile die Bilder in einzelne kleine Quadrate ein, wobei jedes Quadrat einen bestimmten Helligkeitswert besitzt. Dieser Helligkeitswert ist also größenmäßig angebbar, und nun muß man bei diesem Verfahren jeweils die Helligkeitswerte des einen Bildes von denen des anderen Bildes abziehen. Das kann natürlich sehr leicht mit Hilfe von Computern geschehen. Aber auch dann zeigen diese Differenzbilder noch keine klaren Strukturen. Zu diesem Zwecke müssen diese Experimente mehrfach wiederholt werden, entweder bei der gleichen Versuchsperson oder mit verschiedenen, und dann die einzelnen Versuchsergebnisse gemittelt werden.

Diese Methode, die wegen der Anfangsbuchstaben Positron-Emissions-Tomographie auch mit PET bezeichnet wird, wird nun zur Analyse von vielerlei geistigen Aufgaben herangezogen. Ein Beispiel sei hier erläutert. Um zu sehen, wie die Entstehung von Sprache im Gehirn lokalisiert ist, gaben Steven E. Petersen und Mitarbeiter der Testperson ein Hauptwort vor, die dann ein zugehöriges Tätigkeitswort finden und es aussprechen sollte. Zum Beispiel wurde das Wort *Hammer* vorgegeben, und die Versuchsperson fand das Wort *schlägt*. Im einzelnen wurde das Experiment folgendermaßen ausgeführt: Die Testpersonen hatten einen Fernsehschirm zu beobachten, auf dem ein Kreuz zur Ankündigung erschien, das Hauptwort wurde entweder auf diesem Schirm oder durch Kopfhörer der Person gegeben. Dann hatte die Testperson zu sagen, welches Hauptwort sie gehört oder gesehen hatte, und schließlich sollte sie das zugehörige Tätigkeitswort ergänzen. Wie man erwarten konnte, war die optische Wahrnehmung im hinteren Teil des Gehirns lokalisiert, während die akustische Wahrnehmung im Schläfenlappen stattfand. Die gesprochenen Hauptwörter wurden in demjenigen Teil des Gehirns hervorgebracht, die dem Bewegungsteil angehören, aber nicht in den Broca- oder Wernicke-Arealen, von denen wir sprachen. Mit anderen Worten, keinerlei Denken war in der Produktion des Hauptwortes involviert. Wenn andererseits zwei Aufgaben miteinander kombiniert werden mußten, nämlich die bewußte Wahrnehmung der Bedeutung des Wortes und die Wahl der Antwort, waren der linke frontale Stirnlappen und der Seitenlappen beteiligt. Interessanterweise änderte sich aber dieses Muster nach etwa fünfzehn Minuten des Lernens. Die Areale für die Hauptwörter wurden die gleichen, die auch die Tätigkeitswörter erzeugten. Heutzutage gibt es ganze Landkarten, die zeigen, welche Gehirnareale bei bestimmten Tätigkeiten, wie beim Schachspiel, Lesen von Texten usw., »aufleuchten«. Es ist fast so wie bei der französischen Metro, wo man mit Lämpchen gespickte Karten auf den U-Bahnhöfen findet. Sucht man einen Zielbahnhof, so leuchtet eine Kette von Lämpchen auf, die einem den Weg mit der U-Bahn dorthin zeigen. Ganz so weit ist man beim Gehirn allerdings insofern noch nicht, als zwar die einzelnen Hirnareale aufleuchten, nicht aber die detaillierten Wege von einem zum anderen. Aber anders geartete Experimente sind auf dem besten Wege auch dieses aufzuzeigen, allerdings mit Hilfe von Viren, die von einer Zelle zur anderen »krabbeln«.

### Mikroskopische Magnetchen im Gehirn

Das Gehirn erzeugt nicht nur, wie wir in dem Abschnitt über Magnetfelder im Gehirn gesehen haben, großräumige Magnetfelder. Magnetfelder entstehen nämlich auch in kleinsten atomaren Dimensionen. Hierzu müssen wir ein klein wenig tiefer in die Physik einsteigen. Wie wir alle wissen, besteht der menschliche Körper aus Molekülen, die wiederum aus Atomen aufgebaut sind. Solch ein

Atom wollen wir uns näher ansehen. Dieses besteht aus dem Atomkern, um den ein oder mehrere negativ geladene Teilchen, nämlich
die Elektronen, kreisen. Wie die Physiker herausgefunden haben,
wirken viele Atomkerne wie winzig kleine Magnetchen mit einem
Nord- und einem Südpol. Diese Magnetchen sind mit einer ständi-
gen Drehbewegung des Atomkerns verknüpft. Diese Atomkerne
sind also wie winzige Kreisel, die aber noch mit einem Nord- und
Südpol versehen sind. Der einfachste Atomkern ist der des Wasser-
stoffatoms. Dieser Atomkern besteht aus einem einzigen Elementarteilchen, das auch Proton genannt wird. Wird ein solches Proton einem konstanten äußeren Magnetfeld, das man mit einem Hufeisen-
magneten erzeugen kann, ausgesetzt, so kann es sich nach
Grundgesetzen der Quantenmechanik entweder mit seiner Nord-
Süd-Achse in Richtung des Magnetfeldes – oder ihm entgegengesetzt
– ausrichten. In der einen Richtung erhält es eine höhere Energie, in
der anderen eine niedrigere (Abb. 2.11). Nun kann man neben konstanten Magnetfeldern auch solche erzeugen, die sich ständig nach
Größe und Richtung ändern, die also wie eine Wasserwelle auf- und
abschwingen. Erzeugt man nun ein derartiges wechselndes Magnetfeld und läßt es auf das Proton einwirken, so beginnt der kleine Ma-
gnet seine Richtung zu ändern. Damit aber eine effiziente Änderung
der Richtung erfolgt, muß das Magnetfeld eine wichtige Bedingung
erfüllen, es muß nämlich mit einer solchen Häufigkeit hin- und herschwingen, daß die zugehörige Frequenz gerade der Energiedifferenz zwischen den beiden Einstellungen des Magnetchens entspricht, wobei die Frequenz mit der sogenannten Planckschen
Konstanten der Quantentheorie multipliziert werden muß. In einem
solchen Falle spricht man von einer Resonanz, die den Namen dieser
Methode, nämlich *Kernresonanz* erklärt. Fängt man an, dieses auf-
und abgehende magnetische Feld auf das Proton einwirken zu lassen, so ändert sich die Orientierung dieses Magnetchens proportional zur Stärke des angelegten Feldes und zur Dauer der Einwirkung.
Indem man also dieses Feld eine ganz bestimmte Zeit auf das Magnetchen einwirken läßt, kann man es gewissermaßen in jede belie-
bige endgültige Richtung drehen. Wenn dieses Magnetchen von der
vertikalen in die horizontale Richtung gedreht wird, das heißt um einen Winkel, den man in der Mathematik mit $\pi/2$ bezeichnet, spricht

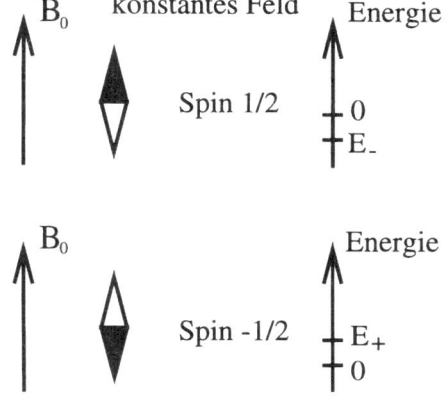

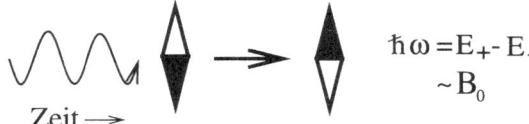

$$\hbar\omega = E_+ - E_-$$
$$\sim B_0$$

**Abb. 2.11**
Oben und Mitte: In einem konstanten Magnetfeld kann ein Magnetchen, das zum sogenannten Spin-1/2 gehört, zwei verschiedene Lagen einnehmen mit einer niedrigeren oder höheren Energie.
Unten: Wirkt zusätzlich ein zeitlich wechselndes Feld B auf das Magnetchen ein, so kann die Richtung des Magnetchens umgedreht werden, sofern die rechts im Bild aufgeführte Resonanzbedingung erfüllt ist. Hierbei ist $\hbar$ die durch $2\pi$ dividierte Plancksche Konstante, $\omega$ die Kreisfrequenz, und $E_+$ bzw. $E_-$ die Energien des Magnetchens im konstanten Magnetfeld.

man von einem $\pi/2$-Puls des angelegten magnetischen Wechselfeldes (Abb. 2.12, oberer Teil). Wenn die Richtung des Magnetchens umgedreht werden soll, der Winkel $\pi$ beträgt, muß man einen $\pi$-Puls anwenden (Abb. 2.12, unterer Teil). Die Einwirkung des $\pi/2$-Pulses ist von besonderem Interesse. Wie sich in der Quantentheorie zeigen läßt, fangen die Magnetchen unter der Einwirkung des ursprünglich angelegten konstanten magnetischen Feldes zu rotieren an, und zwar in der Ebene, die zu der Richtung des konstanten magneti-

1. Saturation-recovery

(Sequenz von $\pi/2$-Pulse)

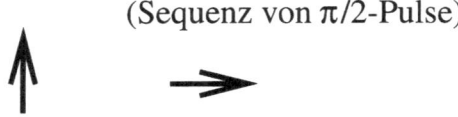

2. Spin-Echo-Sequenz

( $\pi/2$ - $\pi$ - Sequenz)

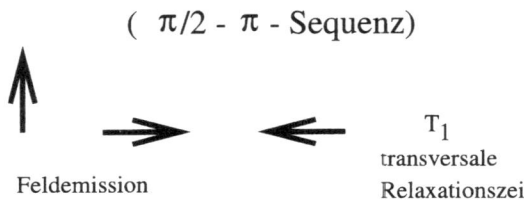

Feldemission

$T_1$
transversale
Relaxationszeit

3. Inversion-recovery

( $\pi$ - $\pi/2$ - Sequenz)

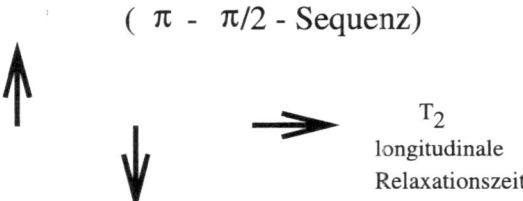

$T_2$
longitudinale
Relaxationszeit

**Abb. 2.12**
Dieses Bild, zur Erinnerung für den Fachmann gedacht, zeigt verschiedene Arten der Spin-Resonanz.

schen Feldes senkrecht ist. Wenn aber Magnete rotieren, so können sie ein magnetisches Feld, das auf- und abschwingt, aussenden. Auf diese Weise antworten die Protonen, oder in ähnlicher Weise auch andere Kerne, auf den Puls des magnetischen Wechselfeldes. Sie beginnen also eine Rotationsbewegung und senden dabei eine elektromagnetische Welle aus. Aber die Magnetchen werden durch die Wechselwirkung mit ihren Nachbarschaften ständig gestört. Als Folge verlieren sie im Laufe der Zeit ihre völlig gleichförmige, sozusagen im Gleichschritt laufende Bewegung und das ausgestrahlte magnetische Feld klingt nach einer bestimmten Zeit auf Null ab.

44

Die Ausstrahlung des magnetischen Feldes kann auch aufhören, wenn die Elementarmagnetchen von ihrer Ebene, in der sie sich bewegen, zu der ursprünglichen vertikalen Richtung zurückkehren. Damit wird eine zweite Zeit bestimmt. Je nach Versuchsanordnung, wobei die Art und Folge verschiedener Pulse des magnetischen Wechselfeldes variiert wird, kann man die eine oder die andere dieser Abklingzeiten messen. Aus der Größe dieser ausgestrahlten magnetischen Signale kann man dann Schlußfolgerungen über die Konzentration der Magnetchen, also der Protonen, und damit des Wasserstoffes im Gehirn ziehen. Mißt man hingegen die Zerfallsdauer der beiden verschiedenen Arten, so ergeben sich daraus Rückschlüsse über die Umgebung der Magnetchen. Dabei gibt es typische Versuchsanordnungen, die wir hier nur kurz auflisten wollen (Abb. 2.12):

1. Sättigung-Wiederherstellung, eine Folge von $\pi/2$-Pulsen;
2. Spin-Echo-Folgen, eine Folge von $\pi/2$, $\pi$-Pulsen, wobei die sogenannte transversale Abklingzeit gemessen wird;
3. Inversion-Wiederherstellung, eine Folge von $\pi$, $\pi/2$-Pulsen, wobei die longitudinale Abklingzeit gemessen wird.

Wir haben so zunächst einmal das Konzept der kernmagnetischen Resonanz kennengelernt, die zuerst in der Medizin von Paul C. Lauterbur angewendet worden ist, der Protonen als Sonden verwendete. Wie kann man aber nun überhaupt die Lage der Protonen im Körper durch diese Methode bestimmen? Die grundlegende Idee ist in der Tat einfach. Man setzt den Körper, insbesondere also auch das Gehirn, einem zeitunabhängigen, aber räumlich veränderlichen Magnetfeld aus, das heißt, die Stärke des Magnetfeldes ändert sich von Ort zu Ort (Abb. 2.13, 2.14). Wie wir oben gesehen haben, bestimmt die Stärke des Magnetfeldes gerade die Energie der beiden Richtungen des Magnetchens, die Energiedifferenz wird nun – je nach angelegtem Feld – räumlich verschieden. Nun kommt aber die Resonanzbedingung ins Spiel. Ihr zufolge »reagiert« das Magnetchen nur dann, wenn das hineingeschickte magnetische Wechselfeld gerade mit einer Häufigkeit auf- und abschwingt, die proportional zur Energiedifferenz der beiden Einstellungen des Magnetchens ist. Sendet man also ein Signal mit einer bestimmten Frequenz in das menschli-

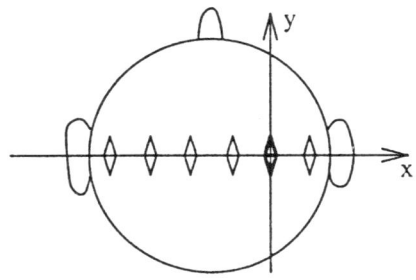

**Abb. 2.13**
Bei dieser Schemazeichnung sehen wir auf die Schädeldecke von oben. Die Stärke des zeitlich konstanten magnetischen Feldes $B_0$, das in die $y$-Richtung zeigt, wächst längs der $x$-Richtung an. Die Übergangsenergie oder entsprechend die Frequenz der einzelnen Magnetchen (*Spins*) ändert sich entsprechend entlang der $x$-Achse.

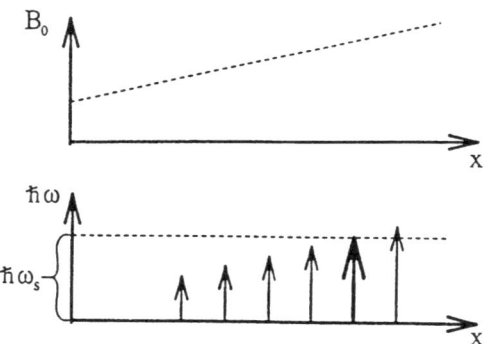

**Abb. 2.14**
Oben: Die Änderung des zeitlich konstanten magnetischen Feldes $B_0$ längs der $x$-Achse. Unten: Übergangsenergie $\hbar\omega$ der individuellen Magnetchen (*Spins*) in Abhängigkeit von ihrer Lokalisation $x$. $\omega_s$ ist die Frequenz des angelegten zeitlich wechselnden magnetischen Feldes.

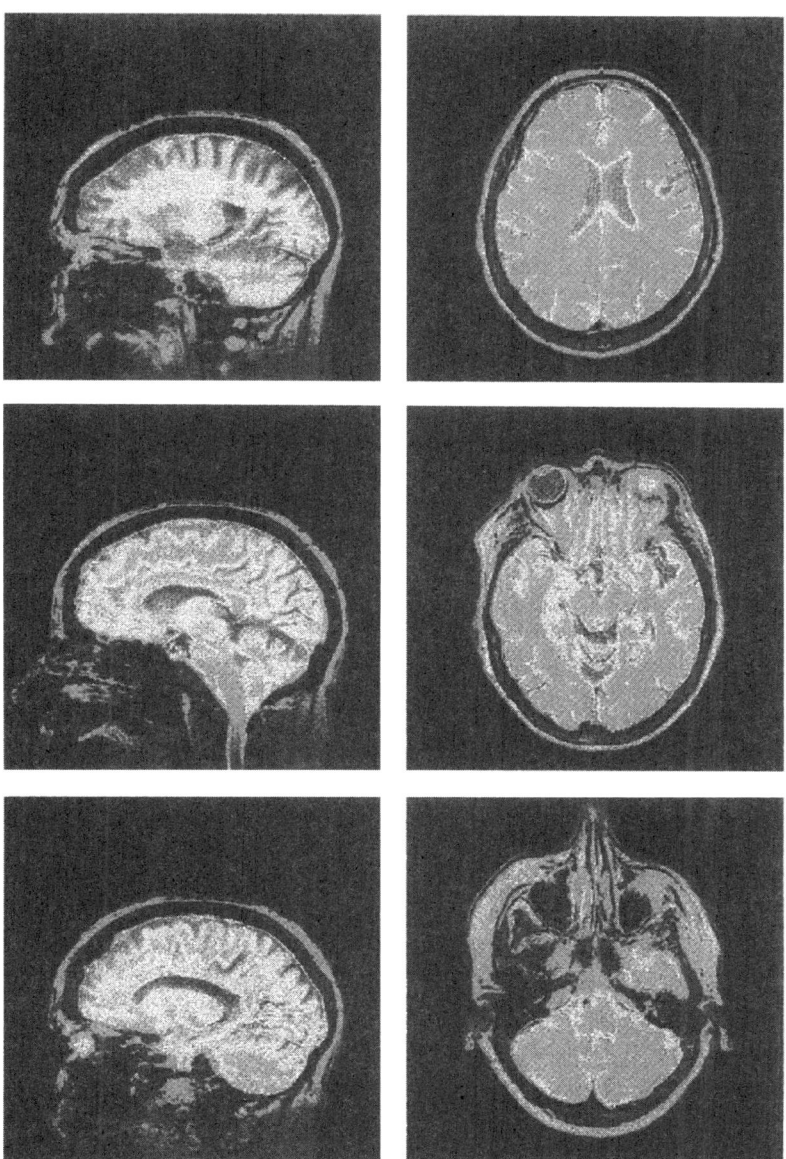

**Abb. 2.15**
Beispiele für Bilder, die mit Hilfe der Magnetresonanz-Abbildung gewonnen wurden, wobei verschiedene vertikale beziehungsweise horizontale Untersuchungsebenen durch das Gehirn gelegt wurden.

che Gehirn ein, so schreien nur solche Protonen »hier sind wir«, bei denen gerade die Resonanzfrequenz der Energiedifferenz entspricht. Da man aber die Lage der Magnetchen (Protonen) aufgrund des räumlich veränderlichen (aber zeitlich konstanten) magnetischen Feldes und der dadurch bedingten Energiedifferenz kennt, kann man nun deren lokale Konzentrationen messen. Die hier gewonnenen Resultate sind höchst eindrucksvoll. Beispiele solcher »Aufnahmen« sind in Abbildung 2.15 dargestellt, wobei man ganz exakte »Schnitte« durch das Gehirn legen kann. Auch andere Körperteile, wie etwa die Wirbelsäule, werden so einer äußerst genauen Untersuchung zugänglich. So kann man auch sehr detailliert Bandscheibenvorfälle untersuchen.

Mit Hilfe der hier beschriebenen kernmagnetischen Resonanz kann man nicht nur Wasserstoff-(Protonen)konzentrationen messen, sondern auch Konzentrationen des Sauerstoffs. Wir hatten ja weiter oben schon bemerkt, daß bei der Gehirnaktivität kurzzeitig die Sauerstoffkonzentration an den Stellen der betreffenden geistigen Tätigkeit ansteigt. So kann man also auch die Änderung der Blutkonzentration mit dem von ihm transportierten Sauerstoff messen. Übrigens wurde diese Methode der kernmagnetischen Resonanz in Magnetresonanz-Abbildung (englisch *magnetic resonance imaging*) umbenannt, vermutlich weil Patienten mit dem Wort *Kern*, etwa Kernenergie, unangenehme Assoziationen verknüpfen, obwohl gerade die Magnetresonanz-Abbildungsmethode absolut harmlos ist. Die räumliche Auflösung beträgt 1 bis 2 Millimeter. Der Vorteil dieser Methode ist, daß sie es gestattet, Vorgänge von etwa einer Zehntelsekunde bis zu einigen Sekunden genau aufzulösen. Das mag allerdings immer noch viel zu langsam sein, um wichtige geistige Aktivitäten zu erforschen.

Kapitel 3

# Das Neuron – Baustein des Gehirns

## Architektur der Nervenzelle

Wenn wir die Funktion des Gehirns begreifen wollen, so müssen wir uns selbstverständlich mit dem Bau und der Funktion seiner Grundbausteine, den Neuronen, beschäftigen. Das Zusammenspiel der Neuronen können wir nur verstehen, wenn wir die Funktion der Einzelbausteine kennen. Tatsächlich war es zunächst schwierig, den Bau der Nervenzellen mikroskopisch zu erforschen, denn die Nervenzellen liegen sehr dicht gepackt und sind durch zahlreiche Verzweigungen sehr stark ineinander verflochten. Frühe Anatomen, wie Ramón y Cajal, einer der bedeutendsten Erforscher des Nervensystems, mußten das Nervengewebe auseinanderziehen, um einzelne Nervenzellen untersuchen zu können. Heute kann man durch ausgefeilte Techniken einzelne Nervenzellen vollständig anfärben. So lassen sich durch feine Glaskapillaren Farbstoffe in die Zellen injizieren. Bestimmte Farbstoffe werden, wenn sie außen an die Zelle gebracht werden, von dieser aufgenommen und durch die gesamte Zelle transportiert. Um Zellen mit bestimmten Eigenschaften aufzufinden, kann man diese selektiv mit sogenannten Antikörpern markieren. Die angefärbten Nervenzellen lassen sich dann sehr gut unter dem Mikroskop untersuchen. Abbildung 3.1 zeigt ein Beispiel für eine so angefärbte Nervenzelle. Abbildung 3.2 zeigt verschiedene Beispiele für Nervenzellen. Wir finden hier recht seltsam anmutende Gebilde, die durch ihre zahlreichen Verästelungen und Verzweigungen auffallen. Vergleicht man jedoch die vielen verschiedenen Typen von Nervenzellen miteinander, so läßt sich feststellen, daß diese alle auf einen gemeinsamen Grundbauplan zurückzuführen sind. Abbildung 3.3 zeigt eine Skizze dieses stark vereinfachten Grundbauplans einer Nervenzelle. Im Zentrum liegt der Zellkörper (a), in dem

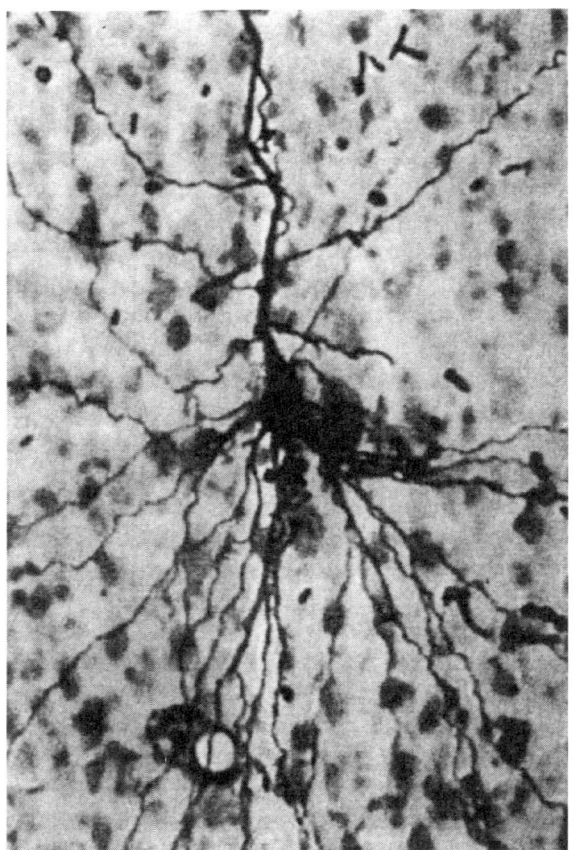

**Abb. 3.1**
Beispiel einer angefärbten Nervenzelle.

alle wichtigen Stoffwechselvorgänge stattfinden. Dieser weist zahlreiche kurze, verzweigte Fortsätze (b), die Dendriten (griech. dendron, Baum) auf, welche die von anderen Nervenzellen eintreffenden Informationen empfangen. Ein Fortsatz ist besonders lang und verzweigt sich am Ende. Dies ist die Nervenfaser (c), auch Axon genannt. Über diese wird die Information zu anderen Neuronen weitergeleitet. Die Übertragungsstelle zwischen zwei Nervenzellen nennt man Synapse (d) (griech. synapsis, Verknüpfung). Die Nerven-

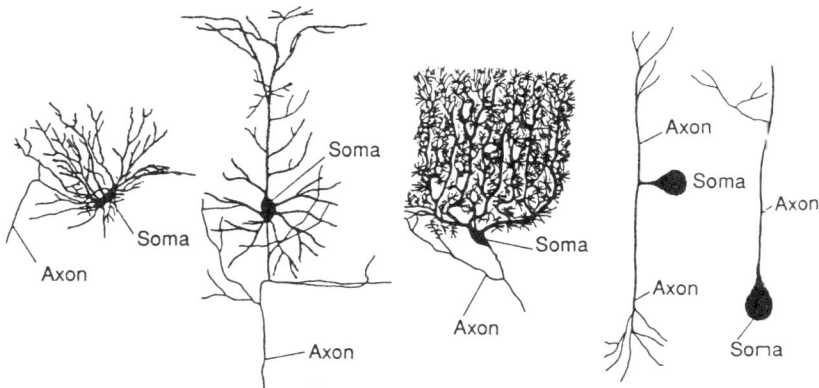

**Abb. 3.2**
Verschiedene Typen von Nervenzellen.

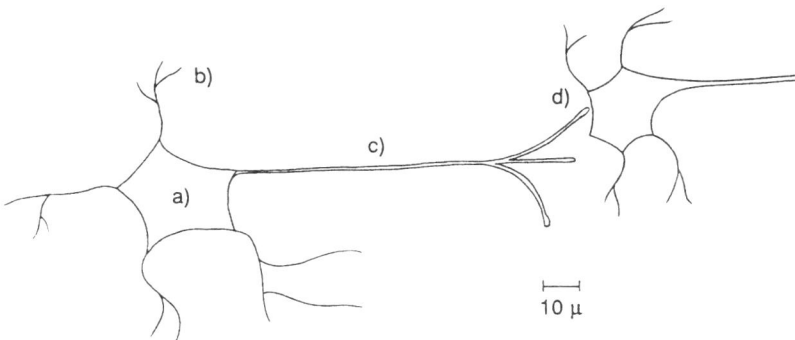

**Abb. 3.3**
Stark vereinfachter Grundbauplan einer Nervenzelle.

fasern sind von Stützzellen (Schwannschen Zellen) umgeben, die verschiedene Hilfsfunktionen erfüllen.

Nachdem wir den Aufbau des Neurons kennengelernt haben, können wir uns der Frage zuwenden, wie im Nervensystem Information übertragen wird.

# Das Axon – ein elektrischer Leiter?

Aus dem täglichen Leben ist uns die Informationsübertragung über eine Telefonleitung durch elektrische Impulse geläufig. Tatsächlich hat der italienische Arzt und Naturforscher Luigi Galvani 1791 zufällig entdeckt, daß auch bei Nerven und Muskeln elektrische Vorgänge eine Rolle spielen. Als er am Gitter seines Balkons Froschschenkel aufhängte, zuckten diese zu seiner Überraschung jedesmal, sobald sie das Metallgitter berührten. Das Gitter bestand aus zwei verschiedenen Metallen, die so ein galvanisches Element (eine Art Batterie) bildeten. Der Muskel wurde bei jeder Berührung elektrisch gereizt, und dies löste die Zuckung aus. Weitere Untersuchungen führten den Arzt schließlich zu den elektrischen Vorgängen im Nerven. Allerdings arbeiteten die damals verwendeten Spannungsmeßgeräte noch viel zu langsam, um die schnellen Spannungsänderungen in Nerven erkennen zu lassen. Heute sind die Meßmethoden hierzu sehr ausgereift.

Die elektrischen Vorgänge in einer Nervenfaser müssen aber dennoch ganz anders sein als die Leitung von elektrischem Strom in einem Metalldraht. Die Träger der elektrischen Ladung sind nicht, wie im Metalldraht, Elektronen, sondern Ionen. Dies sind größere Teile, Atome, die jeweils zu viel oder zu wenig Elektronen in ihrer Außenhülle besitzen und deshalb eine elektrische Ladung tragen. Diese Teile haben also eine um ein Vielfaches größere Masse als die Elektronen. Außerdem ist eine Nervenfaser sehr viel dünner als ein üblicher Metalldraht. Der Durchmesser eines Axons beträgt nur 0,1 bis 20 $\mu m$ (1 $\mu m$ = $10^{-9}$ m). Der Längswiderstand eines ein Meter langen dünnen Axons ist dadurch so hoch wie der Widerstand eines mehr als $10^{10}$ Meilen langen Kupferdrahtes. Diese Entfernung entspricht etwa der zehnfachen Entfernung zwischen der Erde und dem Planeten Saturn. Die Zahlen verdeutlichen wohl die drastischen Unterschiede zwischen einem Kupferdraht und dem Axon eines Neurons. Die elektrischen Vorgänge am Neuron müssen also ganz anders geartet sein.

# Informationsübertragung am Axon

Um den Mechanismus der Informationsübertragung aufzuklären, wurden sowohl an isolierten Nervenpräparaten als auch an lebenden Organismen Messungen durchgeführt. Der Tintenfisch besitzt besonders dicke Axons, die sogenannten Riesenaxons. Sie eignen sich deshalb besonders gut für diese Untersuchungen, und alle grundlegenden Erkenntnisse über die Funktion des Nervensystems wurden zunächst an diesen Axons gefunden. Es stellte sich dann aber heraus, daß die Art der Informationsweiterleitung sowohl innerhalb eines Organismus als auch bei den verschiedenen Organismen gleich ist. Es spielt also keine Rolle, ob ein Schmerz vom großen Zeh zum Gehirn geleitet werden soll, oder ob vom Gehirn der Befehl an den Arm geht, sich zu bewegen. Auch spielt es keine Rolle, ob die Informationsübertragung in einem Frosch, einem Hund oder einem Professor stattfindet. Im gesamten Tierreich und beim Menschen gibt es also nur eine prinzipielle Art der Informationsübertragung am Axon.

Im Experiment läßt sich nachweisen, daß bereits an einer ruhenden Nervenfaser, die gerade gar keine Information überträgt, eine kleine elektrische Spannung zwischen Innen- und Außenseite vorhanden ist. Diese Spannung bezeichnet man deshalb auch als Ruhepotential. Das Innere der Nervenfaser ist im Vergleich zur Außenflüssigkeit negativ geladen (Abb. 3.4). Die Spannung ist allerdings äußerst klein. Sie beträgt etwa 70 mV (1 Millivolt = ein Tausendstel Volt). Die Ursachen für dieses Ruhepotential sind eine ungleichmä-

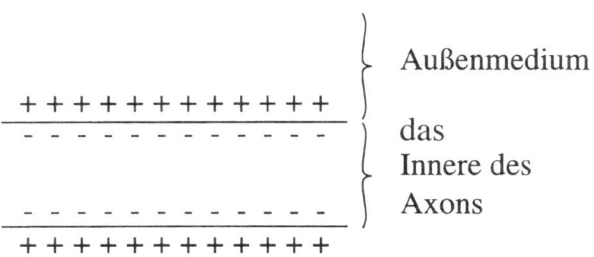

**Abb. 3.4**
Spannungsverhältnisse bei einer Nervenfaser.

ßige Verteilung der Ionen, also der Ladungsträger innerhalb und außerhalb des Axons, und spezielle Eigenschaften der Axonmembran. Diese ist für die verschiedenen Ionen unterschiedlich gut durchlässig. Ein energieverbrauchender Vorgang, die sogenannte Natrium-Kalium-Pumpe erhält die ungleiche Ionenverteilung aufrecht. Die Einzelheiten hierzu sind jedoch kompliziert, und wir wollen uns hier nicht weiter damit befassen. Der interessierte Leser sei auf die Literatur im Anhang verwiesen.

Was geschieht nun aber an einem aktiven Neuron, das Information weiterleitet? Darüber gibt das folgende Experiment Aufschluß. Wird über eine Elektrode (v1) ein kleiner Strom in das Axon geschickt (Abb. 3.5), so wird an dieser Stelle (v3) das Ruhepotential vermindert, das heißt, die Differenz zwischen innen und außen wird verkleinert. Man spricht hier von einer Depolarisation. Wie aus den elektrischen Eigenschaften des Axons zu erwarten, wird diese Depolarisation an einer weiter entfernten Elektrode (v2) nur noch stark abgeschwächt registriert. Verstärkt man den durch die Elektrode v1 fließenden Strom allmählich, so nimmt die Depolarisation entsprechend zu (Abb. 3.6). Ab einer bestimmten Depolarisation (Schwellenwert) tritt plötzlich eine völlig neue Erscheinung auf. Es kommt zu einer schlagartigen kurzfristigen Ladungsumkehr in einem kleinen Bereich. Das heißt, kurzzeitig wird die Außenseite am Axon im Vergleich zur Innenseite negativ. Auffällig ist, daß diese Potentialänderung wesentlich größer ist als nach der Höhe des eingeschickten Stromes zu erwarten wäre (Abb. 3.6). Auch die Dauer der Span-

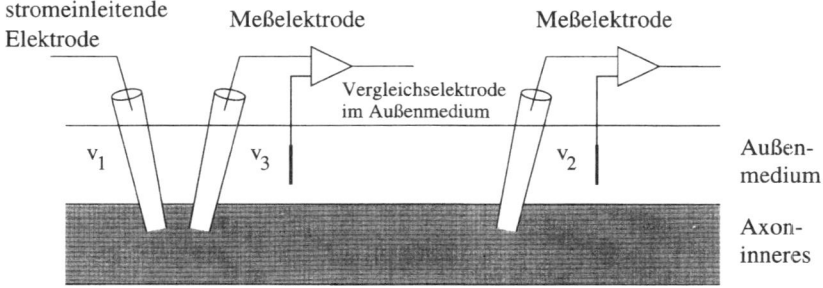

**Abb. 3.5**
Spannungsmessung an einer isolierten Nervenfaser (= Axon).

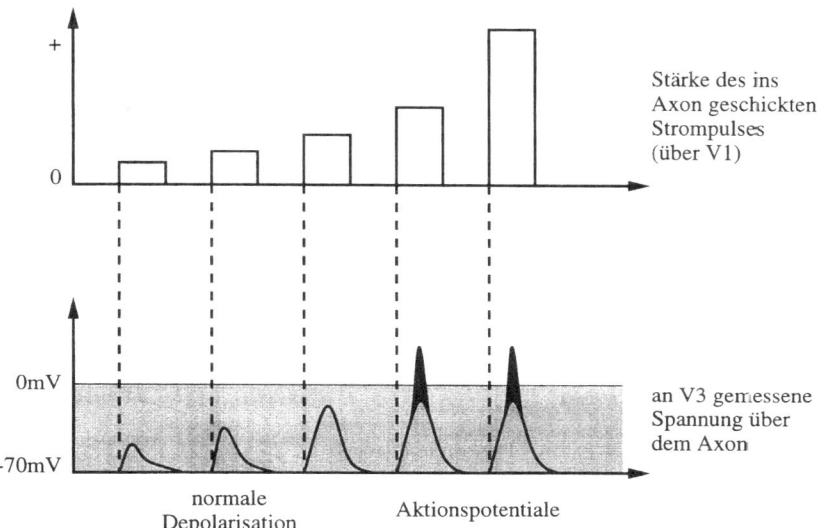

**Stärke des ins Axon geschickten Strompulses (über V1)**

0mV

-70mV

**an V3 gemessene Spannung über dem Axon**

normale Depolarisation          Aktionspotentiale

**Abb. 3.6**
Auslösung eines Aktionspotentials.

nungsumkehr wird nicht von der Dauer des eingesandten Strompulses beeinflußt. Es handelt sich hier offensichtlich um einen aktiven Vorgang, also eine echte Reaktion des Axons auf einen elektrischen Reiz. Erhöht man den Strompuls an der Elektrode (v1) weiter, so verändern sich Höhe und Dauer dieser Reaktion nicht. Man spricht hier deshalb von einem Alles-oder-Nichts-Signal. Das heißt: Bei einem unterschwelligen elektrischen Reiz tritt es gar nicht auf, bei einem überschwelligen tritt es vollständig auf. Das Sensationelle ist nun, daß diese Spannungsumkehr mit minimaler Verzögerung an der weiter entfernten dritten Elektrode (v2) in voller Höhe registriert wird. Die Antwort wandert also weiter, und es tritt hier mit zunehmender Entfernung keinerlei Abschwächung des Potentials auf. Genau diese Eigenschaft ist wichtig, um eine Information von einem Neuron zu einem anderen weiterzuleiten.

Diese kurzzeitige Spannungsumkehr bezeichnet man als Nervenimpuls oder Aktionspotential. Ein solches dauert etwa ein Tausendstel einer Sekunde. Von einem einfachen Schreiber aufgezeichnet, erscheint so ein Nervenimpuls meist nur als kleiner senkrechter

Strich. In der englischen Literatur bezeichnet man diese Impulse deshalb manchmal auch als *Spike*.

Wie läßt sich nun das Zustandekommen eines solchen Nervenimpulses erklären? Durch die Depolarisation wird die Membran elektrisch gereizt, und es öffnen sich Ionenkanäle; blitzschnell können Ionen durch diese Kanäle wandern und so diese Ladungsumkehr bewirken. Das Öffnen anderer Kanäle – und damit die Wanderung anderer Ionen – bewirkt nun wieder den Rückgang dieser Spannungsumkehr. Die Natrium-Kalium-Pumpe sorgt dafür, daß die ungleiche Ionenverteilung aufrechterhalten bleibt. Ein Nervenimpuls wandert in der intakten Nervenzelle immer vom Beginn des Axons, dem Axonhügel, in Richtung zur Synapse. Die Geschwindigkeit kann dabei bis zu 100 Meter pro Sekunde (= 360 Kilometer pro Stunde) erreichen. Ein Nervenimpuls würde vom Gehirn zur Zehenspitze dann etwa eine fünfzigstel Sekunde benötigen. Wir sehen hier also, wie trotz des extrem hohen Längswiderstandes eines Axons ein elektrischer Impuls blitzschnell über das Axon geleitet werden kann. Der Trick besteht darin, daß die Ionen, die Ladungsträger, nicht längs durch das Axon fließen, sondern quer durch eine sehr dünne Membran. Alle Ionen legen also jeweils nur eine ganz kurze Strecke zurück.

Man kennt heute raffinierte Techniken, mit denen man elektrische Aktivitäten von Nervenzellen auch ohne Elektroden feststellen kann. Es gibt bestimmte Farbstoffe, die sich an die Zellmembran anlagern und die bei einer Veränderung des Membranpotentials ihre Lichtabsorption – und damit ihre Farbe – ändern. Diese Änderung kann man dann mit Fotodetektoren messen. Mit speziellen Messungen (*Patch clamp*-Ableitungen) kann man sogar die Vorgänge an einzelnen Kanälen untersuchen.

Wie kommen aber in der Natur elektrische Reize zustande? Hier ist ja schließlich keine Elektrode in das Axon eingeführt, und es wird nicht irgendwie künstlich von außen Strom zugeführt. Häufig stammt die elektrische Erregung von anderen Nervenzellen und wird über die Synapsen übertragen. Elektrische Erregungen entstehen in den Sinnesorganen an den sogenannten Rezeptoren; das sind spezielle Zellen, in denen ein von außen auftreffender Reiz in elektrische Erregung umgewandelt wird. Fällt Licht auf eine Sehzelle, so finden hier komplizierte Vorgänge statt, so daß schließlich eine elektrische Erregung auftritt, die dann weitergeleitet werden kann.

## Codierung im Nervensystem

Es stellt sich nun die entscheidende Frage: Wie können diese Nervenimpulse eine Information übermitteln? Halten wir uns hier nochmals vor Augen, daß an einer bestimmten Nervenfaser alle Nervenimpulse die gleiche Intensität und Dauer haben. Es gibt in der Sprache des Nervensystems also nur *ein* Zeichen. Dies mag auf den ersten Blick verwundern. Wie kann mit einer einzigen Art von Zeichen Information übertragen werden? Immerhin hat unser Alphabet 26 verschiedene Zeichen, die Buchstaben. Auch das Morsealphabet hat wenigstens noch drei Zeichen: Punkt, Strich und Pause. Ein Computer braucht immerhin noch zwei Zeichen, nämlich Null und Eins beim binären Code. Die oben beschriebenen Untersuchungen mit Elektroden an Nervenfasern ergaben nun, daß die Nervenimpulse, also die Zeichen, in unterschiedlichem zeitlichen Abstand aufeinander folgen können. Die Frequenz der Nervenimpulse ist also variabel. Je stärker erregt eine Nervenfaser ist (je stärker der angelegte Strompuls), um so dichter folgen die Impulse aufeinander, desto höher ist also die Frequenz. Mit einer Nervenfaser kann damit die Intensität einer Erregung übermittelt werden. Die Bedeutung einer Information, also ob es sich um einen Seheindruck oder um die Wahrnehmung eines Geräusches handelt, läßt sich durch die Frequenz der Nervenimpulse natürlich nicht verschlüsseln. Die Bedeutung einer Information wird festgelegt durch den Ursprung einer Nervenfaser und ihr Ziel. Das bedeutet: alle Aktionspotentiale, die über Nervenfasern übertragen werden, die aus dem Auge kommen, beinhalten eine Information über Seheindrücke. Diese Nervenfasern führen schließlich über mehrere Verschaltungen in spezielle Zentren im Gehirn, die nur Seheindrücke verarbeiten und dem Menschen das Gefühl einer optischen Wahrnehmung vermitteln. Das gleiche gilt für alle anderen Nervenfasern ebenso. Nervenfasern, die vom Ohr kommen, übertragen Informationen vom Hören. Auch die Qualität eines bestimmten Reizes, zum Beispiel die Farbe eines Gegenstandes, wird durch die Art der Nervenfaser bestimmt. So gibt es verschiedene Rezeptoren für Farben im Auge, von denen jeweils getrennt Nervenbahnen abgehen. Sinneszellen sind spezialisierte Nervenzellen, die Außenreize, wie Licht, Temperaturschwankungen, Schall in elektrische Erregung umwandeln. Die Sinneszellen sind also die Vermittler zwischen der Außenwelt und dem Nervensystem und sorgen dafür, daß die Information von außen in das Nervensystem gelangt. Sinneszellen reagieren jedoch ganz spezifisch nur auf bestimmte Reize: die Sinneszellen im Auge nur auf Licht, die Tastsinneszellen der Haut nur auf Druck, oder die Temperatursinneszellen nur auf Schwankungen der Temperatur. In bestimmten Fällen können Sinnesorgane jedoch auch durch einen sehr starken falschen Reiz erregt werden, wie wir dies vom Schlag auf das Auge kennen, bei dem wir Sternchen sehen. Auch wenn man einen sehr kalten Gegenstand anfaßt, kann sich dieser kurzfristig heiß anfühlen. Die Tatsache, daß eine Sinneszelle normalerweise auf einen bestimmten Reiz, den sogenannten adäquaten Reiz, reagiert, ist sehr wichtig, da durch die Nervenimpulse selbst nur die Intensität eines Reizes übermittelt werden kann. Um welche Art von Reiz es sich handelt, wird durch die jeweilige Nervenfaser, also durch den Übertragungskanal, angegeben.

## Synapsen – Schaltstellen zwischen den Neuronen

Wenden wir uns nun der Informationsübertragung an den Verknüpfungsstellen zwischen den Nervenzellen, den Synapsen, zu. Bei den meisten Synapsen erfolgt die Übertragung nicht durch elektrische Impulse, sondern durch chemische Substanzen, sogenannte Transmitter. Die Abbildung 3.7 zeigt stark vereinfacht den Bau einer sogenannten chemischen Synapse. Zwischen den beiden Nervenzellen befindet sich ein schmaler Spalt, über diesen wird die Information durch die Wanderung von chemischen Substanzen übertragen. Im einzelnen finden die folgenden Vorgänge statt: Läuft ein Aktionspotential am Ende des Axons (der präsynaptischen Seite) ein, so werden aus kleinen Bläschen die Transmitterstoffe freigesetzt und gelangen in den synaptischen Spalt. Sie diffundieren hier zur anderen (postsynaptischen) Seite und finden dort spezielle Moleküle, die Rezeptoren, vor. Die Transmittermoleküle passen zu den Rezeptoren wie ein Schlüssel zum Schloß. Sobald sich die Transmittersubstanzen an diese Rezeptoren anlagern, hat dies einen Einfluß auf bestimmte Ionenkanäle, und es kommt zu einer Ionenwanderung und damit zu einer Depolarisierung der Membran. Je höher die Frequenz der einlaufenden Aktionspotentiale ist, desto mehr Transmittersubstanz wird freigesetzt und desto größer wird die Depolarisierung auf der postsynaptischen Seite.

Die Transmittermoleküle werden relativ bald wieder abgebaut und die Bruchstücke wandern zurück zur präsynaptischen Seite. Dort werden sie zu den vollständigen Transmittermolekülen aufgebaut und in den Bläschen gespeichert. Die freigewordenen Rezeptoren können durch neue Transmittermoleküle besetzt werden.

Laufen jedoch auf der präsynaptischen Seite keine Aktionspotentiale mehr ein, werden keine Transmittermoleküle mehr freigesetzt, und die Rezeptoren bleiben unbesetzt, die Depolarisierung geht zurück.

Bei der Erregungsübertragung durch die Synapse kommt es am Zellkörper zunächst zu einem lokalen Potential. Erst wenn dieses

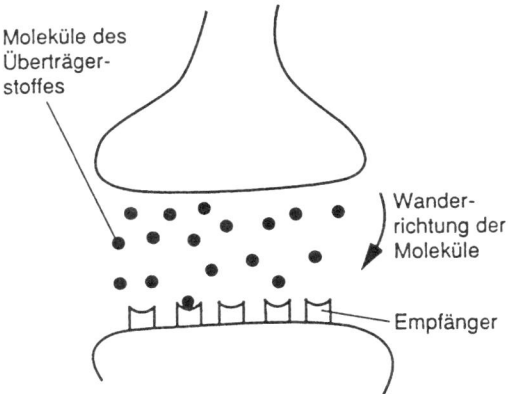

**Abb. 3.7**
Schematischer Aufbau einer chemischen Synapse, Überträgerstoff = Transmitter, Empfänger = Rezeptor.

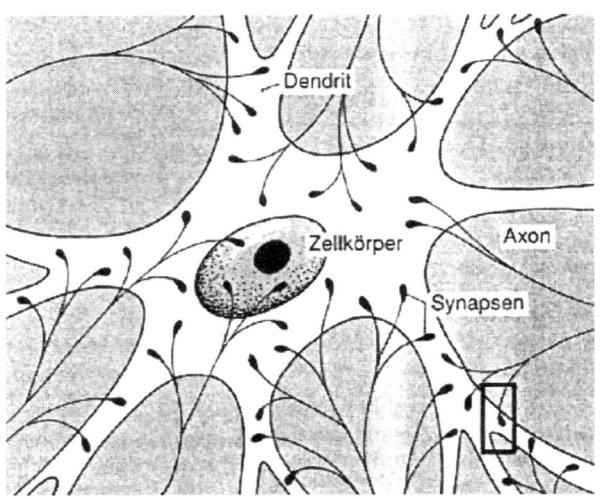

**Abb. 3.8**
An den Dendriten und auf dem Zellkörper einer Nervenzelle befinden sich Synapsen vieler anderer Nervenzellen.

Potential eine bestimmte Schwelle überschreitet, bilden sich am Axonhügel Aktionspotentiale, die über das Axon weitergeleitet werden. Die Erregungsübertragung an einer einzigen Synapse reicht im allgemeinen nicht aus, um eine überschwellige Depolarisierung zu erzeugen. Wie wir bereits erfahren haben, sind Nervenzellen meist mit vielen anderen Nervenzellen verbunden, denn an den Dendriten und auf dem Zellkörper einer Nervenzelle befinden sich Synapsen vieler anderer Nervenzellen (Abb. 3.8). Die Erregungen, die über diese vielen Synapsenendigungen einlaufen, tragen alle zum lokalen Potential am Zellkörper bei. Wichtig ist es, daß nicht alle Synapsen eine erregende Wirkung haben, sondern es gibt auch hemmende Synapsen, die bei Erregung das lokale Potential am Zellkörper vermindern. Die Wirkungen von aktivierenden und hemmenden Synapsen werden also im Bereich des Zellkörpers miteinander verrechnet. Die entsprechende Nervenzelle leitet, wie wir sahen, über ihr Axon nur dann Nervenimpulse weiter, wenn am Beginn des Axons, am sogenannten Axonhügel, eine überschwellige Depolarisation stattfindet. Bleibt das Potential unter dieser Schwelle, so werden keine Nervenimpulse weitergeleitet. Je größer das überschwellige lokale

Potential ist, also je größer die Depolarisierung, desto höher ist die Frequenz, mit der die Aktionspotentiale von dieser Nervenzelle aus weitergeleitet werden. Wir sehen hier auch, daß dieser Schwellenwert für die Informationsübermittlung eine wichtige Sicherheit darstellt, denn er verhindert, daß kleine, zufällige Schwankungen am Zellkörper bereits zu einer Informationsübermittlung durch Nervenimpulse führen. Die hemmenden Synapsen haben natürlich auch eine wichtige Funktion, denn sie verhindern ein extremes Aufschaukeln von elektrischer Erregung im Nervensystem.

Man kennt heute eine ganze Anzahl verschiedener Neurotransmitter, wie Acetylcholin, Serotonin, oder GABA. Man fand heraus, daß diese Neurotransmitter im Gehirn eine wichtige Rolle für die Psyche eines Menschen spielen. So stellte man zum Beispiel fest, daß Patienten, die wegen Bluthochdrucks mit Reserpin behandelt wurden, Depressionen bekamen, obwohl sie vorher psychisch ganz gesund waren. Es stellte sich heraus, daß durch das Reserpin die Konzentration der Neurotransmitter Dopamin, Noradrenalin und Serotonin im Gehirn abnahm. Dopamin stimuliert die Gehirnaktivität. Wenn die Konzentration zu hoch ist oder zu starken Schwankungen unterliegt, so kann dies sogar zu schizophrenem Verhalten führen. Bestimmte Medikamente und Gifte können in ganz spezifischer Weise in die Funktion einer Synapse eingreifen. So blockiert Curare, das Pfeilgift der Indianer, die Acetylcholin-Rezeptoren an den Muskeln, und es kommt so zum Tod durch Atemlähmung. Muskarin, das Gift des Fliegenpilzes, und Nikotin, also das Gift der Tabakpflanze, wirken wie Acetylcholin, das heißt, sie besetzen die Acetylcholin-Rezeptoren, werden aber nicht wie dieses wieder abgebaut, sondern bleiben auf den Rezeptoren und blockieren diese. Koffein blockiert die Serotonin-Rezeptoren. Ein Medikament, das Haloperidol, wird zur Behandlung von Schizophrenie verwendet und blockiert Dopamin-2-Rezeptoren.

Bei der Wirkung dieser Drogen findet man nun interessante Beziehungen zur Synergetik, denn man kann feststellen, daß mit einer einfachen Veränderung der Dosis des Medikaments – und damit einer einfachen Veränderung der Blockierung von spezifischen Rezeptoren – eine drastische Verhaltensänderung auf der makroskopischen Ebene zu beobachten ist. Wenn wir Kaffee trinken, werden wir aktiviert und aufgeregt. Haloperidol dämpft nicht nur die Aktivität, sondern führt auch zu qualitativ verändertem Verhalten. Wie wir noch genauer sehen, erklärt die Synergetik, wie ein System, also auch das Gehirn, sein Verhalten dramatisch ändern kann, wenn sogenannte Kontrollparameter – hier also die Dosis bestimmter Stoffe – geändert werden.

Eine sehr wichtige Rolle spielen spezielle Prozesse an den Synapsen bei Lernvorgängen. So werden an der postsynaptischen Seite kleine Moleküle (NO = Stickstoffmonoxid) gebildet, die dann in umgekehrter Richtung wie die Transmitter zur präsynaptischen Seite wandern und die Aktivität der Synapse verstärken.

David H. Hubel und T. H. Wiesel (1962) fanden eine wichtige Beziehung zwischen dem sensorischen Reiz und der Frequenz der Nervenimpulse. Sie untersuchten dabei spezifische Neuronen im visuellen Kortex von betäubten Katzen. Diese Katzen hatten ihre Augen geöffnet und konnten Bilder wahrnehmen. So wurde ihnen ein dunkler Balken in einer bestimmten Richtung gezeigt: Die Aktivität eines spezifischen Neurons hing nun streng davon ab, welche Orientierung dieser Balken hatte. War der Balken in horizontaler Richtung, feuerte das Neuron überhaupt nicht. Hatte der Balken einen Winkel von 45 Grad, so feuerte die Zelle schwach. War der Balken aber in einer senkrechten Position, so zeigte die Nervenzelle ihre volle Aktivität. W. Singer, C. M. Gray und Mitarbeiter, sowie R. Eckhorn und Mitarbeiter erforschten nun eine interessante Erscheinung: Wenn man dem Tier zwei Balken, die sich in der gleichen Richtung bewegten, zeigte, und diese auch die gleiche Orientierung hatten, so feuerten die beiden dazugehörigen Neuronen im gleichen Takt, also synchron. Das heißt also, die Aktivität dieser beiden Neuronen beeinflußte sich gegenseitig, selbst wenn diese einige Millimeter voneinander entfernt sind. Es ist heute eine heiß diskutierte Frage, ob dieses synchrone Feuern für Gehirnfunktionen grundsätzlich wichtig ist und so zu einer Unterscheidung von Vorder- und Hintergrund oder zum Identifizieren von Objekten dient.

## Lernen und Gedächtnis

Die Strukturen und Vorgänge, die dem Lernen und dem Gedächtnis zugrunde liegen, und zwar auf dem neuronalen Niveau, sind noch nicht sehr gut bekannt. Gemäß einer weithin akzeptierten Annahme, die auf D. O. Hebb zurückgeht, wird Lernen dadurch möglich, daß Synapsen zwischen solchen Neuronen verstärkt werden, die immer wieder gleichzeitig aktiv sind und umgekehrt durch eine entsprechende Abnahme der synaptischen Stärke, wenn ein oder beide Neuronen inaktiv während der gleichen Zeit sind. Vor allem bei Eric Kandel wurde die Verbindung zwischen dem Lernen von Verhaltensmustern und Änderungen auf dem neuronalen Niveau, insbesondere in niederen Tieren, studiert, wie in den Meeresschnekken Aplysia und Hermissenda. Zwei Arten von Wechsel des Verhaltensmusters können in diesen Tieren vorkommen, nämlich Gewöhnung und ein Empfindlicherwerden. Diese Änderungen des makroskopischen Verhaltensmusters waren mit Änderungen in der Bildung neuer Rezeptorkanäle verknüpft, blieben aber nur über mehrere Stunden bestehen.

# Kapitel 4

# Ein Minikurs in Synergetik

## Der neue Blickwinkel

Wie wir im Vorangegangenen gesehen haben, sind viele wichtige Zweige der modernen Gehirnforschung damit beschäftigt, das Gehirn immer weiter in seine Teile zu zerlegen. Dies beginnt mit der Lokalisierung von Gehirnregionen, die mit einzelnen Aufgaben befaßt sind, wie wir das in den Abschnitten über Positron-Emissions-Tomographie (PET), Magnetoenzephalogramm (MEG), Elektroenzephalogramm (EEG) und Magnetresonanz-Abbildung (MRI) kennenlernten. Der nächste Schritt auf einer noch kleineren Dimension besteht in der Aufklärung der chemischen und elektrischen Eigenschaften der Zellen. Noch genauer wird dann die Untersuchung einzelner Rezeptoren und ihrer Wechselwirkung mit den Botenstoffen, zum Beispiel: Wann öffnen sich Rezeptoren, wie lassen sie Botenstoffe durch usw. Dies ist zweifellos ein außerordentlich faszinierendes Unterfangen, sozusagen einen Blick in die Maschinerie, in die einzelnen Teile des Gehirns zu werfen. Aber dennoch: Verstehen wir damit das makroskopische Verhalten, unsere Bewegungen, Wahrnehmungen, Gedanken?

An einem solchen Punkt ist es vielleicht zweckmäßig, auf die Erfahrungen eines Wissenschaftszweiges zurückzugreifen, der wohl als der exakteste neben der Mathematik angesehen wird, der es zugleich aber mit Systemen zu tun hat, die ungleich einfacher als jedes biologische System, jedes Lebewesen, sind. Wir sprechen hier von der Physik.

Wenngleich es auch manche Physiker nicht mehr wahrhaben wollen, so wird die physikalische Forschung, gerade was ihre fundamentalen Züge anbelangt, von philosophischen Grundsätzen geleitet. Ein solcher Grundsatz ist, die Vielfalt der Erscheinungen auf wenige

Grundgesetze und die Vielfalt der materiellen Strukturen auf wenige Elemente zurückzuführen. Dies leuchtet schon in der Antike mit der Annahme von den vier Elementen Feuer, Wasser, Luft und Erde oder, noch zeitgemäßer, mit Demokrits Vorstellung des Atoms auf. So ist es nicht verwunderlich, daß sich die Physiker überglücklich schätzten, als sie das Atom entdeckten und viele Eigenschaften der Materie mit ihren vielfältigen Erscheinungsformen auf Grundeigenschaften der Atome zurückführen konnten. Und trotzdem: Wenn manche Physiker den Nichtphysiker glauben machen wollen, daß die Physik die Eigenschaften der uns umgebenden Materie schnurstracks aus den Eigenschaften der Atome und einigen wenigen Grundgesetzen herleiten kann, so stimmt dies einfach nicht. Es gibt nämlich Eigenschaften in der Materie, die erst durch das gemeinsame Verhalten vieler Atome entstehen, man spricht hier auch von kollektivem Verhalten. Hierbei treten Eigenschaften der Materie in Erscheinung, die nicht einem einzelnen Atom zugeschrieben werden können. Dabei werden wir als Menschen oft erst durch unsere Sinnesorgane auf solche kollektiven Effekte aufmerksam, woraus sich dann die Aufgabe ergibt, die uns Menschen als wichtig erscheinenden Eigenschaften dieser Phänomene herzuleiten. Sehen wir uns ein einfaches Beispiel an.

Wie wir wissen, kommt der Schall, den wir ja als Laute wahrnehmen, durch Schwingungen der Luftmoleküle zustande. Die Dichte der Moleküle schwingt in einem bestimmten Rhythmus im Raum und in der Zeit auf und ab. Ein einzelnes Atom kann keinen Schall transportieren, erst durch das rhythmische gemeinsame Schwingen der Atome, das zu diesen Dichteveränderungen führt, kommt der Schall zustande. Größen, durch die wir den Schall charakterisieren können, wie zum Beispiel seine Stärke oder einzelne Tonhöhen, die in ihm vertreten sind, sind nur durch die Eigenschaften des Kollektivs der Atome gegeben, nicht aber durch ein einzelnes Atom selbst. Nachdem wir ständig dem Schall, der von den verschiedensten Objekten herrührt, ausgesetzt sind, ist es für uns selbstverständlich, daß wir als Menschen einen solchen Schall wahrnehmen können. Aber wir sind offenbar als Organismen in der Lage, Kollektiveffekte in Empfindungen umzusetzen.

Ganz ähnlich ist es mit der Temperatur. Ein einzelnes Atom, das wir als nicht weiter zerlegbares Gebilde auffassen, besitzt keine Temperatur. Erst durch die völlig ungeordnete Bewegung vieler Atome kommt die Temperatur zustande. Als Menschen sind wir in der Lage, sozusagen über diese völlig ungeordnete Bewegung einzelner Gasmoleküle zu mitteln, und dann deren mittlere Bewegungsenergie als Temperatur zu empfinden. Wir sehen an diesen höchst einfachen Beispielen bereits, daß sich hier jeweils zwei ganz verschiedene Betrachtungsebenen gegenüberstehen: die mikroskopische mit den Eigenschaften der einzelnen Atome, die man in den betrachteten Beispielen als punktförmig annehmen kann, und die makroskopische Betrachtungsebene mit den eben beschriebenen kollektiven Effekten wie Schall und Temperatur. In beiden Fällen mußten Begriffe eingeführt werden, die der mikroskopischen Ebene völlig fremd sind. Wie wir alle wissen, kann eine Schallwelle in einem Gas, einer Flüssigkeit oder einem festen Körper nur dann entstehen, wenn von außen her eine Anregung, etwa durch die schwingende Membran eines Lautsprechers, erfolgt, wobei die Tonhöhe der Welle primär durch den Lautsprecher vorgegeben wird. Um es etwas allgemeiner auszudrücken: Die hier entstehende Struktur wird dem System, zum Beispiel dem Gas, von außen her aufgeprägt.

In den letzten Jahrzehnten sind nun ganz plötzlich Erscheinungen in den Mittelpunkt der Forschung gerückt, die bislang höchstens als Kuriosität galten oder die es auch noch gar nicht gab. Es handelt sich hierbei um physikalische Systeme, die ihre Struktur ganz von allein bilden können, ohne daß diese von außen her dem System aufgeprägt wird. Man spricht hier von dem Phänomen der Selbstorganisation. Wie wir sehen werden, kommen wir hier wesentlichen Eigenschaften des Lebens entscheidend näher. Bei diesen Systemen handelt es sich um sogenannte offene Systeme, denen von außen ständig Energie oder Stoffe zugeführt werden, und die dann Energie, oder auch Stoffe, kontinuierlich oder auch stoßweise abgeben. Betrachten wir hierzu einige Beispiele, die wir sogar mit eigenen Augen sehen können.

Abbildung 4.1 zeigt ein Satellitenfoto von Wolkenformationen, wobei wir im einen Teil des Bildes wohlgeordnete Wolkenstraßen finden, in einem anderen Teil einen Wirbel. Solche Wolkenstraßen können wir natürlich auch von der Erde aus beobachten. Derartige

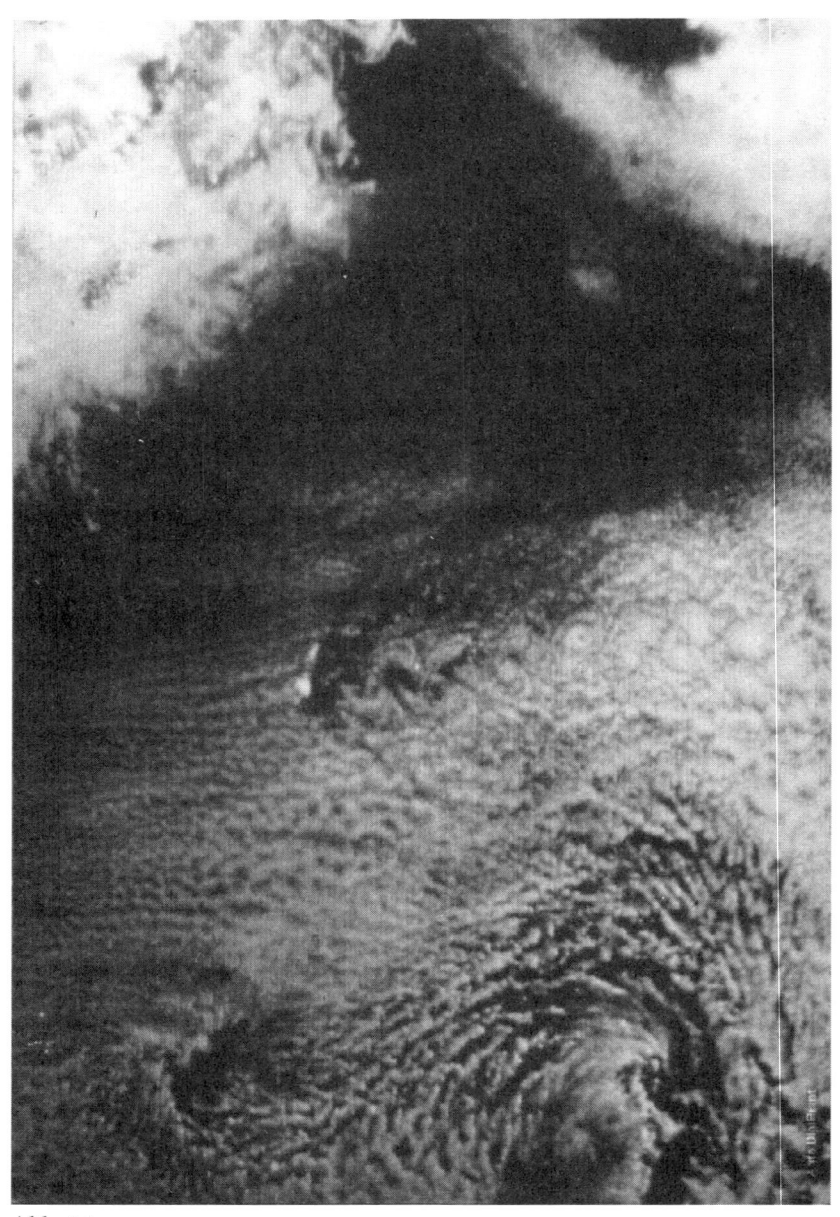

**Abb. 4.1**
Satellitenfoto von Wolkenformationen. Mitte links: geordnete Wolkenstraßen.
Rechts unten: ein Wirbel.

**Abb. 4.2**
Spontane Entstehung von hexagonalen Strukturen in einer Flüssigkeit, die in einem kreisrunden Gefäß gleichmäßig von unten erhitzt wird. In der Mitte jeder Zelle steigt die Flüssigkeit auf, kühlt sich oben ab und sinkt an den Rändern wieder hinunter.

Formationen lassen sich auch im Experiment erzeugen. Erhitzen wir eine Flüssigkeit, zum Beispiel Öl, von unten in einer Pfanne, so können sich spontan verschiedenartige Bewegungsformen, wie Rollen oder Hexagone, ausbilden (Abb. 4.2). Hierbei ist wichtig, daß, obwohl die Erhitzung von unten völlig gleichmäßig erfolgt, die Flüssigkeit ihre Struktur ganz von allein findet. Als noch spektakulärer erweisen sich die Musterbildungen in Flüssigkeiten, wenn auch noch der Seitenrand, ebenfalls gleichmäßig, erhitzt wird. Dann wandeln sich – wie von Geisterhand gesteuert – die Hexagone in Spiralen um, die ein, zwei oder mehrere Arme haben können (Abb. 4.3). Andere, ebenfalls mit bloßem Auge sichtbare Strukturbildungen

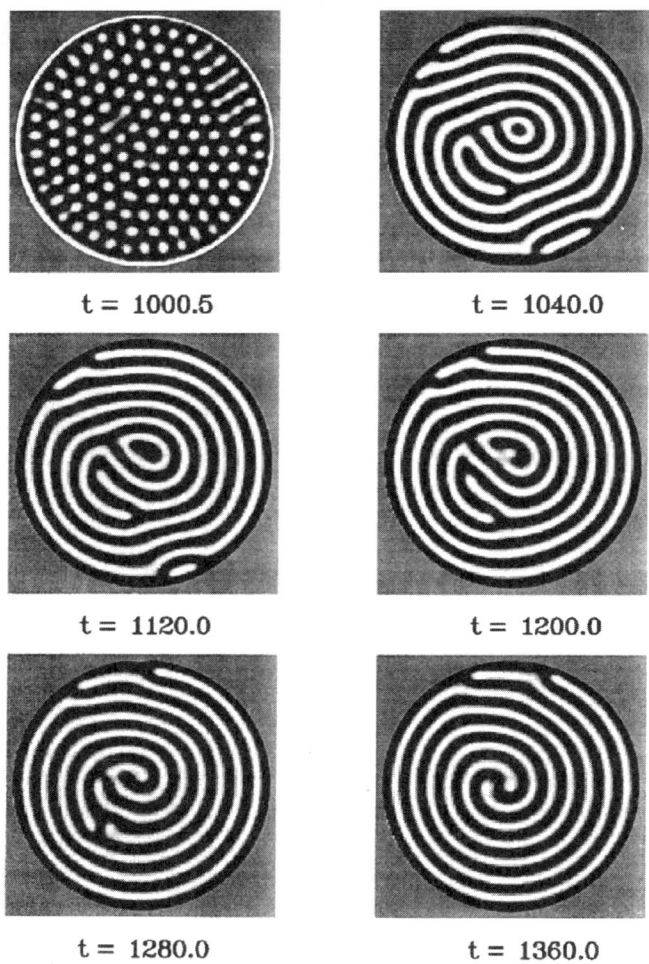

t = 1000.5          t = 1040.0

t = 1120.0          t = 1200.0

t = 1280.0          t = 1360.0

**Abb.4.3**
Jeweils zeilenweise von links oben nach rechts unten zu betrachten. Wird der
Rand des in Abbildung 4.2 gezeigten Gefäßes zusätzlich erhitzt, so tritt eine
Umordnung in der Flüssigkeitsbewegung auf. Es entstehen schließlich Spiralen.
Die Abbildungen zeigen eine Modellrechnung, die sehr gut mit den experimen-
tell gefundenen Ergebnissen übereinstimmt.

70

**Abb. 4.4**
Streifen auf einem tropischen Fisch als Beispiel für Selbstorganisationsvorgänge in der Biologie.

spielen sich auch in der Chemie ab. Hier entstehen nach außen laufende Ringe oder Spiralen, die wachsen und sich beim Zusammentreffen gegenseitig auslöschen. In neueren Experimenten ließ man die miteinander reagierenden Substanzen in Gelen diffundieren. Hierbei ergaben sich, wie bei den Flüssigkeiten, Streifen- oder Hexagonmuster.

Solche Strukturen erinnern natürlich sehr stark an solche, die wir auch auf Tierfellen oder in noch schönerer Weise bei tropischen Fischen beobachten können (Abb. 4.4). Ob es sich hierbei um eine oberflächliche Analogie handelt oder ob es wieder tieferliegende Prinzipien sind, ist eine interessante Frage. Die Antwort lautet übrigens: Es sind hier grundlegende Prinzipien, die aus der Synergetik stammen, aber wir können darauf nicht näher eingehen, sondern verweisen auf die Literatur.

So erwähnen wir hier lieber noch ein System aus der Physik, nämlich die Lichtquelle Laser, wo wir zwar nicht die Strukturbildung im einzelnen sehen können, aber schon an der sehr starken Intensität des Laserlichts merken, daß im Laser etwas Besonderes passiert. Da die Strukturbildung hier nicht augenfällig ist, müssen wir ein klein

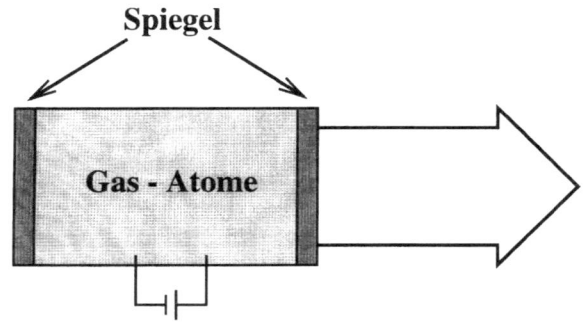

Spiegel

Gas - Atome

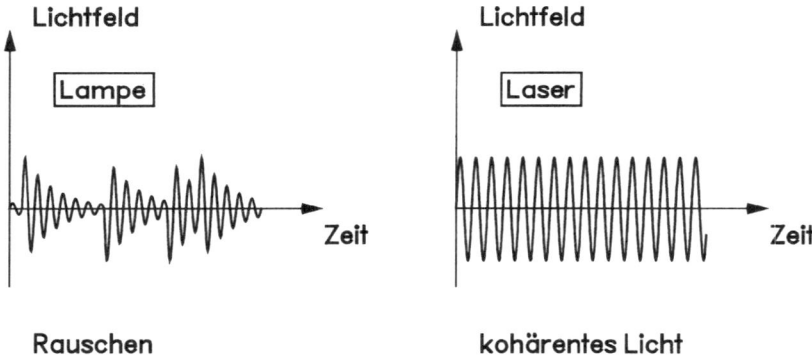

Lichtfeld

Lampe

Zeit

Rauschen

Lichtfeld

Laser

Zeit

kohärentes Licht

**Abb. 4.5**
Oben: Schematischer Aufbau der Lichtquelle Laser. In einer Glasröhre befinden sich Gasatome, an den Enden der Röhre sind Spiegel angebracht. Die Gasatome werden mit Hilfe einer Spannungsquelle, die unten schematisch eingezeichnet ist, angeregt. Das Laserlicht tritt nach rechts aus. Unten: Links die unregelmäßige Bewegung des Lichtfeldes bei einer Lampe im Laufe der Zeit. Rechts das völlig kohärente geordnete Lichtfeld des Lasers im Laufe der Zeit.

wenig weiter ausholen. Betrachten wir zunächst einen Gaslaser, in dem sich in einer Glasröhre Gasatome befinden (Abb. 4.5 oben). Durch einen elektrischen Strom, den wir hindurchschicken, werden diese Gasatome energetisch angeregt und können dann, jedes für sich, eine Lichtwelle aussenden. Es ist so, als wären lauter kleine Radioantennen am Werke. Üblicherweise, so wie wir es von allen Lampen her kennen, besteht das so entstehende Licht aus vielen völlig unabhängig voneinander ausgesandten Wellen. Diese stellen mikroskopisches Chaos dar. Erhöht man aber nun die Stärke des hindurchgeschickten elektrischen Stroms immer mehr, regt also die Atome immer rascher an, so schlägt das mikroskopisch chaotische Licht ganz plötzlich in eine hochgeordnete Welle um (vgl. Abb. 4.5 unten). Dies läßt sich nur so verstehen, daß, wie auf ein geheimes Kommando hin, die einzelnen Atome (Antennen) ihre Ausstrahlung ordnen, oder wie man auch sagen kann, selbst organisieren. Man spricht daher hier von dem Vorgang der Selbstorganisation.

Wie in der Synergetik gezeigt wird, haben alle hier besprochenen Musterbildungsvorgänge oder, wie man auch sagen kann, Selbstorganisationsvorgänge, und viele andere mehr eine gemeinsame Wurzel. Es mag auf den ersten Blick vielleicht absurd erscheinen, daß derartige Selbstorganisationsvorgänge – wenngleich in noch viel komplizierterer Weise – auch in unserem Gehirn ablaufen, aber das wird gerade der Inhalt dieses Buches sein. Bevor wir dies feststellen können, müssen wir uns natürlich wenigstens mit einigen Grundgesetzen der Synergetik beschäftigen. Wir müssen hier ausdrücklich darauf hinweisen, daß diese Grundgesetze von mathematischer Natur sind und daher unter bestimmten Voraussetzungen auf ganz verschiedenartige Systeme angewendet werden können, auf solche der unbelebten als auch solche der belebten Natur. Obwohl wir diese Grundgesetze vor allem an Beispielen aus der Physik erläutern werden, handelt es sich nicht um eine vordergründige Übertragung von Gesetzmäßigkeiten der unbelebten auf die belebte Natur, sondern es liegen hier fundamentale mathematische Beziehungen zugrunde. Natürlich wird es hier nicht unser Ziel sein können, diese mathematischen Grundlagen darzulegen. Glücklicherweise kann man aber auch viele dieser Gesetzmäßigkeiten in einfacher Weise an Beispielen aus der Physik erläutern.

## Grundbegriffe der Synergetik

Bei der Synergetik, der Lehre vom Zusammenwirken, geht es darum, allgemeine Gesetzmäßigkeiten, die für die verschiedenartigsten Systeme gelten, aufzufinden. Dazu müssen wir aber zunächst einmal nach gemeinsamen Zügen suchen. Alle von ihr untersuchten Systeme haben die Eigenschaft gemeinsam, daß sie aus sehr vielen Teilen bestehen, etwa der Laser aus seinen Atomen, die Flüssigkeit aus den Molekülen oder chemische Substanzen aus Molekülen. Ebenso besteht ein Organismus, insbesondere das Gehirn, aus vielen einzelnen Zellen. Die einzelnen Teile stehen untereinander in bestimmten Wechselbeziehungen. So üben zum Beispiel die Moleküle einer Flüssigkeit untereinander Kräfte aufeinander aus, oder die Moleküle einer chemischen Reaktion wandeln sich aufgrund bestimmter Gesetze ineinander um. Hier sind wir schon mitten drin, die sogenannte Mikroebene zu beschreiben, wo es um das Verhalten der einzelnen Teile des Systems geht, also darum, wie sich jedes einzelne Molekül in der Flüssigkeit bewegt oder wie jedes einzelne Laseratom seine jeweiligen Lichtwellen aussendet.

Was wir mit bloßem Auge beobachten oder beim Laserlicht indirekt nachweisen können, sind die makroskopischen Eigenschaften. Die Frage, die wir also zu klären haben, ist: Woher wissen es denn die einzelnen Atome oder Moleküle, wie sie sich in einer Flüssigkeit, einer chemischen Reaktion, oder im Laser verhalten müssen, damit dabei eine hochgeordnete Struktur entsteht? Das zentrale Anliegen der Synergetik ist es, dieses Verhältnis von Mikro- zu Makroebene zu behandeln und hierbei zu erklären, wie durch das Zusammenwirken der einzelnen Teile makroskopisch neue Strukturen entstehen können, die insbesondere dem System nicht von außen her aufgeprägt werden. Die Systeme haben noch ein gewichtiges Merkmal gemeinsam, es handelt sich nämlich um die schon früher angekündigten offenen Systeme, bei denen also ständig Energie und Stoffe zu- und auch abgeführt werden.

Beginnen wir mit Hilfe der experimentellen Tatsachen einige grundlegende Konzepte der Synergetik zu erläutern. Das erste wichtige Konzept ist dasjenige des Kontrollparameters. Betrachten wir hierzu konkret das schon genannte Beispiel einer von unten erhitz-

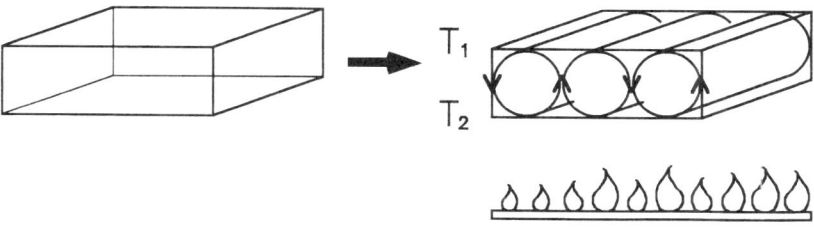

**Abb. 4.6**
Wird eine Flüssigkeit in einem rechteckigen Gefäß von unten erhitzt und von oben gekühlt, so daß sich eine Temperaturdifferenz von unten und oben ausbildet, so können spontan Rollenbewegungen der Flüssigkeit entstehen.

ten Flüssigkeit, die gleichzeitig von oben her gekühlt wird. Infolge der Erhitzung und Kühlung stellt sich eine Temperaturdifferenz zwischen der unteren und oberen Oberfläche ein. Wie die Experimente zeigen, hat diese Temperaturdifferenz einen entscheidenden Einfluß auf das Verhalten der Flüssigkeit. Falls diese Differenz kleiner als ein kritischer Wert ist, bleibt die Flüssigkeit in Ruhe. Wenn hingegen der Temperaturunterschied einen kritischen Wert überschreitet, setzt plötzlich eine makroskopische Bewegung, etwa in Form der Rollen von Abbildung 4.6, rechts oben, ein. Wir können somit sagen, daß das makroskopische Verhalten des Systems von dem Kontrollparameter »Temperaturdifferenz« kontrolliert wird.

Ähnliche dramatische Änderungen können bei chemischen Reaktionen beobachtet werden. Es gibt sogenannte chemische Reaktoren, bei denen bestimmte Chemikalien ständig zugeführt und die entstehenden Endprodukte durch einen Überlauf abgeführt werden, wobei sich ein stets gleichbleibendes Gemisch ergibt. Erhöht man aber die Zufuhr einer bestimmten Chemikalie, so setzt bei ihrer kritischen Konzentration plötzlich eine Oszillation im Gefäß ein, die sich mit bloßem Auge beobachten läßt. Der Inhalt kann seine Farbe von rot nach blau, zurück nach rot, wieder nach blau usw. ändern. In diesem Falle dient die Konzentration der zugefügten Chemikalie als Kontrollparameter.

Wie wir später sehen werden, können wir selbst im komplexesten System, nämlich unserem Gehirn, Kontrollparameter identifizieren. Diese können die Konzentrationen von Neurotransmittern, wie von Serotonin oder Dopamin, sein, oder auch die Konzentrationen von verabreichten Medikamenten, wie Haloperidol, Koffein usw. In einer Anzahl von Fällen können wir auch die Konzentration von Hormonen als Kontrollparameter betrachten. Warum wir diese Chemikalien als Kontrollparameter im Gehirn betrachten können, werden wir später diskutieren.

Zunächst muß man das Konzept der Kontrollparameter bei biologischen Systemen mit einer gewissen Vorsicht benutzen. Während wir in physikalischen und chemischen Systemen die Werte der Kontrollparameter mit Hilfe der experimentellen Bedingungen von außen her, zum Beispiel durch das Ausmaß der Erhitzung einer Flüssigkeit, festlegen, werden in biologischen Systemen die Kontrollparameter oft von dem System selbst geschaffen und sind in dieser Weise veränderlich. Wir werden diese Beziehung zwischen Kontrollparametern und anderen biologischen Größen später in einer Reihe ausführlicher Beispiele näher kennenlernen.

Eine ganz grundsätzliche Frage ergibt sich, ob die hier besprochenen Musterbildungen streng voraussehbar, also rein deterministisch, sind, oder ob hier Zufälle eine Rolle spielen können. Wir wollen deshalb auf diese grundlegende Frage schon hier eingehen und werden diese später immer wieder diskutieren müssen.

Viele Gebiete der Wissenschaft werden von der Vorstellung beherrscht, daß es keine Zufallsereignisse gibt, sondern daß alle Prozesse völlig deterministisch ablaufen. Es gibt aber dennoch eine Reihe wichtiger Vorgänge, bei denen diese Zufallsereignisse eine fundamentale Rolle spielen. Sie sind überall in der Quantenphysik anzutreffen, die sich mit dem Verhalten von Atomen und Molekülen oder auch, auf noch kleinerer Dimension, von Elementarteilchen befaßt. Ein Beispiel wird vom radioaktiven Zerfall bestimmter Atomkerne geliefert. Wenn ein Atomkern radioaktiv ist, oder radioaktiv gemacht worden ist, zum Beispiel durch Kernreaktionen, können wir nicht voraussagen, wann er ein Elementarteilchen aussendet oder zerplatzt. Wir können also nicht voraussagen, wann ein Radium- oder ein Uranatom zerfällt. Das gleiche gilt für die spontane Ausstrahlung des Lichts von Atomen. Wenn ein Atom angeregt ist, kann es eine Lichtwelle aussenden oder, wenn wir es quantenmechanisch ausdrücken, ein sogenanntes Photon. Wir sind aber prinzipiell nicht in der Lage vorauszusagen, wann die Ausstrahlung stattfindet.

Auch alle elementaren Vorgänge bei chemischen Reaktionen sind von quantenmechanischer Natur und daher zufällig. Gemäß unserem gegenwärtigen Verständnis der Physik sind diese Zufallsereignisse völlig fundamental und können nicht durch die Entwicklung einer detaillierteren Theorie vorausgesagt werden. Dies steht natürlich in Widerspruch zu Albert Einsteins Diktum »Gott würfelt nicht«, und es hat besonders auch in neuerer Zeit nicht an Versuchen gefehlt, die Zufälligkeit der quantenmechanischen Ereignisse auf andere Gesetze zurückzuführen, aber all diesen Experimenten und zugehörigen Theorien war ein Fehlschlag beschieden. Die Zukunft der Quantenphysik liegt wohl auch nicht in der Entwicklung einer deterministischen Theorie.

Im Hinblick auf die späteren Erörterungen von Gehirnfunktionen, die dann sehr weitgehende philosophische Konsequenzen haben werden, sollten wir hier noch darauf hinweisen, daß es auch eine andere Art von Zufall gibt, nämlich den der thermischen Schwankungen, wie Dichteschwankungen in Gasen, Flüssigkeiten oder Festkörpern, oder die Schwankung des elektrischen Stromes in Halbleitern und Metallen. Solche Schwankungen können auch dann auftreten, wenn wir sogar die Quantennatur der Moleküle vernachlässigen, das heißt, wenn wir sie gemäß der klassischen Mechanik behandeln. In diesem Falle haben wir es nur anscheinend mit Zufallsereignissen, nämlich den Schwankungen, zu tun, einfach weil wir nicht die genaue Lage, etwa der Moleküle oder der Elektronen, kennen. Daher hängt, abgesehen von der Quantentheorie, die Frage, ob wir von Zufallsereignissen sprechen können oder nicht, von der Beschreibungsebene ab. Zum Beispiel können wir die Bewegung der Gasatome gemäß der klassischen Mechanik behandeln, entsprechend einer vollständig deterministischen Theorie. Trotzdem können wir, wie der geniale Physiker Ludwig E. Boltzman zeigte, die Dichteschwankungen der Gasmoleküle so behandeln, als wären sie Zufallsereignisse, die durch die statistischen Theorien beschrieben werden können.

Es gibt, wie wir sehen werden, gute Gründe anzunehmen, daß Zufallsereignisse auch in unserem Gehirn vorkommen. Solche Ereignisse können die spontane Öffnung der Bläschen (Vesikel) in Neuronen sein, oder das zufällige Feuern von Neuronen, oder die Erscheinung des Tremors. Aber bei unserem gegenwärtigen Stand des Wissens über die wichtigen mikroskopischen Vorgänge im Gehirn ist es nicht klar, ob diese Fluktuationen von fundamentaler quantenmechanischer Natur sind, oder ob sie von unserem Beschreibungsniveau abhängen. Dies hat offensichtlich auch weitreichende philosophische Konsequenzen, auf die wir noch eingehen werden.

## Wie entstehen Strukturen?

Ganz offensichtlich sind die Systeme, die wir im vorangegangenen Abschnitt kurz erläutert hatten, sehr allgemein und eine ganze Reihe von ihnen sind auch sehr kompliziert. Aus diesem Grunde mag es zunächst hoffnungslos erscheinen, ein allgemeines Rezept zu finden, wie man diese Systeme theoretisch und vor allen Dingen auch von einem einheitlichen Gesichtspunkt aus behandeln kann. Das ist aber gerade die Fragestellung, die sich die Synergetik vorgelegt hat. Um einen Weg zur Lösung zu finden, lassen wir uns am besten von Experimenten und der grundlegenden Idee der Synergetik leiten, nämlich: Schaue nach qualitativen Änderungen auf makroskopischen Skalen, nämlich gerade auf solche Situationen, wo sich die Struktur eines Systems makroskopisch ändert. Wie wir ja sahen, gibt es eine ganze Klasse von Phänomenen, in denen komplexe Systeme ihre makroskopischen Zustände qualitativ ändern, eben die Flüssigkeiten, chemische Reaktionen und den Laser. Wenn ein Kontrollparameter, zum Beispiel bei der Flüssigkeit die Temperaturdifferenz, jenseits eines kritischen Wertes erhöht wird, bildet das System plötzlich einen neuen makroskopischen Zustand, der völlig von dem vorangegangenen, etwa homogenen Zustand verschieden ist, bei dem also die Flüssigkeit in Ruhe war.

Betrachten wir als Leitbeispiel eine Flüssigkeit, in der sich Rollen bilden (Abb. 4.7). Wir beginnen mit einem Kontrollparameterwert, bei dem der Zustand des Systems bekannt ist: das System in Ruhe ist. Wenn wir den Kontrollparameter ändern, erscheint plötzlich, wie wir schon gesehen haben, ein neuer Zustand. Die Flüssigkeit beginnt ihre Bewegung oder, mit anderen Worten, die Umlaufgeschwindigkeit der einzelnen Rollen wächst im Laufe der Zeit. Das Auftreten der Rollen zeigt eine sogenannte Instabilität an, das heißt,

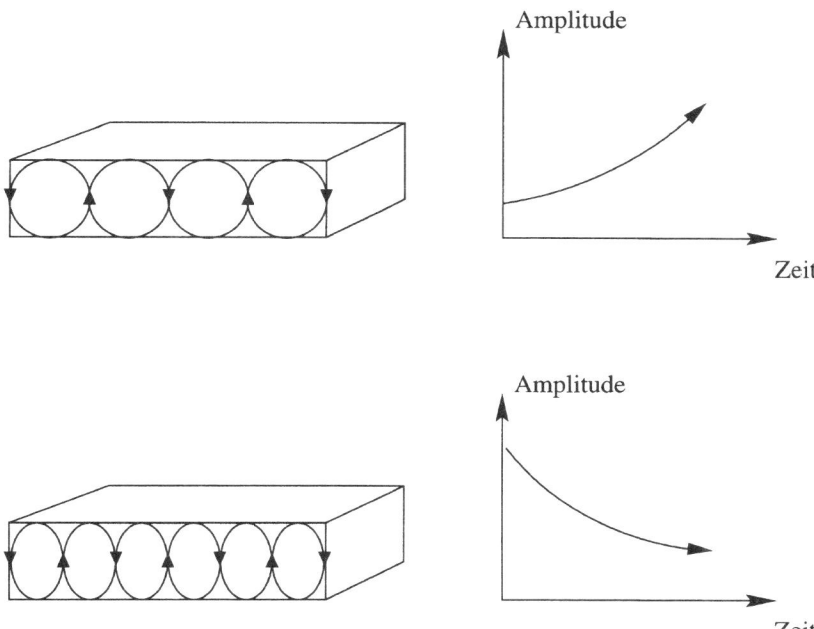

**Abb. 4.7**
Links: Beispiele für im Prinzip mögliche Rollenbewegungen. Rechts: Während die Stärke (Amplitude) der zugehörigen Rollenbewegung im oberen Falle im Laufe der Zeit anwächst, klingt die entsprechende Stärke bei der Rollenbewegung unten links im Laufe der Zeit ab.

der alte Ruhezustand ist instabil geworden. Die neue, sich nun entwickelnde Bewegung wächst aus einer kleinen Schwankung der Flüssigkeit, wie der Dichteschwankung der Moleküle, heraus.

Der nächste Schritt der Analyse besteht darin, das Verhalten etwas über dem Instabilitätspunkt zu untersuchen. Wie sich bei der mathematischen Analyse ergibt, können ganz verschiedene Kollektivbewegungen auftreten, von denen einige Beispiele in Abbildung 4.7 auf der linken Seite gezeigt sind. Die Bewegung der einzelnen Moleküle folgt dann der Rollenbewegung, die man sich natürlich auch innerhalb der einzelnen Rollen noch vorstellen muß. Wie man in der Mathematik zeigt, läßt sich eine allgemeine Bewegung immer als sogenannte Überlagerung solcher einzelner spezifischer Rollenbewegungen darstellen. Das Entscheidende ist nun, daß eine oder einige dieser Konfigurationen zu wachsen anfangen, während andere, selbst wenn sie einmal zufällig erzeugt worden sind, wieder verschwinden. Die wachsende Konfiguration ist von besonderem Interesse für die weitere Behandlung. Ihre Größe, auch Amplitude genannt, wächst also und zeigt somit an, daß sich das makroskopische Muster durchsetzt.

Wenn die Musterbildung beginnt, sind diese Amplituden ursprünglich klein. Dies gestattet es dann, das Wachsen und den Zerfall der einzelnen Konfigurationen unabhängig voneinander zu studieren. Aber, und das ist nun das Wichtige, wenn die Amplituden mehr wachsen, beginnen sich die einzelnen Konfigurationen gegenseitig zu beeinflussen. Zum Beispiel können sie miteinander in Konkurrenz treten, so daß nur eine diesen Wettbewerb gewinnt und dann alle anderen Konfigurationen unterdrückt. In anderen Fällen können sie miteinander koexistieren oder sich gegenseitig stützen, das heißt gegenseitig verstärken. Die Amplituden der wachsenden Konfigurationen werden die *Ordner* genannt, da sie eben die Ordnung des Systems bestimmen. Wenn ein System viele einzelne Teile hat, gibt es entsprechend viele einzelne Konfigurationen. Das bedeutet natürlich, daß die Information, die wir brauchen, um das Verhalten des Systems zu beschreiben, zunächst nicht mit Hilfe des Zerlegens der Bewegung in die einzelnen Konfigurationen reduziert werden kann. Aber nun kommt eben das zentrale Ergebnis der Synergetik herein. Ihm gemäß ist nicht nur das Verhalten der anwachsenden Konfigurationen, sondern auch das aller anderen Konfigurationen eindeutig durch die Ordner bestimmt.

Als Folge ist das gesamte raum-zeitliche Verhalten des Systems durch die Ordner festgelegt. Dies ist das sogenannte *Versklavungsprinzip* der Synergetik (Abb. 4.8). Da im allgemeinen die Zahl der Ordner viel kleiner als die Zahl der Elemente eines Systems ist, er-

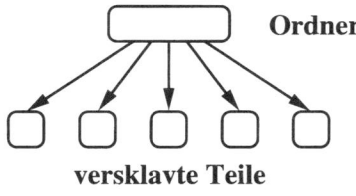

**Ordner**

**versklavte Teile**

**Abb. 4.8**
Veranschaulichung des Versklavungsprinzips. Der Ordner legt das Verhalten der Teile fest.

halten wir auf diese Weise eine enorme Verringerung der sogenannten Freiheitsgrade, oder, mit anderen Worten, eine enorme Informationskompression wird erreicht. In gewisser Weise wirken die Ordner wie Puppenspieler, die die Marionetten tanzen lassen. Aber hier gibt es, wie eben die Synergetik herausgefunden hat, einen grundlegenden Unterschied zwischen diesem naiven Bild der Puppenspieler und dem, was in Wirklichkeit in all diesen Systemen geschieht.

**Abb. 4.9**
Links: Veranschaulichung der zirkulären Kausalität. Der Ordner legt das Verhalten der Teile fest, während die Teile den Ordner schaffen.
Rechts: Über den Ordner, der nicht gezeichnet ist, wirken die Teile auf sich selbst zurück. Der so resultierende Ordnungszustand kann auch als Konsensfindung aufgefaßt werden, sofern man die Vorgänge hier anthropomorph deutet.

Wie sich herausstellt, wirken die einzelnen Teile oder Marionetten durch ihre kollektive Tätigkeit wieder auf den Ordner zurück. Während auf der einen Seite die Puppenspieler (Ordner) die Bewegung der einzelnen Teile bestimmen, legen umgekehrt die einzelnen Teile die Tätigkeit des Ordners fest, ja sie definieren ihn sogar. Diese Erscheinung wird *zirkuläre Kausalität* genannt (Abb. 4.9 links). Das Prinzip der zirkulären Kausalität gestattet es uns, das Versklavungsprinzip auf noch ganz andere Weise zu interpretieren, weil nämlich die einzelnen Teile des Systems den Ordner bestimmen oder sogar erzeugen, der umgekehrt die einzelnen Teile versklavt, bestimmen letztlich die Teile auf dem Weg über den Ordner ihr Verhalten gegenseitig. Es liegt nahe, dieses Phänomen mit menschlichem Verhalten zu vergleichen, und es als *Konsensfindung* (Abb. 4.9 rechts) zu bezeichnen. Auf diese Weise sind Versklavung und das Auffinden eines Konsenses zwei Seiten der gleichen Medaille. Wenden wir diese Konzepte später auf das Gehirn an, so wird dies unmittelbar seine philosophischen Konsequenzen haben.

# Das Laserbeispiel oder Boote auf einem See

Wegen der zentralen Rolle des Versklavungsprinzips wollen wir uns dieses Prinzip noch von einer anderen Seite – nämlich mit Hilfe der Lichtquelle Laser – ansehen. Erinnern wir uns dazu kurz an den Gaslaser, den wir schon weiter oben beschrieben haben. Wie wir bemerkten, senden die einzelnen angeregten Atome zunächst unabhängig voneinander einzelne Lichtwellen aus. Diese werden an den Spiegeln, die an den beiden Endflächen der Glasröhre angebracht sind, reflektiert und bleiben so für eine bestimmte Zeit in der Röhre, bis sie durch die nicht ganz perfekten Spiegel schließlich entweichen. Auf jeden Fall bildet sich so eine bestimmte Konzentration von Lichtwellen in der Röhre aus. Wird aber nun die Stärke des elektrischen Stroms erhöht, so werden immer mehr Atome angeregt, die dann auch immer mehr Lichtwellen aussenden.

Ist die Konzentration der Lichtwellen genügend groß, so setzt ein neuer Vorgang ein, der auf Albert Einstein zurückgeht, nämlich eine schon vorhandene Lichtwelle kann ein angeregtes Atom dazu zwingen, diese Lichtwelle zu verstärken. Diese verstärkte Lichtwelle kann ein zweites angeregtes Atom treffen und wiederum zur Verstärkung der Lichtwelle dienen (Abb. 4.10). Ganz offensichtlich kann auf diese Weise eine Lichtlawine entstehen. Der Laser hat nun seinen instabilen Zustand erreicht. In genauer Analogie zur Flüssigkeit, wo ganz verschiedene Konfigurationen entstehen, können nun verschiedene Arten von Lichtwellen hervorgebracht werden, die dann entweder wachsen oder, wenn sie nicht genügend verstärkt werden,

**Atom**　　　　**Atom**　　　　**Atom**　　　**Lawine**

**Abb. 4.10**
Von links nach rechts zu betrachten. Eine vom linken angeregten Atom ausgestrahlte Lichtwelle trifft auf ein zweites angeregtes Atom und zwingt dieses, die einfallende Lichtwelle zu verstärken. So setzt sich dies fort, bis sich eine Lichtlawine ausbildet.

auch wieder wegen des Entweichens durch die Spiegel abnehmen können. So setzt ein Wettbewerb zwischen den anwachsenden Wellen ein und wird schließlich von einer von ihnen gewonnen. Die Amplitude dieser Welle ist der Ordner.

Um das Versklavungsprinzip expliziter zu diskutieren, erinnern wir den Leser daran, daß in der Physik das Lichtfeld durch seine elektrische Feldstärke dargestellt wird. Gemäß dem Versklavungsprinzip versklaven der oder die Ordner die einzelnen Teile. Im vorliegenden Falle sind die einzelnen Teile die Gasatome. Bei jedem Atom können wir zwischen dem Atomkern und einem speziellen Elektron unterscheiden, das um den Kern herum kreist und Lichtwellen aussenden kann. Wie wir wissen, wirken elektrische Felder auf geladene Teilchen, wie zum Beispiel Elektronen, ein. Wenn die Lichtwelle auf- und abschwingt, wirkt sie auch in dieser Weise auf das Elektron und zwingt es ebenfalls auf- und abzuschwingen.

Diesen Vorgang kann man sich folgendermaßen veranschaulichen: Wir betrachten einen See, auf dem Boote schwimmen (Abb. 4.11). Das elektrische Feld kann in Analogie zu einer Wasserwelle gesetzt werden und die einzelnen Elektronen zu den Booten. Wenn die Wasserwelle über den See läuft, werden gemäß dieser Welle die Boote auf und nieder bewegt. Dies ist das Versklavungsprinzip in Reinkultur. Unter dem Einfluß des elektrischen Feldes führen die Elektronen eine Schwingungsbewegung aus. Wie wir andererseits aus der Physik wissen, kann das Hin- und Herschwingen

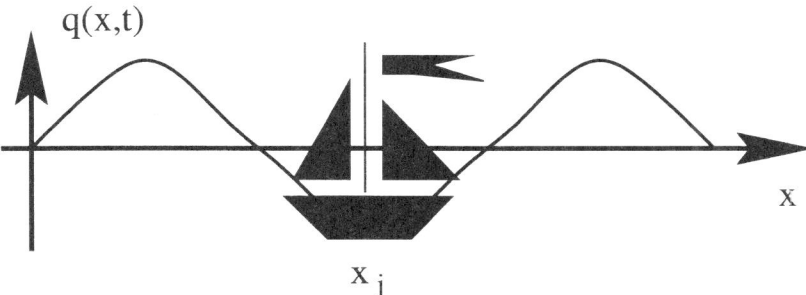

**Abb. 4.11**
Veranschaulichung des Versklavungsprinzips mit Hilfe eines Boots auf einem See. Das Boot folgt der Auf- und Abbewegung der Welle, die über den See läuft.

83

der Ladungen, in unserem Falle also der Elektronen, ein elektrisches Feld erzeugen. Hier finden wir also wieder das Prinzip der zirkulären Kausalität verwirklicht.

Auf den ersten Blick mögen die Veranschaulichungen des Versklavungsprinzips im Falle der Flüssigkeit und im Falle des Lasers als ziemlich verschieden erscheinen. Im ersten Falle nämlich sprechen wir von Konfigurationen oder kollektiven Bewegungen der Flüssigkeitsmoleküle, während wir im zweiten Fall beim Laser die Bewegung der einzelnen Elektronen in den Laseratomen betrachten. Wie aber die mathematische Analyse, die wir natürlich nicht darstellen können, zeigt, sind beide Beschreibungen gleichwertig und hängen von der Art des Problems ab.

Auf jeden Fall können wir in beiden Fällen klar zwischen der Rolle des Ordners und der versklavten Teile des Systems unterscheiden. Wenn wir die Ordner stören und dann mit der Störung aufhören, kehren die Ordner nur langsam zu ihrem ursprünglichen Zustand zurück. Wenn wir hingegen die einzelnen Teile, die Atome, stören, kehren sie sehr schnell in den ursprünglichen Zustand zurück. Das heißt: Ordner und Teile sind in ihrem Verhalten deutlich durch die Länge ihrer Rückkehrzeiten oder, wie man auch sagt, Relaxationszeiten unterschieden.

Wenn wir die Prinzipien der Synergetik schließlich auf das Gehirn anwenden wollen, müssen wir uns fragen, ob diese verschiedenen Zeitskalen auch dort anzutreffen sind. Betrachten wir einmal die Neuronen als die einzelnen versklavten Komponenten und das makroskopische Verhalten, wie Wahrnehmung oder die Kontrolle von Bewegungen, als die makroskopischen Größen, die von Ordnern beschrieben werden. In der Tat haben die einzelnen Neuronen Relaxationszeiten von etwa einigen Tausendstelsekunden, wohingegen Wahrnehmungen usw. auf Zeitskalen von ungefähr Zehntelsekunden stattfinden. Die Trennung der Zeitskalen ist, ganz offensichtlich, gut im Gehirn erfüllt.

## Die zentrale Rolle der Ordner

Fassen wir die Ergebnisse dieses Kapitels zusammen. Wir betrachten hier eine Klasse von Systemen, die die folgenden Eigenschaften haben: Wenn einer oder vielleicht auch mehrere Kontrollparameter geändert werden, wird das System instabil. Mit anderen Worten, es verläßt seinen früheren Zustand und beginnt einen qualitativ neuen makroskopischen Zustand zu bilden. Nahe am Instabilitätspunkt werden verschiedene kollektive Konfigurationen auftreten. Einige von ihnen wachsen, während andere, selbst wenn sie einmal aufgrund von Schwankungen erzeugt worden sind, wieder zerfallen. Durch ein Studium der wachsenden und zerfallenden Zustände können wir zwischen den instabilen und stabilen Konfigurationen unterscheiden und werden insbesondere zu solchen Konfigurationen geführt, die durch die Ordner regiert werden. Die Ordner bestimmen das Verhalten der einzelnen Teile mit Hilfe des Versklavungsprinzips. Auf diese Weise kann das Verhalten eines komplexen Systems beschrieben und sogar auch mit Hilfe der Ordner verstanden werden. Zur gleichen Zeit brauchen wir nicht länger die Tätigkeiten der einzelnen Teile zu betrachten, sondern wir können statt dessen das gesamte System mit Hilfe der Ordner beschreiben.

Das Versklavungsprinzip, das dieser Beziehung zugrunde liegt, führt zu einer, wie man sagt, enormen Informationskompression auch das Gehirn benutzt, um Verhalten und Wahrnehmung zu bewerkstelligen. In einer ganzen Reihe von Fällen ist die Zahl der Ordner sehr klein, und wir können das Verhalten eines Systems mit Hilfe dieser Ordner diskutieren. Zum Beispiel ist im Laser die Zahl der Atome etwa $10^{18}$, das ist eine Zahl mit einer Eins und achtzehn Nullen, wohingegen die Zahl der Ordner gerade eins ist, nämlich die elektrische Feldstärke der Konfiguration, die den Wettbewerb gewinnt. Durch den Ordner wird die Bewegung der einzelnen Elektronen beim Laser sehr stark korreliert. In ähnlicher Weise haben wir es beim Gehirn mit Myriaden von Neuronen zu tun, aber mit weit weniger Verhaltensmustern, die allerdings immer noch ziemlich zahlreich sind. Wie wir viel deutlicher noch in Kapitel 5 sehen werden, sind die Ordner abstrakte Größen. In vielen Fällen erhalten sie ihre spezielle Bedeutung erst durch das Versklavungsprinzip.

Wir wiederholen hier nochmals eine Warnung, die wir schon früher aussprachen. Weil wir die Prinzipien der Synergetik mit Hilfe von Beispielen aus der Physik veranschaulicht haben, könnte man den Schluß ziehen, daß Synergetik einen Physikalismus darstellt. Dies stimmt indessen keineswegs, da wir in der Synergetik von abstrakten mathematischen Relationen ausgehen, die dann in den verschiedensten Systemen, einschließlich solcher der Physik, angewendet werden. Aber da die physikalischen Systeme – verglichen mit biologischen Systemen – noch immer verhältnismäßig einfach sind, stellen sie wohl den besten Weg dar, um die Bedeutung der mathematischen Prinzipien der Synergetik zu veranschaulichen.

## Die Dynamik der Ordner

Im vorangegangenen Abschnitt sahen wir, daß das Verhalten, selbst komplexer Systeme, durch wenige Größen, nämlich die Ordner, in der Nähe der Instabilitätspunkte regiert wird. In einer ganzen Zahl wichtiger Fälle haben wir es mit sehr wenigen Ordnern zu tun, und wir wollen hier einmal den einfachsten Fall eines Ordners diskutieren. Um das Verhalten eines solchen Ordners zu beschreiben, und zwar in der Nähe einer Instabilität, hat sich ein mechanisches Modell als äußerst nützlich erwiesen, weil es nämlich eine ganz einfache Interpretation gestattet. Wir identifizieren die Größe des Ordners mit der Koordinate eines Balls, der einen Hügel zum Tal hinunterrollt, wobei die Bewegung noch durch Gras gebremst wird, so daß der Ball am Talgrund unmittelbar zur Ruhe kommt (Abb. 4.12 oben). Gemäß diesem Modell ist die Rollgeschwindigkeit des Balls um so größer, je steiler die Neigung des Hügels an der betreffenden Stelle ist. Da am Talgrund die Neigung Null ist, ist natürlich dann auch hier die Geschwindigkeit des Teilchens Null; es ist zur Ruhe gekommen.

Hier kommt aber ein ganz fundamentaler Gesichtspunkt hinzu. In allen synergetischen Systemen sind die Ordner Schwankungen ausgesetzt, die noch von den einzelnen Teilen des Systems herrühren. Die Auswirkungen dieser Schwankungen auf die Bewegung des Balls kann man sich am besten veranschaulichen, indem man an die

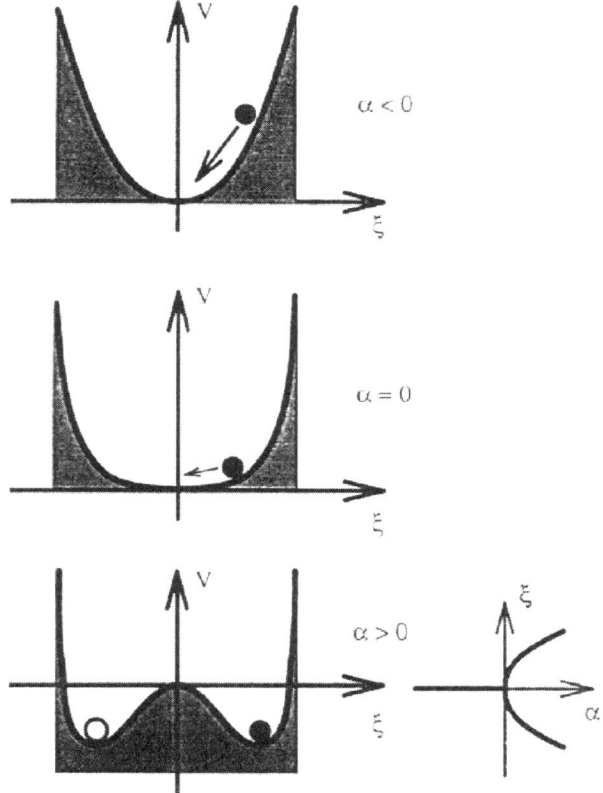

**Abb. 4.12**
Veranschaulichung des Verhaltens des Ordners $\xi$ mit Hilfe einer Kugel, die sich in einer Gebirgslandschaft bewegt.
Oben: Bei dem zugrunde liegenden mathematischen Modell ist der Kontrollparameter $\alpha$ negativ gewählt.
Mitte: Wird der Kontrollparameter $\alpha = 0$, so wird das Tal sehr flach.
Unten: Wird schließlich der Kontrollparameter positiv, so entstehen in der Gebirgslandschaft zwei Täler, die den stabilen Lagen des Ordners entsprechen.
Rechts unten sind die stabilen Lagen des Ordners $\xi$ gegenüber den Kontrollparameterwerten $\alpha$ aufgetragen. Für negative Werte von $\alpha$, das heißt links von der $\xi$-Achse, ist die stabile Lage $\xi = 0$; rechts: für positive Kontrollparameterwerte werden zwei verschiedene stabile Lagen der Kugel möglich.

Kicks von Fußballspielern erinnert. Wie es oft in Fußballspielen geschieht, treffen die Fußballspieler den Ball völlig zufällig – ein wundervolles Bild für den Einfluß von Schwankungen! Wegen solcher Schwankungen wird der Ball in unserem Falle natürlich nicht in Ruhe bleiben, sondern er wird sich nach links und rechts bewegen, und zwar den Hügel hinauf, dann herunterrollen, dann wieder hinaufgestoßen werden usw. Diese jetzt beschriebene Situation erfaßt die Vorgänge in einem System, bevor die Instabilität bei Erhöhung eines Kontrollparameters erreicht wird. Wenn aber der Kontrollparameter zu seiner kritischen Größe gebracht worden ist, wo die Instabilität beginnt, wird die Hügellandschaft verformt. Das Tal wird, wie man im Detail nachweisen kann, sehr sehr flach (Abb. 4.12 Mitte). Wenn nun der Ball vom Ursprung weggestoßen ist, wird er sehr lange brauchen, bis er wieder an den Ursprung zurückkommt, weil eben die Neigung des Hügels in der Talebene auf eine große Strecke sehr flach ist. Dieses langsame Zurückrollen wird auch als *kritisches Langsamerwerden* bezeichnet. Wenn wir uns daran erinnern, daß der Ball den Schwankungen ausgesetzt ist, und daß das Tal sehr flach ist, können wir uns sofort vorstellen, daß der Ball sehr weit von seinem Gleichgewichtspunkt weggestoßen werden kann, bis er schließlich die sehr stark ansteigenden Abhänge links und rechts erreicht und so wieder zurückgestoßen wird. Der Ball vollführt so eine ganz zufällige Bewegung, wobei die Schwankungen des Balls sehr groß geworden sind. Man spricht hier von *kritischen Fluktuationen*. Es erhebt sich natürlich die vielleicht doch aufregende Frage, ob es auch bei biologischen Systemen, insbesondere beim Gehirn, derartige kritische Fluktuationen gibt. Dies werden wir später untersuchen.

Wenn schließlich der Kontrollparameter einen Wert oberhalb seines kritischen Wertes bekommt, wird die Landschaft qualitativ verformt und anstelle des einen früheren Tales treten zwei Täler auf (Abb. 4.12 unten). Jedes Tal stellt nun wieder, wie man sich anhand des Ballmodells sofort klarmacht, einen stabilen Zustand dar. Da es zwei stabile Positionen gibt, sprechen wir von *Bistabilität*. Im vorliegenden Falle ist die Landschaft symmetrisch, das heißt, wenn man die Kurve an der senkrechten V-Achse spiegelt, geht sie in sich selbst über. Der Ball hat im vorliegenden Falle also die Wahl zwischen zwei völlig gleichwertigen Lagen, aber er kann natürlich nur eine davon einnehmen. Man spricht deshalb wie in der Physik auch hier von einem *Symmetriebruch*. Daß sogar unser eigenes Gehirn solche bistabilen Zustände aufweisen kann, zeigte schon ein Blick auf Abbildung 1.1. Hier erkannten wir einmal ein Gesicht, ein anderes Mal eine Ansammlung von Obst und Gemüse. Zwei ganz verschiedene, jeweils wenigstens eine Zeitlang, stabile Zustände unserer Wahrnehmung.

Die hier besprochenen Erscheinungen, wie das *kritische Langsamerwerden*, die *kritischen Fluktuationen* und der *Symmetriebruch*, sind schon früher bei sogenannten Phasenübergängen in Systemen im thermischen Gleichgewicht beobachtet worden. Solche Phasenübergänge finden auch statt, wenn Wasser zu Eis gefriert, oder wenn ein magnetisches Material magnetisch wird. Wir haben nun in der Synergetik herausgefunden, daß diese Phänomene auch in offenen Systemen, das heißt in Systemen fern vom thermischen Gleichgewicht, auftreten. Ein Beispiel hierfür ist der Laser, dessen Fluktuationen und kritisches Langsamerwerden in großem Detail experimentell bestätigt worden sind. Weil wir es hier aber mit Systemen fern vom thermischen Gleichgewicht zu tun haben, sprechen wir von *Nichtgleichgewichts-Phasenübergängen*.

In der Synergetik können wir kritische Fluktuationen und kritisches Langsamerwerden als starke Indizien für Vorgänge der Selbstorganisation auffassen, weil die Fluktuationen, die auf die Ordner ausgeübt werden, von zufälligen Bewegungen der individuellen Teile eines Systems herrühren. Wenn ein System am kritischen Punkt destabilisiert wird, wachsen diese Fluktuationen bis das System einen neuen stabilen Zustand erreicht hat, und zwar im vorliegenden Beispiel in einem der beiden Täler. Wenn der Kontrollparameter weiter verändert wird, werden die Täler bald sehr steil, so daß die wirklichen Fluktuationen sehr klein werden. Dieses Phänomen ist im Detail im Fall des Lasers untersucht worden. Wie wir später sehen werden, treten genau diese Phänomene auch bei der biologischen Bewegungskoordination auf und bilden so einen fundamentalen Hinweis auf die Vorgänge der Selbstorganisation in solchen Systemen. Mit Hilfe von Gebirgslandschaften läßt sich auch noch ein anderes Phänomen sehr leicht erklären. Wir betrachten die Folge von Gebirgslandschaften in Abbildung 4.13, wobei wir aufgrund der Änderung eines Kontrollparameters eine Änderung der Landschaften von links nach rechts vor uns haben. In der Abbildung oben links ist das linke Tal das tiefere; hier liegt also der Ball in einem stabilen Zustand. Verändern wir die Landschaft, so rollt der Ball schließlich in das rechte Tal hinunter. Fangen wir nun mit dem rechten Bild unten an, dann bleibt der Ball offensichtlich immer noch in der rechten Lage, obgleich links schon ein tieferes Tal entstanden ist, bis er dann schließlich beim Übergang zum Bild ganz unten links in die ursprüngliche Lage zurückfällt. Hier haben wir also jeweils genau die

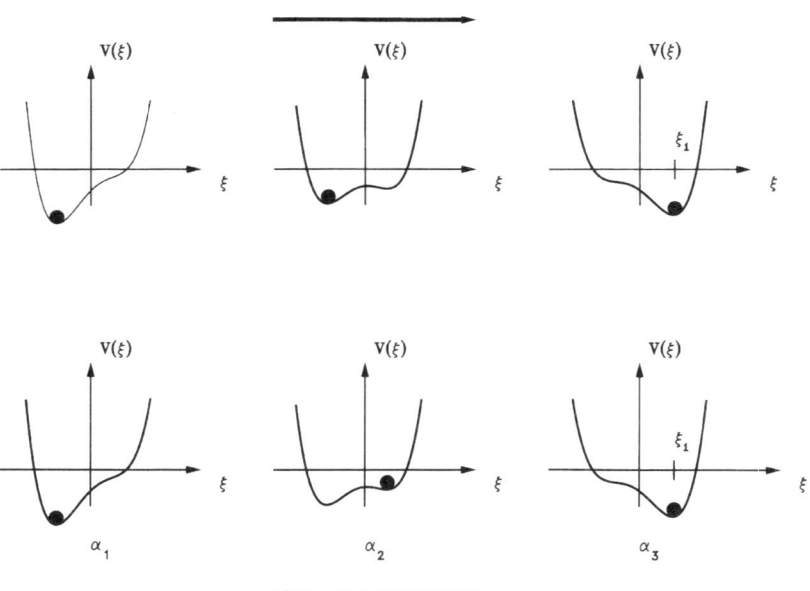

**Abb. 4.13**
Veranschaulichung des Hysterese-Effekts. Durch Änderung eines Kontrollparameters wird die Gebirgslandschaft von links nach rechts verändert. Die Kugel nimmt jeweils die tiefste Lage ein, wobei sie im mittleren Teil des Bildes noch im linken Tal bleibt. Wird nun im unteren Teil des Bildes der Kontrollparameter in der umgekehrten Reihenfolge verändert, so bleibt die Kugel zunächst im rechten Tal und fällt dann erst zuletzt in das linke Tal zurück. Wichtig bei diesem Bild ist, daß bei gleichem Kontrollparameterwert die Kugel ganz verschiedene Werte annehmen kann in Abhängigkeit von der Vorgeschichte.

gleiche Gebirgslandschaft in der Mitte vor uns, trotzdem ist aber die Lage des Balls, also der Zustand des Systems, verschieden, und zwar ganz offensichtlich in Abhängigkeit von der Vergangenheit. Genau das gleiche gilt auch für die menschliche Wahrnehmung, wie wir der Abbildung 4.14 entnehmen können. Man nennt diesen Vorgang übrigens *Hysterese*. Im nächsten Abschnitt werden wir sehen, daß die Erscheinung der kritischen Schwankungen, des kritischen Langsamerwerdens und der Hysterese auch bei der biologischen Bewegungskoordination beobachtet werden können, was uns als ein starker Hinweis auf eine zugrunde liegende Selbstorganisation erscheint.

Wenn wir zwei oder mehr Ordner vor uns haben, so ergibt sich ein großer Reichtum verschiedener Verhaltensweisen dieser Ordner.

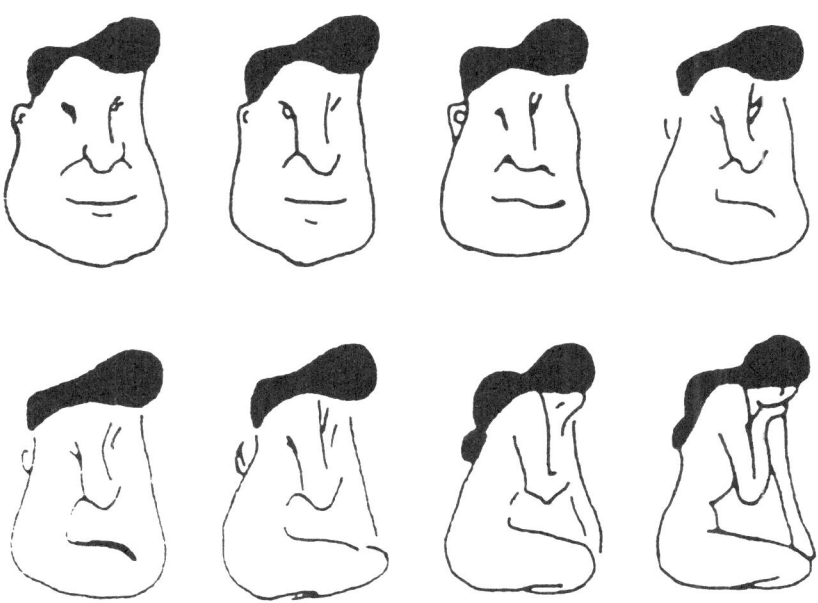

**Abb. 4.14**
Der Hysterese-Effekt bei der menschlichen Wahrnehmung. Betrachtet man die Bilder von links oben in der ersten Zeile und dann weiter in der zweiten Zeile, wiederum von links, so erkennt man zunächst ein Männergesicht, das erst in der zweiten Zeile in eine Frauengestalt umschlägt. Bei der Betrachtung in umgekehrter Reihenfolge schlägt die Wahrnehmung von Frauengestalt in Männergesicht erst in der oberen Reihe um.

**Abb. 4.15**
Bei diesem Bild erkennt man entweder im Mittelfeld eine Vase oder an den Seiten zwei Gesichter. Die Wahrnehmungen wechseln periodisch miteinander ab.

Hier wollen wir nur auf zwei Punkte hinweisen: Im Falle von zwei Ordnern kann es nicht nur zu statischen Konfigurationen kommen, sondern es kann auch einen Hin- und Hergang zwischen zwei Zuständen geben, wobei im einen Fall der eine, im anderen Fall der andere Ordner die Oberhand hat. Auch unser Gehirn zeigt derartige Schwankungen bei der Wahrnehmung. Wenn wir uns Abbildung 4.15 ansehen, so erkennen wir einmal eine Vase, dann wieder zwei Gesichter, dann wieder eine Vase, dann wieder zwei Gesichter usw. Es handelt sich hier um das Phänomen der Kippfiguren, das schon seit langem Psychologen fasziniert hat. Sind schließlich drei Ordner am Werke, so kann hier das Chaos ausbrechen, so wie es in der Chaostheorie behandelt wird. Die interessante Frage bleibt natürlich für uns, ob es auch im Gehirn chaotische Vorgänge gibt. Darauf werden wir in Kapitel 7 zurückkommen.

# Kapitel 5

# Bewegungskoordination – Bewegungsmuster

Der Titel dieses Buches enthält das Wort *Verhalten*. Das Studium menschlichen Verhaltens ist natürlich ein sehr großes Forschungsgebiet. Eigentlich ist jeder von uns ein Forscher auf diesem Gebiet, indem er seine Mitmenschen und auch sich selbst beobachtet. Unter dem Konzept des Verhaltens können wir so einfache Bewegungen wie etwa Gehen oder Handbewegungen, verstehen, bis hin zu einem höchst komplexen Verhalten, wie Menschen unter sich oder mit speziellen Situationen umgehen. Im Rahmen der Synergetik bemühen wir uns, derartige Phänomene so exakt wie möglich und in enger Zusammenarbeit mit den Experimentatoren zu untersuchen. Das dabei weitergesteckte Ziel ist, dadurch Einblick in das Funktioneren des menschlichen Gehirns zu erhalten. Aus diesem Grunde behandeln wir in diesem Kapitel Bewegungskoordination.

Ganz im Sinne der Synergetik befassen wir uns mit qualitativen Änderungen, die sogar auch quantitativ untersucht werden. Qualitative Änderungen können bei einer ganzen Anzahl verschiedener Arten menschlichen Verhaltens beobachtet werden. Um ein möglichst schlagendes Beispiel zu erwähnen, nennen wir Fälle, die in der Psychiatrie studiert werden. Im Falle der Schizophrenie können wir oft deutliche Übergänge zwischen normalem Verhalten und psychotischen Episoden unterscheiden. Das gleiche gilt für Übergänge zwischen Depressionen und manischen Episoden. Die wohl hervorstechendste Eigenschaft bei diesen Erscheinungen ist die Existenz zumeist wohldefinierter Verhaltensmuster. Zum Beispiel können wir, zumindest aber der Arzt, ziemlich leicht zwischen dem normalen und dem psychotischen Zustand einer Person unterscheiden, obgleich es hier natürlich eine Fülle verschiedener Manifestationen, sagen wir von Schizophrenie, gibt. Auf jeden Fall können wir sagen, daß Verhaltensmuster klar definiert und in sich kohärent sind. Es scheint, als ob das Verhalten einer Person, wie wir es nennen möchten, von einem einzigen Ordnungsparameter regiert wird. Dieses Bild mag sicherlich zu stark vereinfacht sein, aber das Hauptziel dieses Kapitels ist zu zeigen, daß derartige wohldefinierte Übergänge in der Bewegungskoordination vorkommen, und wir behaupten sogar, daß man von hier aus zu weit komplizierteren Fällen von Verhaltensänderungen extrapolieren kann. In gewisser Weise wird das Problem nicht so sehr darin bestehen, diese komplizierteren Übergänge zu modellieren, sondern angemessene Methoden zu entwickeln, um menschliches Verhalten unter komplexen Umständen quantifizierbar zu machen. Wir werden diese Art Problem von einem anderen Gesichtspunkt aus in Kapitel 12 beleuchten, wo wir uns mit Entscheidungsfindung befassen werden, die wiederum als eine bestimmte Art menschlichen Verhaltens betrachtet werden kann.

Das Studium der Umstände, unter denen Übergänge zwischen Verhaltensmustern auftreten können, ist natürlich in vielerlei Hinsicht von großer praktischer Bedeutung. Nehmen wir zum Beispiel die Psychose. Kann man voraussagen, wann ein solches Ereignis eintreten wird, oder gibt es irgendwelche Indikatoren, daß eine Psychose beginnt? Wenn wir die Analogie zwischen Bewegungsmustern und allgemeinen Verhaltensmustern ernst nehmen, so glauben wir behaupten zu können, daß derartige Indikatoren existieren.

## Das Koordinationsproblem

Wenn Menschen oder Tiere, wie etwa Wirbeltiere, ihre Glieder bewegen, müssen buchstäblich Dutzende von Muskeln in einer hoch organisierten Weise zusammenarbeiten. Physiologen war es seit langer Zeit klar, daß die Erklärung dieses hohen Koordinationsgrades ein tiefes Rätsel ist. Der berühmte britische Physiologe Charles Scott Sherrington (1906) prägte das Wort von der *Synergie von Muskeln*. In Rußland widmete N. Bernstein (1967) viel Gedankenarbeit auf dieses Problem und betrachtete es unter der Annahme, daß bei der Bewegung nur wenige *Freiheitsgrade* auftreten. In den USA studierte J. J. Gibson (1979) die Beziehung zwischen der Umgebung und den einzelnen Personen und sprach von *affordance*. Hiernach rufen Objekte unserer Umgebung spezielle Handlungen hervor. Ein Stuhl beispielsweise lädt zum Sitzen ein. In Deutschland führte Erich von Holst (1935, 1939, 1943) detaillierte Experimente über koordinierte Bewegungen aus, wie bei der Koordination von Fischflossen oder beim Hundertfüßler. Zum Beispiel fand er heraus, daß das Tier, wenn er die meisten seiner Füße abschnitt, dann wie ein Insekt läuft. Mit vier übriggebliebenen Füßen bewegt es sich mit den Gangarten üblicher Vierfüßler, wie Pferde. Im Rückblick erscheinen diese experimentellen Befunde als eine starke Unterstützung der Idee der *Selbstorganisation*. Wenn wir nämlich annähmen, daß es ein Computerprogramm im Gehirn des Hundertfüßlers gibt, könnten wir uns nur schwer vorstellen, daß dieses Programm vorprogrammiert wäre für alle Arten von Verlusten der Füße und für die Steuerung der Bewegung der übriggebliebenen Füße.

Angesichts all dieser Fragestellungen wollen wir darüber diskutieren, ob uns die allgemeinen Konzepte der Synergetik mit einem Ausblick auf das Studium der Bewegungskoordination versehen können. Wie wir schon in Kapitel 4 sahen, basiert die grundlegende Strategie der Synergetik auf der Idee, komplexe Systeme bei solchen Situationen zu studieren, wo ihr makroskopisches Verhalten sich qualitativ verändert. Ausgehen können wir dabei von unserem Wissen, daß Menschen, wie auch Vierfüßler, spezifische Bewegungsmuster bei der Fortbewegung besitzen. Zum Beispiel können Menschen gehen, laufen oder hüpfen, Pferde und andere Vierfüßler können verschiedene Gangarten haben, wie den Trott oder Galopp. So entsteht die Frage, ob wir die Übergänge zwischen Gangarten im einzelnen untersuchen und daraus mit den Konzepten der Synergetik Schlußfolgerungen auf bestimmte Mechanismen im Gehirn ziehen können. Gemäß dieser Methodologie müssen wir einen oder mehrere Ordner identifizieren, einen oder mehrere Kontrollparameter, und nach Hinweisen auf Selbstorganisation Ausschau halten, wie das kritische Langsamerwerden und kritische Fluktuationen.

## Phasenübergänge bei der Fingerbewegung:
## Experimente und ein einfaches Modell

Es war für die Entwicklung unserer Ideen ein sehr glücklicher Umstand, daß der amerikanische Physiologe J. A. S. Kelso einige detaillierte Experimente über die Koordination von Fingerbewegungen durchgeführt hatte, wobei ganz unerwartete Ergebnisse zutage traten. Er wies seine Untersuchungspersonen an, ihre Zeigefinger parallel mit einem bestimmten Tempo zu bewegen (Abb. 5.1 links). Sodann wurden die Versuchspersonen entweder mit Worten aufgefordert, oder durch ein Metronom gezwungen, ihre Finger schneller zu bewegen. Bei einer bestimmten *kritischen* Bewegungsgeschwindigkeit, genauer ausgedrückt einer bestimmten Frequenz, trat ein völlig unfreiwilliger Wechsel des Fingerbewegungsmusters auf. Die Versuchspersonen bewegten nämlich ihre Finger nicht mehr parallel sondern antiparallel oder, mit anderen Worten, in einer symmetrischen Weise (Abb. 5.1 rechts). Da der Wechsel der Fingerbewegung bei einer bestimmten Frequenz passierte, liegt es nahe, diese Frequenz selbst als Kontrollparameter anzusehen.

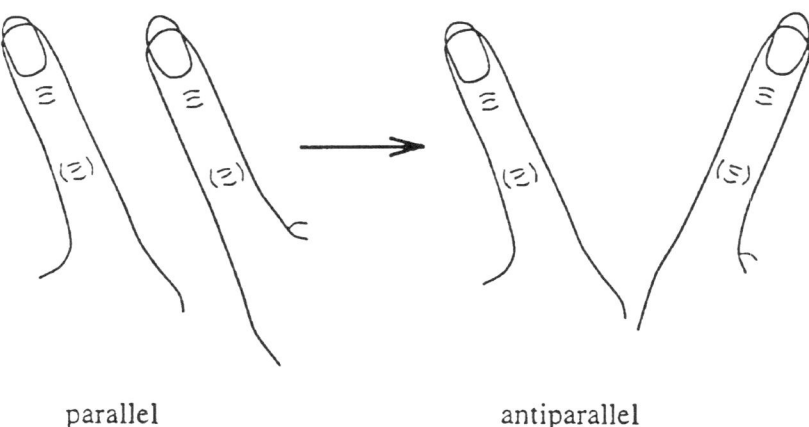

parallel                    antiparallel

**Abb. 5.1**
Parallele und antiparallele Bewegung der Finger.

Betrachten wir die Resultate dieses Experiments im Detail. Dazu führen wir die Verschiebungen der Fingerspitzen $x_1$, $x_2$ gemäß Abbildung 5.2 ein. Abbildung 5.3 zeigt eine schematische Darstellung der Kelsoschen Resultate. Die Zeit ist nach rechts aufgetragen, die Ordinate zeigt die Auslenkungen der Finger, $x_1$ und $x_2$, mit Hilfe von ausgezogenen oder punktierten Linien an. Während das Experiment

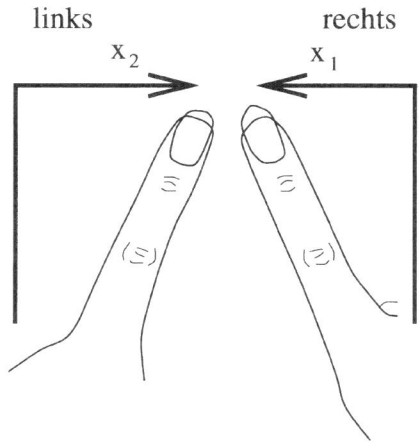

**Abb. 5.2**
Die Auslenkungen des rechten $x_1$ und linken $x_2$ Zeigefingers.

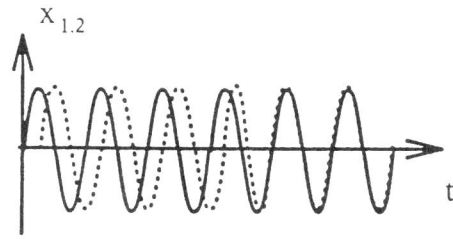

**Abb. 5.3**
Schematische Darstellung des Resultats des Kelso-Experiments. Nach rechts ist die Zeit aufgetragen, im Laufe derer die Geschwindigkeit des Metronoms erhöht wird. Nach oben sind die Fingerauslenkungen $x_1$ ausgezogen, $x_2$ punktiert dargestellt. Wie man sieht, fallen die Kurven zunächst nicht zusammen, was der parallelen Fingerbewegung entspricht. Mit erhöter Geschwindigkeit (Frequenz) des Metronoms fallen die Bewegungen zusammen, was der antiparallelen, das heißt zugleich auch symmetrischen Fingerbewegung entspricht.

lief, wurde im Laufe der Zeit die Frequenz des Metronoms schrittweise erhöht. Wie Abbildung 5.3 zeigt, sind die Kurven zunächst gegeneinander verschoben, was der parallelen Fingerbewegung entspricht. Von einem bestimmten Zeitpunkt an, zu dem nämlich der Takt des Metronoms einen bestimmten Wert überschreitet, fallen beide Kurven zusammen, was zeigt, daß der Übergang zu der rechten Seite von Abbildung 5.3 stattgefunden hatte. Die hier ins Auge stechende makroskopische Größe, die den Übergang kennzeichnet, ist ganz offensichtlich die Verschiebung der punktierten Kurve gegenüber der ausgezogenen (Abb. 5.4). Diese Verschiebung heißt in der Fachsprache *relative Phase*. Im folgenden wollen wir der Einfachheit halber nur von Phase sprechen. Da diese Phase eine qualitative Änderung bei der Bewegungsänderung erfährt, nämlich offensichtlich einen Sprung macht, liegt es nahe, diese als *Ordner* im Sinne der Synergetik anzusehen. Dann können wir aber das Repertoire der Synergetik anwenden und prüfen, ob wir hier die Bewegungsänderung nur in einer oberflächlichen Weise beschreiben, oder ob sich doch wesentlich tiefergehende Einsichten in die Bewegungskoordination ergeben. Dazu beginnen wir mit einem grundlegenden Konzept der Synergetik, nämlich dem des Ordners. Ist die Phase ein Ordner, so muß diese einer Ordner-Gleichung genügen. Nun wollen wir natürlich den Leser hier nicht mit Mathematik langweilen, indem wir Gleichungen bringen. Glücklicherweise läßt sich das Verhalten eines einzelnen Ordners sehr einfach mit einem mechani-

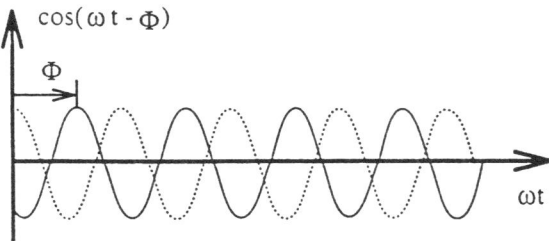

**Abb. 5.4**
Veranschaulichung der Phase Φ. Sie ist einfach die Verschiebung der ausgezogenen gegenüber der punktierten Kurve, vorausgesetzt daß nach rechts die Zeit multipliziert mit der sogenannten Kreisfrequenz aufgetragen ist. (Die Kreisfrequenz ist die normale Frequenz multipliziert mit 2π.)

98

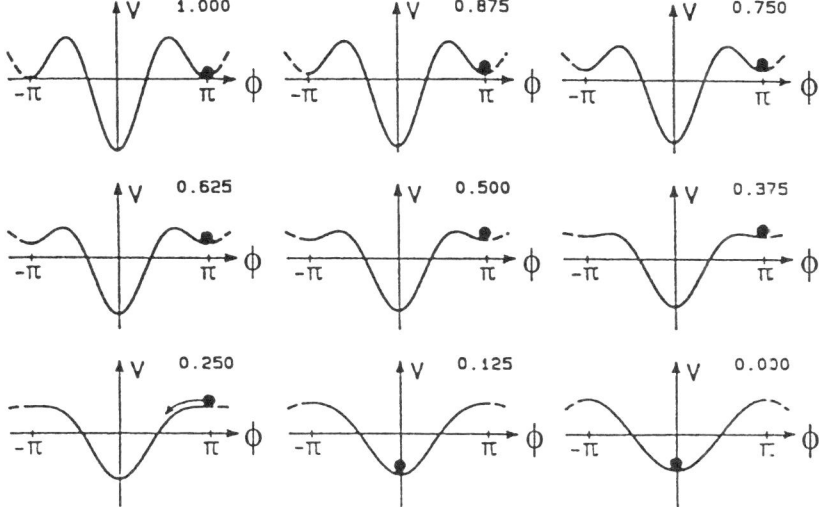

**Abb. 5.5**
Die Veränderung der Gebirgslandschaft mit steigender Frequenz des Metronoms. Nach rechts ist jeweils die Phase φ aufgetragen, nach oben die Gebirgslandschaft. Die Lage der Kugel symbolisiert die Größe der Phase. Oben links liegen zwei Minima vor, nämlich bei φ = 0 und φ = π. Die Lage φ = π entspricht der parallelen Fingerbewegung. Wird die Frequenz erhöht, so wird die Gebirgslandschaft deformiert, wobei die Reihenfolge der Gebirgslandschaften zeilenweise jeweils von links nach rechts zu lesen ist. In der letzten Zeile, links, verschwindet das Minimum bei π und die Kugel fällt in das absolute Minimum bei φ = 0 herunter.

schen Bild veranschaulichen, ein Bild, das wir schon früher in Abbildung 4.12 kennengelernt hatten. Ein Ordner verhält sich ganz ähnlich wie ein Ball, der einen Abhang herunterrollt und dabei durch das Gras gebremst wird, so daß seine Bewegung in der Talsohle zur Ruhe kommt. Übergänge zwischen verschiedenen Zuständen des Systems, also zwischen verschiedenen Bewegungsformen der Finger, sind dann Folge von Änderungen in der Form der Gebirgslandschaft. Die Aufgabe besteht also jetzt darin, sozusagen eine Gebirgslandschaft zu erfinden, die gerade den Übergang von paralleler zu antiparalleler Fingerbewegung, das heißt, die Änderung der Phase, erklärt. Dazu stellen wir die Folge der Gebirgslandschaften von Abbildung 5.5 auf. Hierbei müssen wir noch die Periodizität, die der Bewegung zugrunde liegt, berücksichtigen. Verschieben wir

99

nämlich die punktierte Kurve in Abbildung 5.4 gegenüber der ausgezogenen nach rechts entlang der Zeitachse, so fällt bei immer größerer Verschiebung schließlich die punktierte Kurve wieder mit der ausgezogenen zusammen, trennt sich von ihr, fällt dann wieder mit ihr zusammen usw. Das ganze Problem ist, wie man sagt, periodisch in der Zeit und zugleich auch in der Phase. Diese Periodizität muß auch die Gebirgslandschaft widerspiegeln. Aus diesem Grunde können wir uns diese Landschaft periodisch fortgesetzt denken, wobei jeweils das obere linke Tal an das obere rechte Tal anschließt.

Betrachten wir nun die Folge der Gebirgslandschaften. Oben links sitzt der Ball im oberen Tal. Dies entspricht der Phasenverschiebung zu Beginn des Experiments, bei der die Fingerbewegung parallel erfolgt. Erhöhen wir nun den Kontrollparameter, nämlich die Fingergeschwindigkeit, so wird in unserem Modell das obere Tal immer flacher, bis es schließlich ganz verschwindet. Dann rollt der Ball natürlich in das tiefere Tal hinunter. Diese Lage entspricht aber gerade einer Phasenbeziehung, bei der die punktierte und ausgezogene Kurve übereinstimmen. Bis hier mag alles noch als eine oberflächliche Gedankenspielerei erscheinen. Nun aber kommen wir zu Voraussagen, wobei wir mehr herausbekommen, als wir ursprünglich von den experimentellen Ergebnissen her in das Modell hineingesteckt haben. Dazu betrachten wir den Fall, bei dem eine Versuchsperson bereits ihre Finger so rasch bewegt, daß hier nur die symmetrische Lage der Finger verwirklicht ist. Die Kugel liegt also im unteren Tal. Jetzt wird die Versuchsperson angewiesen, ihre Fingerbewegung zu verlangsamen. Wir durchlaufen somit die Folge der Gebirgslandschaften der Abbildung 5.5 in der umgekehrten Reihenfolge wie vorher. Wie das Modell der Gebirgslandschaft mit dem darin sich bewegenden Ball zeigt, bleibt der Ball jetzt natürlich im unteren Tal, er wird sicherlich nicht spontan wieder in das höhere Tal hinaufspringen. Wir erwarten dementsprechend, daß die Versuchsperson ihre Fingerbewegung – auch wenn die Landschaft links oben in Abbildung 5.5 zutrifft – weiterhin in der symmetrischen Weise durchführt. Das ist der Effekt der *Hysterese*, der dann tatsächlich bei diesem Experiment beobachtet wurde.

J. A. S. Kelso verdanken wir ein weiteres, noch einfacheres Fingerbewegungsexperiment, das ebenfalls äußerst aufschlußreich ist. In diesem Falle handelt es sich nämlich nicht um die Korrelation zwischen der Bewegung von zwei Fingern, sondern hier wird ein regelmäßiges akustisches Signal einer Testperson vorgegeben, die dann zwischen den Signaltönen eine Taste drücken soll. Ist die Zeit zwischen den aufeinanderfolgenden Signalen genügend lang, so gelingt dies der Testperson ohne weiteres. Wird aber die Zeit immer mehr verkürzt, so kann die Testperson diese Aufgabe nicht mehr erfüllen, sondern sie drückt den Knopf immer dann, wenn das Signal eintrifft, wobei natürlich das Eintreffen des regelmäßigen Signals von ihr vorweggenommen wird. In dem ersten Falle besteht wieder ein Phasenunterschied, während im zweiten Falle der Phasenunterschied zu Null geworden ist. Auch dieser Vorgang läßt sich einfach mit Hilfe des vorangegangenen Modells der Gebirgslandschaft deuten.

Das Modell sagt aber noch wesentlich mehr voraus. Wie wir schon in Kapitel 4 gesehen haben, wirkt auf den Ordner immer noch gewissermaßen die »Unterwelt« der einzelnen mikroskopisch kleinen Teile in Form von Schwankungen ein. Wird nun ein Tal sehr flach oder verschwindet völlig, so werden die Schwankungen des Ordners sehr groß. Es kommt zu den kritischen Schwankungen, von denen wir in Kapitel 4 sprachen. Können derartige Schwankungen auch beim Übergang der Fingerbewegung beobachtet werden?

Unserer Anregung folgend hat J. A. S. Kelso dies im Detail experimentell untersucht, indem er an die Fingerspitzen Leuchtdioden anbrachte und damit deren Bewegung genau registrierte. Hierbei konnte er in der Tat sehr stark erhöhte Schwankungen im Übergangsbereich feststellen (Abb. 5.6). Er studierte auch das kritische Langsamerwerden des Ordners, das heißt der Phase. Steckte er die Zeigefinger in Manschetten, die um eine Drehachse bewegt werden konnten, so konnte er durch eine geniale Vorrichtung dafür sorgen, daß die Bewegung der Manschetten immer wieder gestört wurde. Er untersuchte dann, wie die Versuchspersonen die ursprüngliche Fingerbewegung wieder aufnahmen. Hierbei stellte er fest, daß diese Wiederaufnahmezeit um so länger wurde, je näher sich die vorgeschriebene Frequenz der Fingerbewegung der kritischen Übergangsfrequenz näherte (Abb. 5.7).

Also auch das von der Synergetik geforderte kritische Langsamerwerden konnte im Detail beobachtet werden. Es sei hier noch ange-

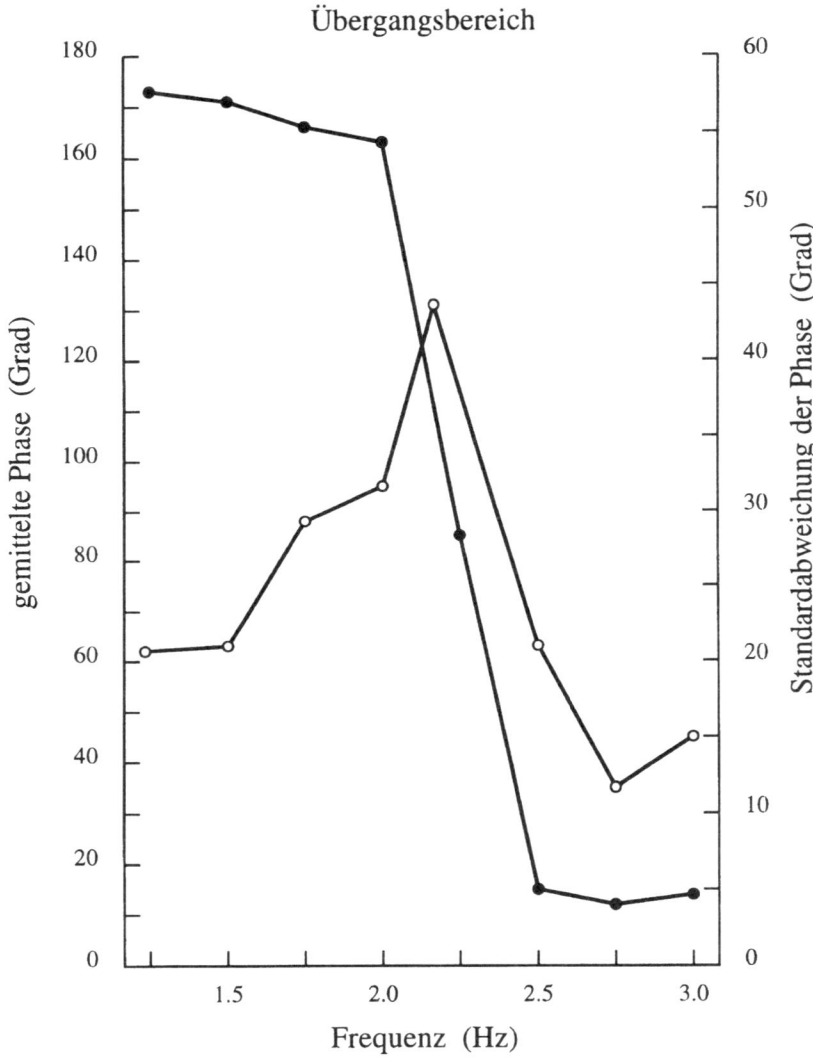

**Abb. 5.6**

Nach rechts ist die Frequenz des Metronoms und damit der Fingerbewegungen aufgetragen, nach oben gibt die Kurve, die mit offenen Kreisen gekennzeichnet ist, die kritischen Schwankungen an. Diese werden offensichtlich im Übergangsbereich sehr stark. Die Kurve mit den ausgezogenen Kreisen stellt die mittlere Phase dar, die von 180 Grad auf praktisch 0 Grad absinkt.

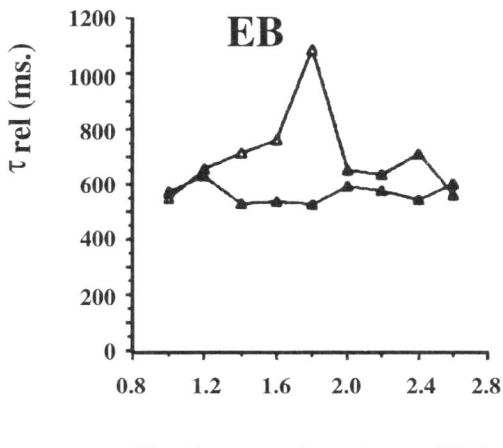

**Skalierungsfrequenz (Hz)**

**Abb. 5.7**
Die Frequenz des Metronoms ist nach rechts aufgetragen, die Wiederaufnahmezeit der Fingerbewegung nach oben. Die obere Kurve entspricht dem Fall, in
dem die Testperson mit der parallelen Fingerbewegung beginnt und dann mit
der antiparallelen Fingerbewegung aufhört. Die untere Kurve entspricht dem
Fall, wo die Versuchsperson bei allen Frequenzen die gleiche, nämlich symmetrische Fingerbewegung ausführt.

fügt, daß unser Modell diese experimentellen Resultate auch quantitativ wiedergibt, was aber natürlich hier nicht der Gegenstand
unserer Ausführungen sein kann.

Warum sind die hier erzielten Resultate so interessant und aufschlußreich für die Gehirnforschung? Diskutieren wir zuerst, ob derartige Phasenübergänge, die in den Fingerbewegungen beobachtet
wurden, ein alleinstehendes Phänomen sind, oder ob sie bei anderen
Bewegungsvorgängen auch aufgefunden werden. In der Tat wurden
eine ganze Reihe von Koordinationsversuchen durchgeführt, zum
Beispiel bezüglich der relativen Phase zwischen der Hand und dem
Unterarm, oder zwischen dem Unterarm und dem Oberarm, und
auch Koordination zwischen verschiedenen Gliedern, wie Armen
und Beinen. Immer wieder traten Übergänge zwischen den beiden
jeweils möglichen Bewegungsformen auf. Überraschenderweise werden solche Koordinationsphänomene auch zwischen verschiedenen
Personen beobachtet. In Versuchen, die R.C. Schmidt, C. Carello

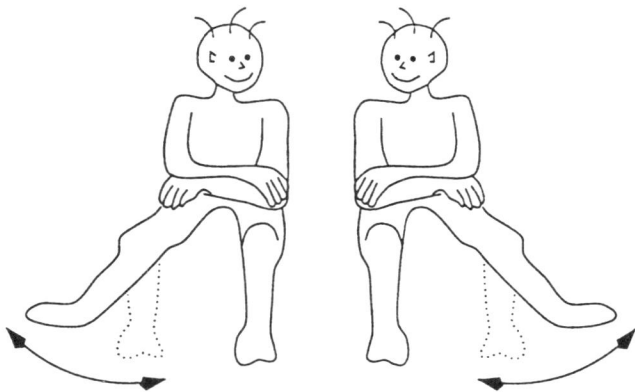

**Abb. 5.8**
Veranschaulichung des Schmidt-Carello-Turvey Experiments, bei dem zwei Versuchspersonen ihre Beinbewegungen koordinieren, wobei ebenfalls ein Umschlag der Beinbewegungen stattfindet.

und M. T. Turvey (1990) durchführten, wurden zwei Personen aufgefordert, ihre Beine antiparallel zu bewegen, wobei die Koordination durch die Augen bewerkstelligt wurde (Abb. 5.8). Wenn die Bewegungsfrequenz erhöht wurde, fand ein unwillkürlicher Übergang zu der gleichphasigen, das heißt parallelen Bewegung statt. Interessanterweise können alle diese experimentellen Befunde mit dem von uns oben beschriebenen Haken-Kelso-Bunz-Modell erklärt werden, mit anderen Worten, wir haben es hier mit einer ziemlich universellen Erscheinung bei der biologischen Koordination zu tun.

Aber warum sind diese Ergebnisse, die wir im Vorangegangenen diskutierten, so wichtig für unser allgemeines Verständnis von Gehirn und Verhalten? Zunächst einmal ist es sicherlich überraschend, daß es ganz ohne unseren Willen zu einer qualitativen Änderung der Bewegungen kommt. Betrachten wir diese Resultate im Lichte der Vorstellung, daß das Gehirn ein Computer ist! Da Bewegungen auch erzeugt, oder zumindest teilweise durch das Rückenmark gesteuert werden können, wollen wir auch das Rückenmark als Teil des Gehirns auffassen, was aber unsere allgemeinen Schlußfolgerungen in keiner Weise ändert. Was würden wir von einem Computer erwarten, der gemäß einem Programm arbeitet, das wir in unserem Falle, wie es oft auch Physiologen tun, ein *Motorprogramm* nennen könnten. Wir können uns vorstellen, daß es eine Art von Schalter gibt, der mit Hilfe eines Kontrollparameters bedient wird, nämlich im vorliegenden Falle durch die Frequenz der Fingerbewegung. In diesem Falle könnte der Computer von einem Motorprogramm zu einem anderen umgeschaltet werden. Aber dann können zumindest zwei Eigenschaften nicht verstanden werden, nämlich:

1. Computerprogramme sind deterministisch; es ist kein Platz für Schwankungen, also zufällige Ereignisse, insbesondere auch nicht im Übergangsbereich.
2. Programme schalten sofort oder zumindest mit einer festgelegten Verzögerungszeit. Daher wird das Anwachsen der Verzögerungszeit, wie wir es bei den Experimenten sahen, vom Standpunkt eines Computerprogramms aus nicht verständlich, sofern wir nicht ganz spezielle Regeln vorgeben, die aber höchst unwahrscheinlich sind. Wie darüber hinaus die Experimente bei der Fingerbewegung zeigen, ist die Verzögerungszeit zufällig, also wiederum eine Erscheinung, die nicht in einem üblichen Computerprogramm vorkommen würde. Die Erscheinungen der kritischen Schwankungen und des kritischen Langsamerwerdens können aber ganz zwanglos mit Hilfe der Synergetik erklärt werden, und wir brauchen nur den Leser an unsere Diskussion in Kapitel 4 zu erinnern.

Darüber hinaus können wichtige Schlußfolgerungen auch für weitere biologische Vorgänge gezogen werden. Wie wir gesehen haben, müssen wir einen Kontrollparameter ändern, wenn wir das Verhalten eines Systems von einem Zustand in einen anderen hervorrufen wollen, so daß zum Beispiel der obere Teil von Abbildung 4.1 durch den unteren Teil dieser Figur ersetzt wird. Aber zusätzlich brauchen wir einen anfänglichen Stoß, um das System aus dem früheren Gleichgewichtszustand in den neuen zu bringen. Es scheint, daß diese zufälligen Stöße nötig sind, nicht nur in physikalischen Systemen, sondern auch in biologischen. Es gibt starke Hinweise darauf, daß Fluktuationen in biologischen Systemen in besonderer Weise hervorgerufen werden, insbesondere durch Tremor. Diese Vorstellung wird auch unterstützt durch Parameterabschätzungen in einer Arbeit von G. Schöner, H. Haken und J. A. S. Kelso (1986).

Unsere Diskussionen gestatten es, Licht auf die experimentellen Ergebnisse von Erich von Holst (1939) bezüglich Hundertfüßlern zu werfen, wo, nachdem die meisten Füße entfernt worden waren, das Tier immer noch in der Lage war, auf spezifische neue Arten zu gehen. Auch hier spricht alles für Selbstorganisation.

Dies bringt uns zu der Frage, welche Rolle Selbstorganisation in biologischer Motor-Kontrolle spielt. Tremor wird von der Amygdala, dem Mandelkern, erzeugt, aber man kann auch an andere »Rauschquellen« denken. In gewisser Weise besitzt das Gehirn einen – oder vielleicht auch viele – Zufallsgeneratoren, wie schon in der Arbeit von G. Schöner, H. Haken und J. A. S. Kelso angenommen werden mußte. Es war daher für uns nicht so sehr verwunderlich, als wir kürzlich unter der Überschrift »Zufallsgenerator im Gehirn. Rätselhafte Verzögerung bei der Reaktion auf Umweltreize« einen Artikel im Wissenschaftsteil der *Frankfurter Allgemeinen Zeitung* fanden, den wir hier in seinen wesentlichen Zügen wiedergeben:

»So rasch wie möglich auf Signale aus der Umwelt zu reagieren verschafft einen Überlebensvorteil. Man könnte daher erwarten, daß die Reaktion des Nervensystems auf einen Reiz ohne Verzögerung erfolgt. Die Zeit, die bis zur Handlung verstreicht, unterliegt jedoch seltsamen Schwankungen. Wie groß sie sind, scheint allein vom Zufall abzuhängen. Untersuchungen zeigen jetzt, daß sich das Phänomen sogar noch bei einzelnen Nervenzellen nachweisen läßt.

Wettläufer, die in der Startbox auf den Knall der Pistole warten, können ihre Reaktionsgeschwindigkeit nur bedingt beeinflussen. So sehr sie sich auch bemühen – die Anlaufzeit schwankt von einem zum anderen Durchgang. Die Differenz kann eine Zehntelsekunde betragen. Wer zu früh startet, riskiert eine Disqualifizierung, während schon eine leichte Verzögerung alle Aussicht auf den Sieg nimmt.

Daß die Antwort auf einen Reiz so unterschiedlich schnell erfolgt, ist lange bekannt. Schon vor 100 Jahren haben sich Psychologen den Kopf darüber zerbrochen. Mittlerweile steht fest, daß die Schwankungen bei allen Sinnesreizen auftreten, seien es etwa Töne, Lichtsignale oder Berührungen. Auf eine durchschnittliche Reaktionszeit von 200 Millisekunden kommen 100 Millisekunden Fluktuationen. Die Streuung, so wird vermutet, dürfte durch elementare Prozesse in den Nervenzellen zustande kommen.

Die Neurologen Doug P. Hanes und Jeffrey D. Schall von der Vanderbilt-Universität in Nashville sind dem Phänomen nachgegangen, indem sie Experimente mit Rhesusaffen vornahmen. Sie trainierten die Tiere, ihren Blick auf ein Signal hin von einer Stelle auf eine andere zu richten. Mit implantierten Elektroden registrierte man dabei die Spannungsänderungen im sogenannten frontalen Augenfeld. Das ist eine Struktur im Stirnlappen, deren motorische Nervenzellen den Anstoß zur Bewegung der Augen geben.

In mehreren hundert Versuchen erzielten die Affen eine Reaktionszeit, die zwischen 150 und 400 Millisekunden schwankte. Bei jeder Nervenzelle dauert es eine gewisse, offenbar unkalkulierbare Zeit, bis jener elektrische Schwellenwert erreicht ist, der zu einer Antwort führt. Von da an bis zur Bewegung der Augen vergingen immer genau 20 Millisekunden. Die Versuchstiere wurden auch auf ein Signal trainiert, das sie anwies, ihre Augen nicht zu bewegen. Wenn dieses Stoppzeichen jedoch erst nach dem Erreichen des Schwellenwertes gegeben wurde, war es wirkungslos. Die Affen konnten den Blickimpuls dann nicht mehr rückgängig machen.

Auch nach den jüngsten Beobachtungen ist noch unklar, warum es so unterschiedlich lange dauert, bis der elektrische Schwellenwert der motorischen Nervenzellen erreicht wird. Welchen Sinn es hat, daß gewissermaßen ein Zufallsgenerator die Verzögerung zwischen Reiz und Reaktion festlegt, ist schwer zu ergründen. Für Wettläufer wäre es sicher vorteilhaft, wenn sie ihre Reaktionszeit trainieren könnten. In der Natur erweist sich die eingebaute Unberechenbarkeit aber möglicherweise als nützlich. Ein Beutetier, dessen Reaktionen für Freßfeinde nur bedingt vorhersehbar sind, hat vielleicht bessere Überlebenschancen.«

Die hier genannte Untersuchung – wie auch schon frühere anderer Forscher – weist also den mikroskopischen Ursprung der Schwankungen, eben auf dem Niveau einzelner Neuronen, nach. Nicht damit zu verwechseln ist das kritische Langsamerwerden am Phasenübergang, wo die Reaktionszeit vergrößert wird. Der experimentelle Nachweis ist in Abbildung 5.7 dargestellt.

Kehren wir nochmals zu unserem Modell mit der Gebirgslandschaft zurück. Die Rolle des Kontrollparameters wird hier besonders deutlich. Wenn wir ihn ändern, verändert sich diese Landschaft auch qualitativ und gibt Anlaß zu neuen Tälern, das heißt stabilen Punkten, oder auch zum Verschwinden von früheren. Der dramatische Einfluß einer Änderung von Kontrollparametern in biologischen Systemen geht auch aus Experimenten hervor, die bereits 1966 von M. L. Shik, F. V. Severin und G. N. Orlovskii durchgeführt wurden. Diese Forscher regten sogenannte dezerebrierte Katzen mit einem elektrischen Signal an. Bei derartigen Katzen war das Großhirn entfernt. Diese Katzen waren dennoch in der Lage, auf einem Fließband zu trotten oder zu galoppieren und zwar in Abhängigkeit von der Größe der zeitlich konstanten elektrischen Anregung, die, nach unserer Interpretation, ganz offensichtlich als Kontrollparameter fungierte. In einem kritischen Bereich von Kontrollparameterwerten wechselte die Katze unregelmäßig zwischen Trotten und Galoppieren.

Diese Beobachtungen geben natürlich zu grundsätzlichen Fragen Anlaß:

1. Können wir auf der Beschreibungsebene der Ordner den Wechsel zwischen verschiedenen Zuständen (oder auch Bewegungsformen) immer mit Hilfe von Gebirgslandschaften, wie in Abbildung 5.5, beschreiben?
2. Können wir verstehen, was auf der Beschreibungsebene der Neuronen bei all diesen Vorgängen geschieht?
3. Wie ist das Verhalten der Ordner (»makroskopische Beschreibung«) mit dem der Neuronen (»mikroskopische Beschreibung«) verknüpft?

Wir werden später noch ausführlich auf diese Fragen eingehen, können aber schon hier die wichtigsten Antworten vorwegnehmen:

1. Die Verwendung von Landschaften zur Illustrierung des Verhaltens von Ordnern ist nur in einigen interessanten Fällen möglich, aber im allgemeinen sind hier noch wesentlich komplexere Betrachtungsweisen nötig. (Wir werden die Leser hiervon aber weitgehend verschonen!) Bestehen bleibt aber die Tatsache, daß

durch Änderung von Kontrollparametern Bewegungsabläufe indirekt gesteuert werden können.

2. Eine Reihe von Modellen erlaubt es, diese beobachteten makroskopischen Vorgänge auch auf dem neuronalen Niveau zu untersuchen, obwohl hier die Forschung wohl erst am Anfang ist.

3. Hierüber geben Computermodelle, etwa der synergetische Computer, Aufschluß, worauf wir in Kapitel 11 zurückkommen.

Kapitel 6

# Lernen von Bewegungsmustern

Obwohl »Landschaftsmodelle« für das Verhalten von Ordnern nur
in Spezialfällen gelten, liefern sie uns dennoch interessante Hinweise über Lernvorgänge. Betrachten wir daher Experimente, wie
sie zuerst von J. Yamanishi, M. Kawamoto und R. Suzuki (1980) und
später von P. G. Zanone und J. A. S. Kelso (1992) durchgeführt wurden. Wir hatten ja gesehen, daß es bei der Bewegung der beiden Zeigefinger zwei ausgezeichnete gegenseitige Lagen gibt, nämlich die
parallele Ausstellung und die symmetrische (vgl. Abb. 5.1). Dies sind
die beiden einzigen möglichen relativen Lagen der Finger bei der Bewegung. Man kann sich natürlich fragen, ob Personen auch andere
relative Lagen bei der Fingerbewegung lernen können. Hierzu muß
man zunächst den jeweiligen Zeitverlauf der Richtungen der Finger
vorschreiben, und zwar macht man dies mit zwei Metronomen, die
rhythmisch aufblinken. Dabei soll sich das linke Metronom auf den
linken, das rechte Metronom auf den rechten Zeigefinger beziehen.
Die Versuchspersonen müssen also den Lichtsignalen dieser beiden
Metronome gehorchen und beim Aufblinken den entsprechenden
Finger zum Beispiel nach links bewegen. In Abbildung 6.1 ist die
zeitliche Folge der Lichtsignale der beiden Metronome in einem speziellen Fall aufgezeichnet. Hierbei wird ein spezieller Phasenunterschied für die Metronome vorgegeben. Die Versuchsperson muß
also nun versuchen, mit ihren Fingern diesen Phasenunterschied
wiederzugeben, nicht aber die früheren Phasenunterschiede, die den
stabilen Lagen im Landschaftsmodell von Abbildung 5.5 entspra-
chen. In dem Experiment von J. Yamanishi und Mitarbeitern hatten
die Versuchspersonen eine Reihe solcher Phasenmuster zu lernen,
bis sie ein bestimmtes Niveau bei der Ausführung dieser Aufgabe erreicht hatten. Dann sollten die Versuchspersonen diese relativen
Phasen aus der Erinnerung reproduzieren. In dem B. Tuller- und

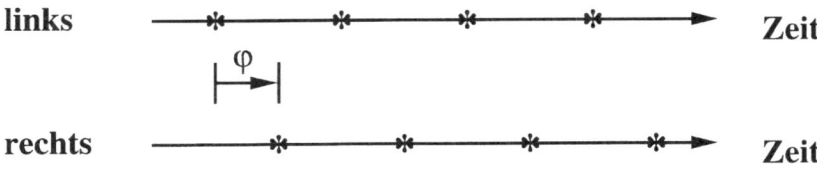

**links**                                                  **Zeit**

**rechts**                                              **Zeit**

**Abb. 6.1**
Folge der Lichtsignale der beiden Metronome mit einer Phasenverschiebung $\varphi$.

J. A. S. Kelso-Experiment mußten hingegen die Versuchspersonen den Metronomen die ganze Zeit über folgen. Da sich hierbei höchst interessante Ergebnisse ergaben, beschreiben wir dieses Experiment genauer.

Die Lernphase bestand aus Sitzungen an fünf aufeinanderfolgenden Tagen. Dieser Periode folgte eine Woche später eine Testsitzung. Das zu lernende Muster bestand aus Fingerbewegungen mit einer relativen Phase von 90 Grad. Wie sich zeigte, konnten die Versuchspersonen die neuen Bewegungsmuster in der Tat lernen. Nachdem also diese spezielle Bewegung gelernt worden war, wurde der Einfluß des Lernens auf die Fingerbewegung in der folgenden Weise untersucht: Die Versuchspersonen hatten jetzt einer jeweils *neuen* vorgegebenen Phase zu folgen, wobei die Phasen im gesamten Bereich von 0 bis 180 Grad variierten, und die jeweiligen Phasen um 15 Grad erhöht wurden.

Das heißt, zuerst hatten die Testpersonen eine Zeitlang das Experiment mit der ursprünglichen Phase 0 auszuführen: Die Finger bewegten sich in der symmetrischen Weise. Dann wurde die Phase auf 15 Grad gesetzt; die Finger konnten sich also nicht mehr ganz symmetrisch bewegen, sondern etwas zeitverschoben. Daraufhin wurde das gleiche Experiment mit einer Phase von 30 Grad wiederholt, usw. Nachdem die Testpersonen die neuen Phasen natürlich nicht gelernt hatten, konnten sie auch nicht entsprechend gut folgen. Sie machten also einen Fehler. In der Abbildung 6.2 sind diese Fehler aufgetragen. Betrachten wir zum Beispiel den obersten Teil dieser Abbildung. Hier ist der Fehler, also die Differenz zwischen $\varphi$ und $\psi_{env}$, aufgetragen, wobei also $\varphi$ die tatsächlich erreichte Phase ist, während $\psi_{env}$ die vorgeschriebene Phase darstellt. Die ausgezogene

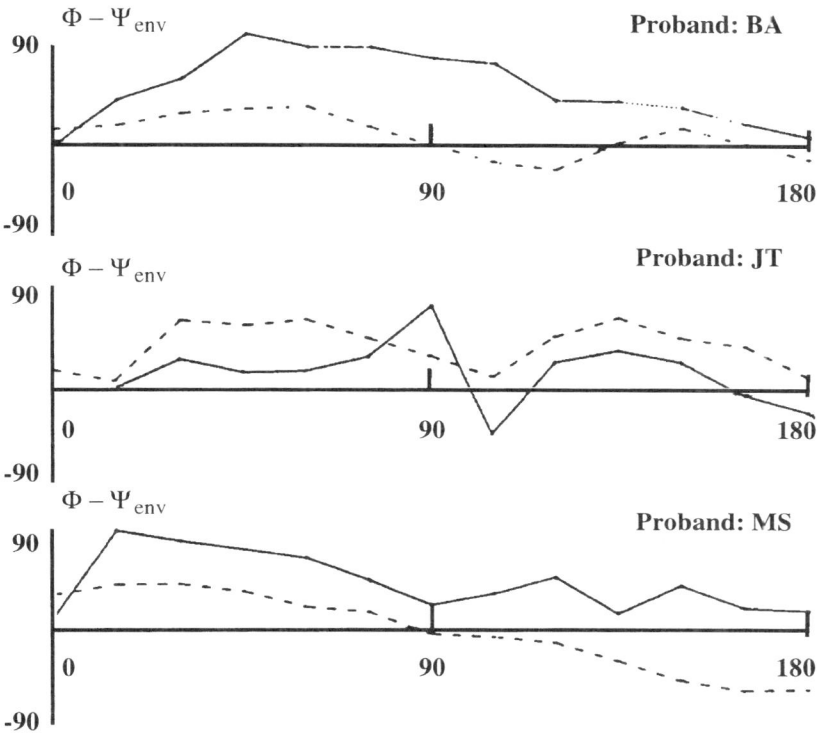

**Abb. 6.2**
Für drei verschiedene Probanden sind hier die von ihnen gemachten Fehler $\phi$ – $\psi_{env}$ aufgetragen, wobei $\phi$ die tatsächlich erreichte Phase ist, während $\psi_{env}$ die vorgeschriebene Phase darstellt. Die ausgezogene Kurve zeigt diesen Fehler bei den einzelnen vorgeschriebenen Phasen, die zwischen 0 und 180 Grad variieren einen Tag bevor das Lernen stattfand, die gestrichelte Kurve fünf Tage, nachdem das Lernen stattgefunden hatte.

Kurve zeigt diesen Fehler bei den einzelnen vorgeschriebenen relativen Phasen einen Tag bevor das Lernen stattfand, die gestrichelte Kurve nach fünf Tagen, nachdem das Lernen stattgefunden hatte. Ganz offensichtlich ist dieser Fehler für alle drei Fälle für 90 Grad minimiert worden, ja, in zwei von drei Fällen verschwindet er völlig.

Wie schon lange bekannt ist, wiederholen Menschen ihre Bewegungen nie ganz genau in der gleichen Weise. So ist es auch bei die-

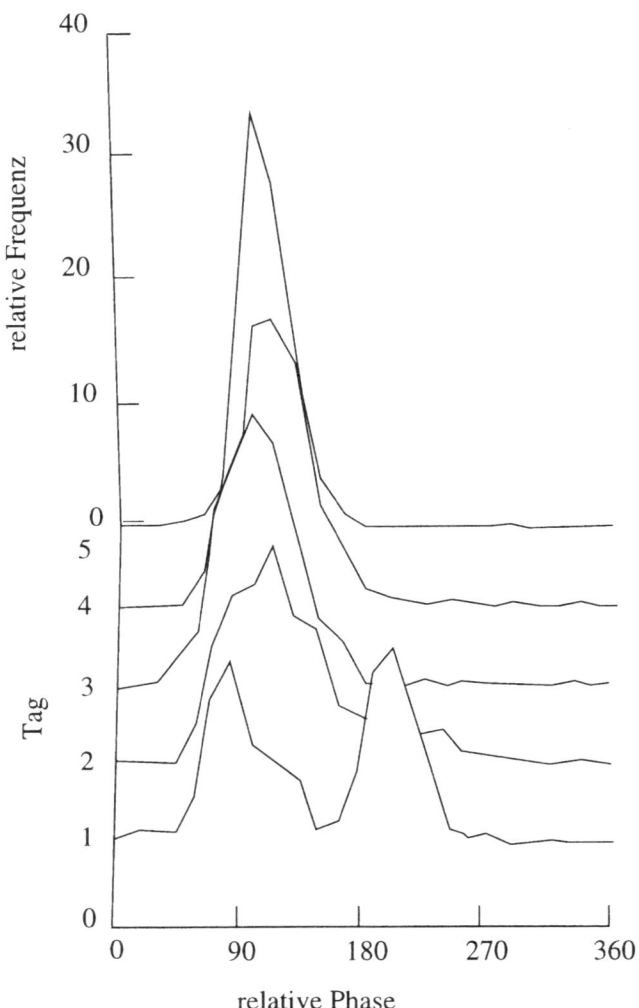

**Abb. 6.3**
Dieses Bild muß als dreidimensionale perspektivische Darstellung gelesen werden. Nach rechts ist die vorgeschriebene relative Phase aufgetragen, nach hinten von 0 bis 5 laufend die verschiedenen Versuchstage, nach oben dann jeweils die relative Häufigkeit (relative Frequenz) der erzielten Treffer.

sen Versuchen. Wird die Versuchsreihe wiederholt, so macht zwar die Versuchsperson immer wieder Fehler, aber es gelingt ihr auch zuweilen, eine Bewegung mit der *richtigen* vorgeschriebenen Phase auszuführen, sie erzielt also einen »Treffer«. Bei einer bestimmten vorgeschriebenen Phase kommen solche Treffer häufiger vor als bei einer anderen. In Abbildung 6.3 ist nun die relative Häufigkeit solcher »Treffer« nach oben aufgetragen, nach rechts, für welche vorgeschriebene Phase diese »Treffer« erzielt wurden. Jede einzelne Kurve bezieht sich auf das Lernen nach einem Tag, nach zwei usw. bis fünf Tagen, wie links auf der Koordinate aufgezeigt ist. Dabei ist der Nullpunkt der jeweiligen Kurven um ein Stück verschoben. Nach einem Tag des Lernens gibt es noch zwei Gipfel, wobei der eine Gipfel in der Nähe von 180 Grad liegt und daher an die parallele Fingerbewegung erinnert. Diese zwei Gipfel schmelzen dann nach weiteren Tagen des Lernens zusammen, bis schließlich ein relativ scharfes Maximum in der Nähe der vorgeschriebenen zu lernenden Phase von 90 Grad kommt.

Um diese Resultate deuten zu können, müssen wir ein klein wenig weiter ausholen. Dazu müssen wir uns klarmachen, daß bei all diesen Bewegungsvorgängen nicht nur die Form der Gebirgslandschaft für den Ordner eine grundlegende Rolle spielt, sondern auch immer Schwankungen im Spiel sind. Wie wir auch später sehen werden, sind derartige Schwankungen im Gehirn allgegenwärtig, sei es auf dem Niveau der Neuronen, sei es auf dem ganzer Gehirnareale. Wichtig für uns ist im Moment die Beziehung zwischen den mikroskopischen Schwankungen, sagen wir auf dem Niveau der Neuronen und den makroskopisch beobachteten Schwankungen, etwa bei den Fingerbewegungen. Diese Betrachtungen erfordern ein klein wenig Geduld, aber es ist wohl wert ihnen zu folgen, weil sich dann sehr interessante Aufschlüsse über den Vorgang des Lernens ergeben.

Betrachten wir zunächst eine Landschaft mit nur einem Minimum (Abb. 6.4) und fragen uns, wie sich der Ordner in einem solchen Gebiet verhält, wenn er zusätzlich noch ständig mikroskopischen Schwankungen ausgesetzt ist. Derartige Schwankungen können wir uns, wie wir schon früher bemerkten, wie Tritte von Fußballern auf einen Ball vorstellen, die ja sehr oft den Ball völlig ungeordnet hin und her kicken. Nach solchen Kicken wird natürlich der Ball wieder

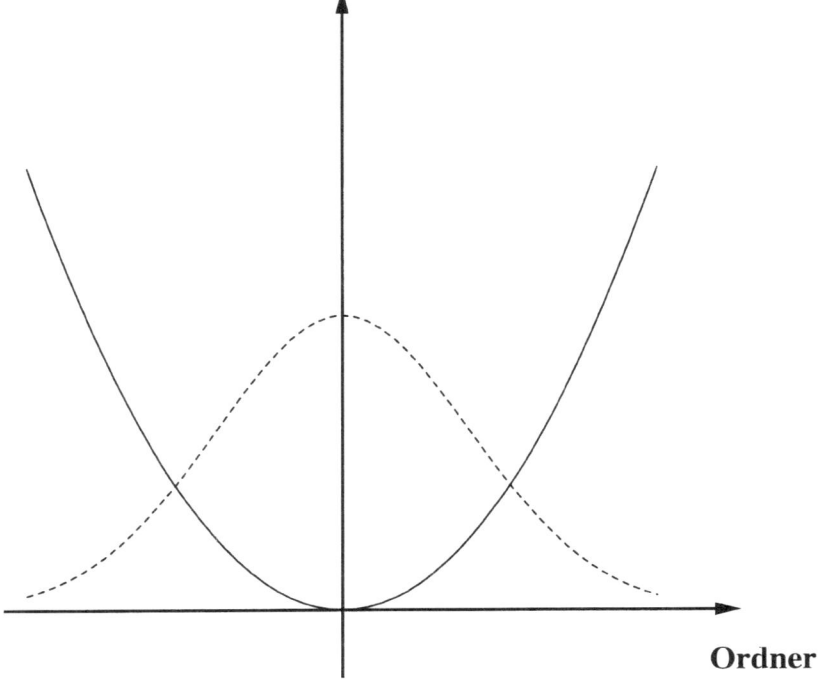

**Ordner**

**Abb. 6.4**
Nach rechts ist die Größe des Ordners aufgetragen, nach oben mit der ausgezogenen Kurve die Gebirgslandschaft. Die gestrichelte Kurve gibt an, wie häufig
der Ordner eine bestimmte Stelle in dieser Gebirgslandschaft annimmt, wenn er
zugleich auch Schwankungen ausgesetzt ist.

in die Talsohle zurückrollen. Wir werden also den Ball sehr häufig in
der Nähe der Talsohle treffen, weniger häufig etwas weiter außerhalb und fast gar nicht, wenn wir den Ball sehr weit kicken wollen.
Dann nämlich müssen viele Kicks in die gleiche Richtung gegangen
sein. Wenn wir also nach rechts die Auslenkung auftragen, die der
Ball in den verschiedensten »Fußballspielen« erreicht, und nach
oben die Häufigkeit mit der diese Entfernung erreicht wird, so erhalten wir die in Abbildung 6.5 dargestellte Kurve. Der Ball ist in der
Talsohle am häufigsten anzutreffen, dann weiter außen weniger häufig. Der Zusammenhang zwischen der Form der Landschaft und der
Häufigkeitsverteilung läßt sich in der Mathematik oder auch in der

116

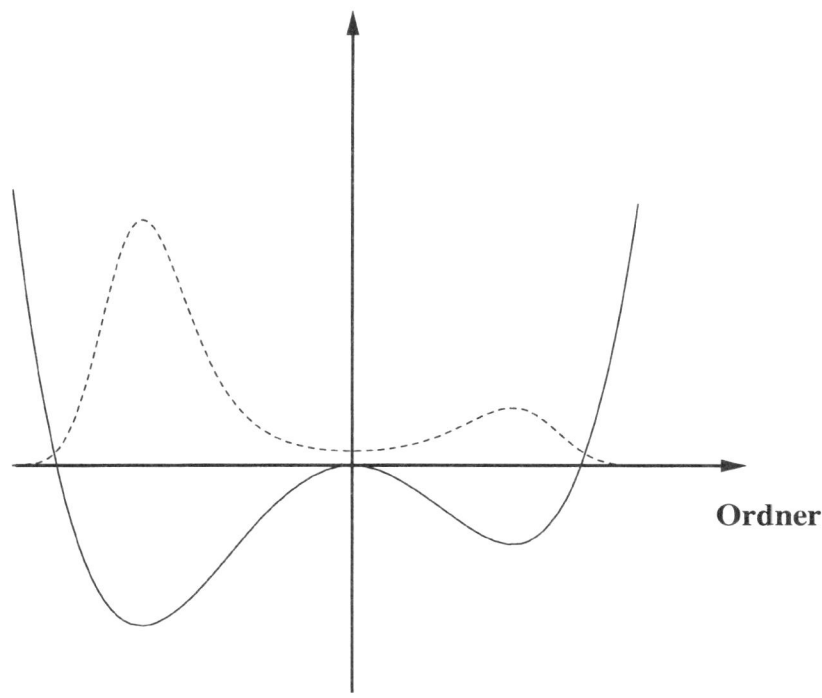

**Ordner**

**Abb. 6.5**
Im Prinzip die gleiche Auftragung wie bei Abbildung 6.4, aber jetzt weist die Gebirgslandschaft zwei verschieden tiefe Täler auf, und die Häufigkeitsverteilung des Ordners, wiederum durch eine gestrichelte Kurve dargestellt, wird asymmetrisch und weist zwei Maxima auf. Dies bedeutet, daß sich der Ordner, dargestellt durch eine Kugel, bevorzugt im linken Tal aufhält, aber auch Aufenthalte im rechten Tal möglich sind.

statistischen Physik genau berechnen und zwar auch bei mehreren Tälern (Abb. 5.13). Dabei bestätigt sich unsere Erwartung, nämlich da, wo eine Gebirgslandschaft ihre Täler hat, befinden sich gerade die Gipfel in der Häufigkeitsverteilung.

Das für die Deutung des Kelso-Tuller-Experiments Wichtige ist nun, daß sich dieser Sachverhalt umkehren läßt: Dort, wo in der Häufigkeitsverteilung Gipfel sind, befinden sich die Täler der Gebirgslandschaft und umgekehrt. Aus der experimentell gemessenen Häufigkeitsverteilung (Abb. 6.3) läßt sich also mit Hilfe einer einfa-

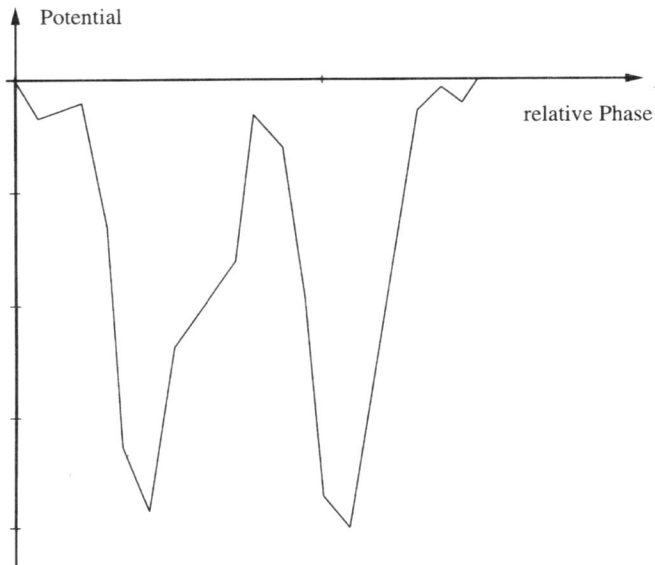

Potential

relative Phase

**Abb. 6.6 a**
Die aus den experimentell gemessenen Häufigkeitsverteilungen rekonstruierten
Gebirgslandschaften. Es ist deutlich zu sehen, wie aus den ursprünglichen zwei
Tälern eines wird, das sogar ziemlich eng ist. Siehe auch die folgenden Seiten.

chen mathematischen Transformation die jeweilige Gebirgslandschaft ablesen (Abb. 6.6 a–e).

Was bedeutet dies im Zusammenhang mit unseren Betrachtungen
hier? Nichts anderes, als daß durch das Lernen die ursprüngliche
Landschaft des Ordners »Phase« mehr und mehr verändert wird.
Aber, und das erscheint wichtig, bei diesem Lernen bleibt noch ein
Einfluß der ursprünglichen Struktur der Landschaft, wie sie vor dem
Lernen vorhanden war, erhalten (Abb. 5.5). Lernen erscheint hier
nicht anders, als daß der ursprünglichen Landschaft ohne Lernen
noch eine zweite Landschaftsverteilung überlagert wird. Mit zuneh-
mendem Lernen wird der Einfluß der neuen Landschaft, der *Lern-
landschaft* sozusagen, immer stärker, aber ein gewisser Einfluß der
ursprünglichen Landschaft bleibt immer noch bestehen. Wir können
dieses Resultat in mehrfacher Richtung deuten: Die Veränderung
der Landschaft durch Lernen wird wieder durch Änderung von Kon-

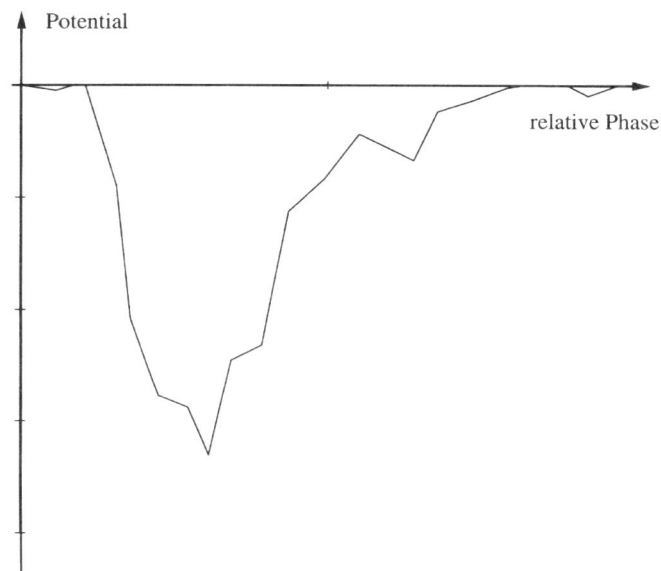

**Abb. 6.6 b**

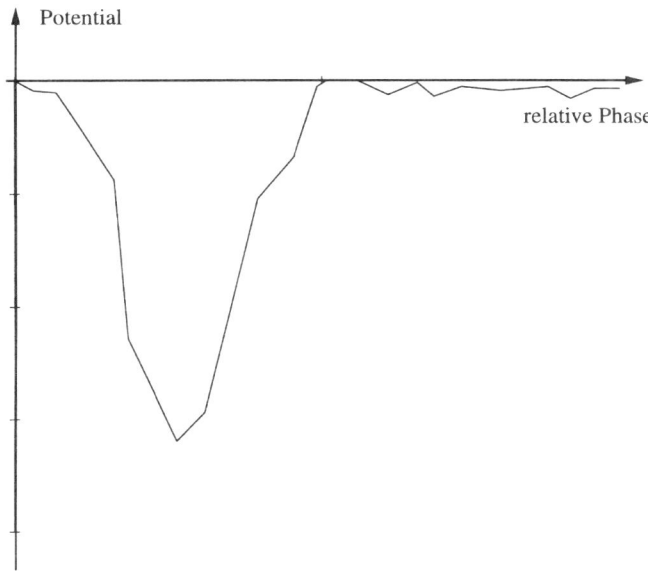

**Abb. 6.6 c**

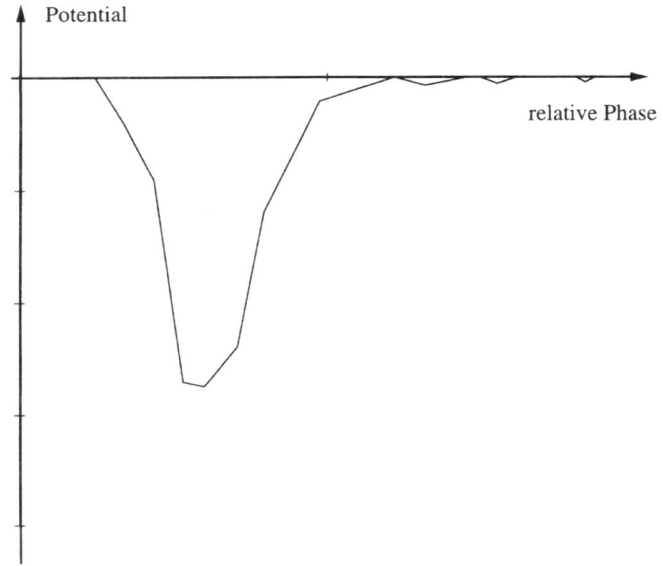

**Abb. 6.6 d**

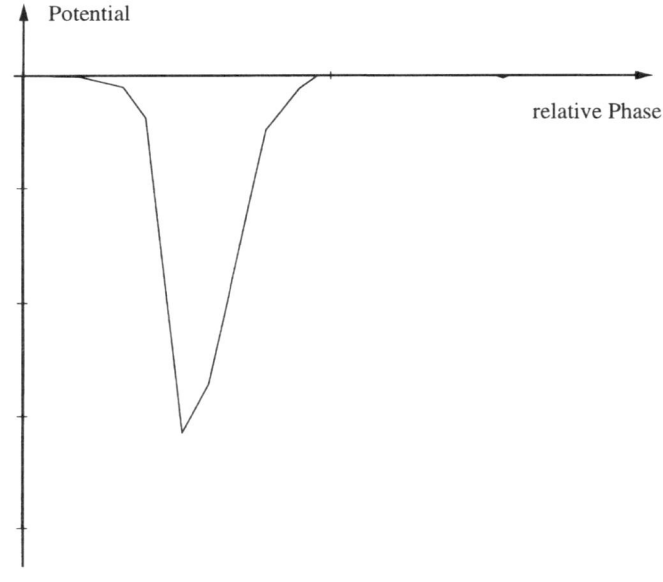

**Abb. 6.6 e**

120

trollparametern bestimmt, die dann eben die Änderung der Landschaften bewirken. Dies hat für Gehirntheorien eine sehr wichtige Konsequenz, wir lernen nämlich sozusagen nicht jeden Bewegungsvorgang aufs neue, sondern es scheint so, daß das Gehirn gewisse Parameter ändert, die es dann gestatten, daß der Bewegungsvorgang einen gewünschten Verlauf nimmt. Allerdings sind hierbei immer wieder Schwankungen im Spiel.

Die genannten Experimente werfen neues Licht auf Lernvorgänge. Ganz offensichtlich beeinflußt die dem Menschen innewohnende Dynamik, die vererbt oder früher gelernt worden ist, die Lerndynamik. Stellen, die früher Täler waren, zeigen ihren Einfluß auf das Lernen von neuen Tälern.

Dies kann wichtige Folgen zum Beispiel für Trainingsmethoden im Sport haben. Wenn Leute Skifahren lernen, lernen sie zunächst den Schneepflug und erst später den Parallelschwung. Aber wie die Erfahrung von vielen Skiläufern zeigt, kehrt man oft zu der zunächst gelernten primitiveren Methode des Schneepflugs zurück, wenn eine schwierige Situation auftritt, statt daß man die viel effizientere Methode des Parallelschwungs verwendet. Ganz offensichtlich können wir ganz im Sinne der eben gegebenen Interpretation sagen, daß die alten Täler der Landschaft für den Ordner immer noch da sind und daß diese sogar noch stabiler sein können als die neu dazugelernten.

Derartige Experimente legen es nahe, das Zustandekommen von Bewegungsvorgängen in der folgenden Weise zu interpretieren: Bewegungsvorgänge entstehen durch Selbstorganisationsvorgänge, an denen das gesamte System, angefangen von den Neuronen bis hin zu den Muskelzellen, beteiligt ist. Werden bestimmte Koordinationen von einzelnen Bewegungen vorgegeben, so kommt es, zumindest auf einem abstrakten Niveau, im Gehirn zur Ausbildung von Gebirgslandschaften, auf denen sich dann der Ordner bewegen muß. Das Verhalten des Ordners wird also keineswegs direkt festgelegt, sondern indirekt, über Landschaften, die selbst wieder von der Wahl der Kontrollparameter abhängen. Dank des Versklavungsprinzips gelingt dann dem Ordner die angestrebte Bewegungskoordination. Wie bringt es aber das Gehirn fertig, derartige Landschaften sozusagen zu konstruieren? Damit werden wir uns später befassen, wenn wir Vorgänge beim Lernen im Netzwerk der Neuronen untersuchen (vgl. hierzu den Abschnitt über die Erlernung von Mustern in Kapitel 11 sowie Kapitel 14).

Das hier besprochene Lernmodell findet aber nicht nur Anwendung auf Bewegungsvorgänge, sondern auch auf kognitive Leistungen und führt hier zu überraschenden neuen Einsichten. So wiederholte die bekannte amerikanische Kinderpsychologin Esther Thelen ein bekanntes Experiment: Ein Kleinkind sitzt vor einem Kasten mit zwei Öffnungen, A und B. Sodann wird eine Puppe in die Öffnung A gesteckt, das Kind greift danach. Der Versuch wird mehrfach wiederholt. Sodann wird die Puppe durch die Öffnung B geschoben und dort versteckt. Das Kind greift aber immer noch nach der Öffnung A. Das Experiment, mit dem Schlagwort »A – nicht B« bezeichnet, wurde von Psychologen so gedeutet, daß Kleinkinder des betreffenden Alters noch keine abstrakte Vorstellung eines Gegenstandes besitzen. Thelens Deutung ist viel einfacher. Jedem Loch entspricht ein Tal in der Gebirgslandschaft des Ordners. Durch das mehrfache Üben bezüglich des Loches A wird die Mulde, die zu A gehört, tiefer als die zu B gehörige. Daher bevorzugt das Kind bei einem erneuten Versuch die Öffnung A, obwohl jetzt nach der Öffnung B zu greifen wäre. Dieser Effekt ist, zumindest formal, aufs engste mit dem Hysterese-Effekt bei der Sehwahrnehmung verknüpft, den wir schon in Kapitel 4 kennenlernten. Wie es scheint, sind bei den verschiedensten Vorgängen im Gehirn immer wieder die gleichen fundamentalen Mechanismen am Werke.

Neben dem hier aufgefundenen Mechanismus der Änderung von Landschaften für Ordner beim Lernen gibt es auch noch weitere Möglichkeiten, um Lernvorgänge wiederzugeben. Im vorangegangenen Abschnitt wurde die Dynamik der Ordner, also die Bewegung der Ordner, so geändert, daß die Landschaft verformt wurde. Es kann aber auch möglich sein, daß neue Ordner geschaffen werden. Ein Beispiel aus der Flüssigkeitsdynamik, auf das wir schon verwiesen, mag dies beleuchten. Unter bestimmten Umständen kann eine Flüssigkeit einen Satz von Rollenbewegungen zeigen, wobei die Rollen alle in einer bestimmten Richtung orientiert sind. Diese Rollenbewegung wird von einem einzigen Ordner beherrscht. Es kann aber auch passieren, daß in einer solchen Flüssigkeit Rollen in drei verschiedenen Richtungen auftreten, so daß die Rollenachsen ein gleichschenkliges Dreieck bilden. In einem solchen Falle können sich die entsprechenden drei Ordner koordinieren, und es erscheint dann so, als wäre die ganze Rollenbewegung, die nun die Form von Hexagonen angenommen hat, von einem einzigen Ordner beherrscht. Etwas Ähnliches geschieht auch bei Lernvorgängen auf dem Pedalo, wie wir im folgenden beschreiben werden.

## Wir lernen Pedalo fahren

In diesem Abschnitt betrachten wir Versuche mit dem Pedalo, die von den Sportwissenschaftlern K.-H. Leist und H. Körndle durchgeführt und von R. Haas und H. Haken analysiert wurden.

Sicherlich wissen nur die wenigsten, was ein Pedalo ist. Dies ist in Abbildung 6.7 dargestellt: es besteht aus zwei Brettern, die exzentrisch mit Rädern versehen sind. Die Aufgabe besteht darin zu lernen, sich auf diesem Pedalo vorwärts zu bewegen, indem man die Füße hebt oder senkt und gleichzeitig hin- oder herschiebt. Diese Aufgabe ist keineswegs leicht, kann aber dennoch nach verhältnismäßig kurzer Zeit erlernt werden, wobei sich der Fortschritt der Versuchsperson bei dieser Bewegungskontrolle studieren läßt. Filmen wir die Bewegungen der Versuchspersonen, so stellen wir zunächst ziemlich unregelmäßige Bewegungen der Füße und noch wilderes Hin- und Herschwenken der Arme fest. Aber nach einer bestimmten Lerndauer gelingt es den Personen, sich in relativ glat-

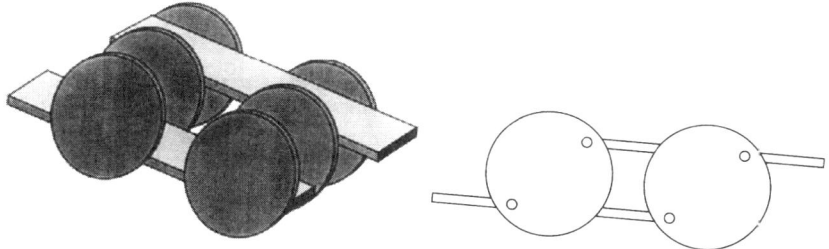

**Abb. 6.7**
Perspektivische Schemazeichnung und Seitenansicht eines Pedalos.

123

ter, ruhiger Weise auf dem Pedalo – und damit das gesamte Gefährt – zu bewegen. Die ursprünglichen Bewegungen der Versuchsperson sind noch weitgehend unkorreliert, und wir können sagen, daß sie durch einige Ordner bestimmt werden. Im Verlauf des Lernens werden aber diese Ordner immer mehr voneinander abhängig. Ihr Verhalten wird immer mehr koordiniert, und schließlich erscheint die ganze Bewegung so, als würde sie nur noch von einem einzigen Ordner regiert. Dies läßt sich durch eine genaue mathematische Analyse belegen, die wir hier verständlicherweise nicht wiedergeben können, sondern wieder auf die Fachliteratur verweisen müssen.

Fassen wir zusammen: Die erlernte periodische Bewegung einer Person auf dem Pedalo wird von einem einzigen Ordner beherrscht. Das gleiche kann auch für andere periodische Bewegungen erwartet werden, so wie Gehen, Laufen, Fahrradfahren usw. Diese starke Koordination oder Versklavung durch einen einzelnen Ordner kann auch Atmung und gelegentlich den Herzrhythmus beinhalten.

Zu Beginn dieses Kapitels hatten wir betont, wie aufschlußreich die Beispiele der Bewegungskoordination im Hinblick auf das allgemeine Problem des Verhaltens sind. Obgleich noch eine enorme Forschungsarbeit bei den Verhaltenswissenschaften im Sinne der Synergetik liegt, glauben wir, daß es wert ist, Verhaltensmuster im Hinblick auf ihre Kontrollparameter und Ordner zu studieren. Die Existenz und vielleicht die Natur der entsprechenden Ordner, selbst bei komplexen Verhaltensmustern, wird auch von unserer Alltagssprache suggeriert. Zum Beispiel beinhalten Worte wie Freude oder Ärger spezielle Zustände von Menschen mit stark korrelierten äußeren und inneren Symptomen, wie Gesichtsausdrücke, Blutdruck usw. Die zentrale Frage wird natürlich in der Zukunft sein, diese Konzepte in eine wissenschaftliche Form zu bringen, die insbesondere auch Methoden enthält, um diese Vorgänge quantitativ zu erfassen. Dieses Programm scheint keineswegs zu weit hergeholt. Wie man nämlich weiß, gibt es bestimmte Klassifizierungen von Gesichtsausdrücken, die Gefühle darstellen, wobei bestimmte Muskelpartien in ganz bestimmter Weise angespannt werden und diese Anspannungen miteinander korreliert sind. Offen bleibt hierbei zunächst die Frage, wie diese Anspannungen durch einen oder wenige Ordner erfaßt werden können.

# Kapitel 7

# Chaos im Gehirn

## Was ist überhaupt Chaos?

Das Wort Chaos wird in der Wissenschaft und in der öffentlichen Diskussion mit ganz verschiedenen Bedeutungen belegt. Deshalb befassen wir uns zunächst einmal mit der Frage, in welchem Sinne wir dieses Wort im folgenden in der Gehirnforschung verwenden. Der berühmte Künstler Mauriz Cornelius Escher zeichnete einst ein Bild mit dem Untertitel »Ordnung und Chaos«. In der Bildmitte sieht man einen wunderschönen regulären Kristall, der von aller Art Abfällen, wie zerbrochenen Flaschen, geöffneten Büchsen usw. umgeben ist. Die Interpretation der Wörter *Ordnung und Chaos* ist offensichtlich. Gemäß dieser Interpretation haben wir es mit Zuständen zu tun, die sich nicht im Laufe der Zeit ändern. In der Wissenschaft, insbesondere in der Physik und Mathematik, hat das Wort Chaos eine ganz andere Bedeutung, es ist nämlich mit Änderungen verknüpft. Aber hier wiederum haben wir zwischen zwei verschiedenen Arten von Chaos zu unterscheiden, dem mikroskopischen einerseits und dem makroskopischen oder deterministischen Chaos andererseits. Wir haben schon ein Beispiel für mikroskopisches Chaos kennengelernt, als wir uns mit der Ausstrahlung des Lichts von Lampen befaßten. Das Licht bestand in diesem Falle aus vielen einzelnen Wellenzügen, die ganz unregelmäßig von den Atomen ausgesandt werden. Ein anderes Beispiel von mikroskopischem Chaos ist durch die Bewegung von Gasmolekülen gegeben (Abb. 7.1). Sie stoßen immer wieder zusammen und wechseln dabei jeden Moment ihre Richtungen und Geschwindigkeiten in einer völlig irregulären Weise. Das mikroskopische Chaos rührt also von der unregelmäßigen Bewegung oder dem unregelmäßigen Verhalten sehr vieler einzelner Teile her. Im Gegensatz hierzu stammt das makroskopische Chaos von

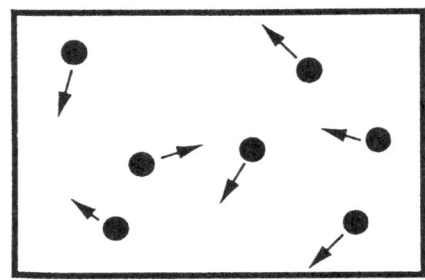

**Abb. 7.1**
Veranschaulichung des mikroskopischen Chaos. Gasatome bewegen sich in zufälligen Richtungen und mit zufälligen Geschwindigkeiten.

dem unregelmäßigen Verhalten von *sehr wenigen* Freiheitsgraden oder Variablen. Dies soll hier kurz erläutert werden.

Zum Beispiel kann die Bewegung eines Pendels mit Hilfe von zwei Variablen beschrieben werden, nämlich seiner Auslenkung und seiner jeweiligen Geschwindigkeit (Abb. 7.2). Wenn man aber das Pendel an einen rotierenden Motor mit Hilfe einer Feder koppelt, ist es, als würden wir eine dritte Variable hinzufügen. Wenn dann das Pendel vom Motor stark genug angetrieben wird, kann es eine völlig unregelmäßige Bewegung zeigen, die nicht etwa das wohlbekannte geordnete Hin- und Herpendeln ist. In der Tat haben wir es hier mit einer völlig neuen Art von Bewegung zu tun, die deterministisches Chaos genannt wird. Das Wort *deterministisch* wird hinzugefügt, weil die Gesetze, die die Bewegung des Pendels bestimmen, diejenigen der deterministischen Newtonschen Mechanik sind.

Historisch wurde deterministisches Chaos zunächst von dem berühmten französischen Mathematiker Henri Poincaré um die Wende zum 20. Jahrhundert untersucht. Aber die Eigenschaften des Chaos waren so kompliziert, daß keiner seiner Nachfolger an diesem Problem weiterarbeitete. Erst 1963 gelang dem Meteorologen E. N. Lorenz ein entscheidender Schritt vorwärts. Er untersuchte nämlich vereinfachte Gleichungen, die Flüssigkeitsbewegungen beschreiben, und löste diese auf dem Computer. Um das Erstaunliche seiner Resultate zu erkennen, befassen wir uns zunächst noch einmal mit der einfachen Pendelbewegung. Zu jedem Zeitpunkt hat dieses Pendel eine bestimmte Auslenkung und eine bestimmte Geschwindigkeit. In

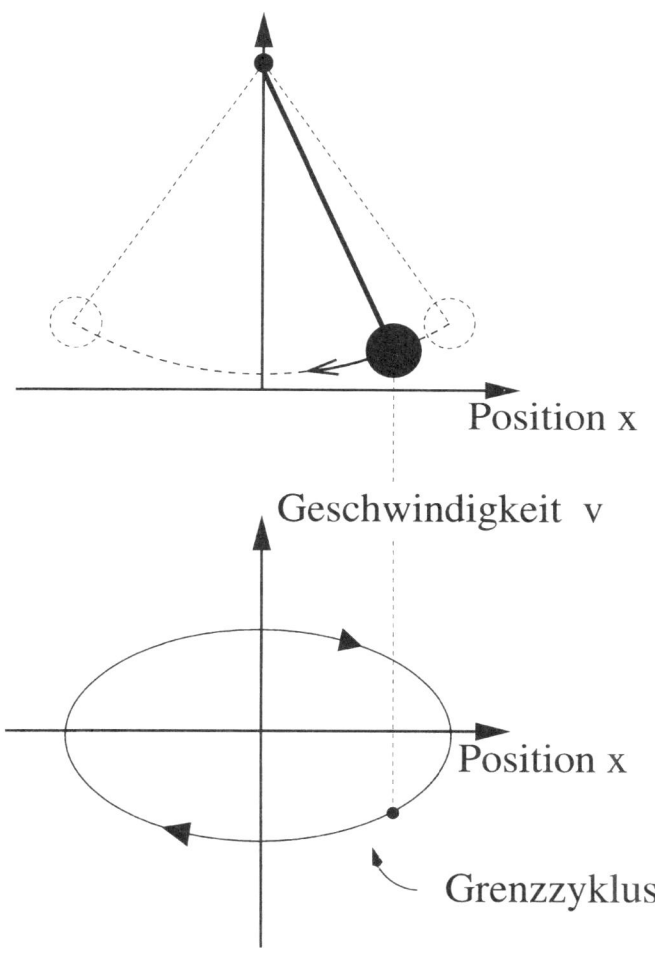

Position x

Geschwindigkeit v

Position x

Grenzzyklus

**Abb. 7.2**
Oben: Die Pendelbewegung. Unten: In der sogenannten Phasenebene wird die
jeweilige Position *x* und die Geschwindigkeit *v* des Pendels angegeben. Schwingt
das Pendel hin und her, so durchläuft der Punkt eine Ellipse.

der Mathematik läßt sich diese Bewegung einfach auf einem Blatt Papier wiedergeben. Nach rechts tragen wir die Größe der Auslenkung, nach oben die Größe der Geschwindigkeit auf (Abb. 7.2). Zu jedem Zeitpunkt können wir also einen Punkt in der Ebene angeben, wo wir direkt ablesen können, wie groß die Auslenkung und gleichzeitig die Geschwindigkeit des Pendels ist. Verfolgt man diese Punkte im Laufe der Zeit, so durchlaufen diese eine Ellipse. Dies ist auch leicht einzusehen: Hat das Pendel die größte Auslenkung, so ist die Geschwindigkeit natürlich Null. Umgekehrt, saust das Pendel durch die tiefste Lage, so ist die Geschwindigkeit in der einen beziehungsweise in der entgegengesetzten Richtung am größten. In der Mathematik ist es üblich, auch kompliziertere Bewegungsvorgänge mit Hilfe eines solchen »Phasenraums« darzustellen. Lorenz stellte die von ihm gefundenen Lösungen für drei Variable dann in einem dreidimensionalen Raum dar, wie dies Abbildung 7.3 zeigt. Hierbei ergibt sich folgendes: Der jeweilige Punkt mit den Koordinaten x, y, z, der die Lösung der Lorenz-Gleichungen charakterisiert, zirkuliert zunächst in einem bestimmten Raumgebiet für einige Zeit, springt dann plötzlich in eine andere Region, in der er wieder herumkreist, dann wieder, ganz unerwartet, in die ursprüngliche Region zurück usw. Diese Sprünge zwischen den beiden Raumgebieten erfolgen

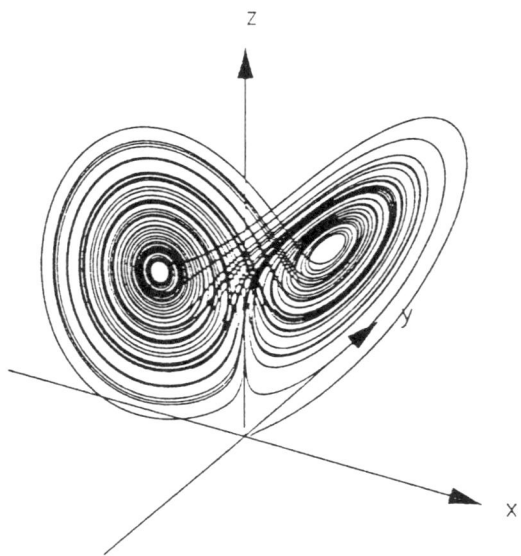

**Abb. 7.3**
Der berühmte Lorenz-Attraktor. Der Bahnpunkt läuft hier auf Kurven um, die erst in einem Gebiet verlaufen, dann in das andere Gebiet springen, dort weiter umlaufen, dann wieder zurückspringen usw.

völlig irregulär und hängen empfindlich von der Lage des jeweiligen Punktes ab. Wir sprechen hier von einer Empfindlichkeit des Systems gegenüber Anfangsbedingungen. Diese Empfindlichkeit widerspricht unserem üblichen Verständnis von Bewegung in der Mechanik. Wenn wir einen Stein auf die Erde fallen lassen und dieses Experiment mit einer etwas geänderten Anfangsposition wiederholen, wird der Stein die Erde ebenfalls nur in einem kurzen Abstand von dem Punkt treffen, wo er die Erde zuvor getroffen hat. Grob gesprochen bedeutet dies, daß wir in dem Falle einer kleinen Änderung der Anfangslage nur eine kleine Abweichung der Bahnbewegung und damit auch des Auftreffpunkts haben werden. Andererseits gibt es in der Tat mechanische Vorgänge, in denen eine Empfindlichkeit gegenüber den Anfangsbedingungen ganz natürlich erscheint. Stellen wir uns dazu eine kleine Stahlkugel vor, die wir auf eine senkrechte Rasierklinge fallen lassen (Abb. 7.4). Ganz offensichtlich wird die Bahnkurve der Stahlkugel nach links verlaufen, selbst wenn der Mittelpunkt nur ein kleines bißchen links von der Kante der Stahlkugel lag, und im anderen Falle nach rechts. Eine ge-

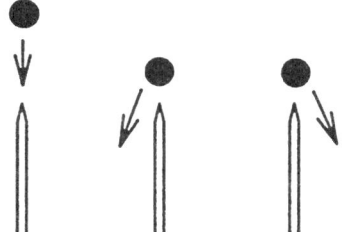

**Abb. 7.4**
Eine Stahlkugel, die auf eine senkrechte Rasierklinge fällt, illustriert die empfindliche Abhängigkeit der Bahnkurven von den Anfangsbedingungen.

ringfügige Abweichung des Mittelpunktes gegenüber der Stahlkante führt also zu einer drastischen Änderung in den Bahnkurven. Diese Empfindlichkeit gegenüber Anfangsbedingungen wurde übrigens Jahrhunderte hinweg in Spielautomaten, wie dem Galton-Brett, verwendet (Abb. 7.5). Die nächste Stufe stellen die Flipperautomaten dar, die auf dem gleichen Prinzip beruhen. Auch elektronische Spielautomaten benutzen das gleiche Prinzip.

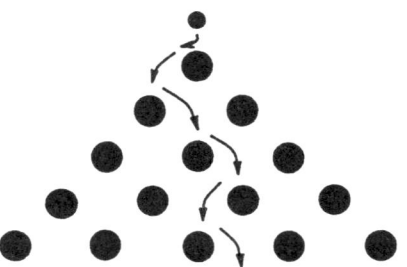

**Abb. 7.5**
Schematische Zeichnung des sogenannten Galton-Brettes, bei dem eine Stahlkugel auf Nägel fällt und dadurch eine Zufallsbewegung ausführt.

Über die Theorie des Chaos gibt es eine ganze Fülle nicht nur von
Artikeln, sondern auch von Büchern, so daß wir es uns hier versagen
können, auf die Chaostheorie im einzelnen einzugehen. Wir besprechen hier nur einige ganz wenige Eigenschaften, die mit einem sogenannten chaotischen »Attraktor« verknüpft sind. Was ist mit dem
Wort »Attraktor« gemeint? Am Beispiel des sogenannten Lorenz-At-
traktors (nach E. N. Lorenz) können wir erkennen, daß die Bahnkurven in einem bestimmten Raumgebiet verlaufen. Lassen wir das System außerhalb dieses Raumgebiets seine Bahnkurve beginnen, so
wird diese Bahnkurve in den Lorenz-Attraktor *hineingezogen*, was
das Wort *Attraktor* bereits ausdrückt. Danach verlassen die Bahnkurven nie mehr diesen Attraktor.

Wenn wir die Bewegung von zwei Punkten auf verschiedenen
Bahnkurven in einem chaotischen Attraktor betrachten, wobei diese
Bahnkurven ursprünglich nahe beieinander liegen, so entfernen sich
diese beiden Punkte im Laufe der Zeit sehr schnell voneinander. Ein
Maß für das Wachsen des Abstandes ist durch den sogenannten Lya-
punov-Exponenten gegeben. Ein positiver Lyapunov-Exponent zeigt
an, daß wir es mit einem chaotischen Attraktor zu tun haben, weil er
nämlich die Empfindlichkeit der Bahnkurven gegenüber Anfangsbedingungen widerspiegelt (vgl. das Rasierklingenbeispiel von
Abb. 7.4). Wenn wir die Zeit laufen lassen, können allerdings die
Bahnkurven nicht bis ins Unendliche entfliehen, weil sie ja gewissermaßen vom Attraktor zurückgezogen werden.

Aber, und das ist nun höchst interessant, die Bahnkurven füllen keineswegs den Attraktor vollständig, sondern nur in einem begrenzten Ausmaß. Es ist so, als würden wir einen Wollfaden mit einer Nadel immer wieder durch ein Wollknäuel stoßen. Es gelingt uns immer wieder, einen neuen Weg zu finden, und zwar deshalb, weil diese Bahnkurven, wie das Wollknäuel, den Raum nicht völlig erfüllen, sondern nur zu einem Bruchteil. Man spricht hier deshalb von einer gebrochenen Dimension. Würden die Bahnkurven eine Kugel füllen, so wäre die Dimension drei, würden sie die Kreisfläche erfüllen, so wäre die Dimension zwei. Hier aber haben wir es mit einer gebrochenen Dimension zu tun, sagen wir 2,7.

Eine wichtige Klasse von chaotischen Bewegungen wurde von dem russischen Mathematiker L. P. Shilnikov (1965, 1970) entdeckt. Um diese Art von Chaos zu erklären, betrachten wir wieder den dreidimensionalen Raum, in dem sich die zugehörigen chaotischen Bahnkurven bewegen sollen. Betrachten wir zunächst einen Punkt in der $xy$-Ebene gemäß Abbildung 7.6. Von ihm spiralt die Bahnkurve nach außen, und wenn sie noch weiter nach außen gerät, geht sie schließlich in Richtung der positiven $z$-Achse in die Höhe. Dann aber

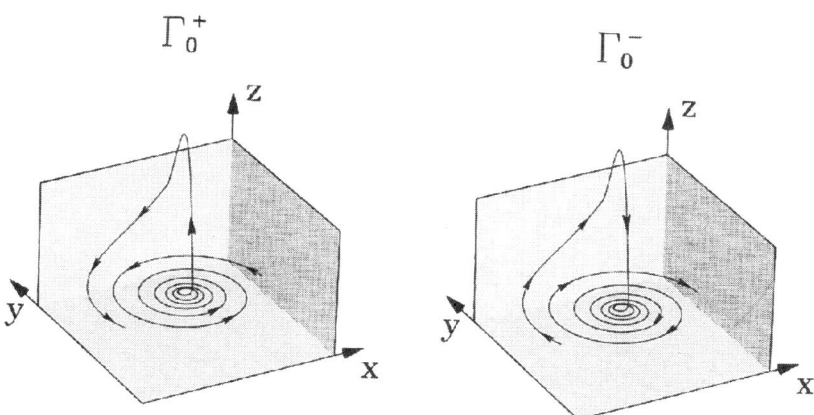

**Abb. 7.6**
Veranschaulichung des Shilnikov-Chaos. Links geht die Trajektorie nach oben, kehrt dann um und nähert sich in einer Spirale einem Punkt nahe dem Ausgangspunkt. Rechts: In diesem Falle beginnt das Spiralen von dem Punkt in der $xy$-Ebene nach außen, steigt dann längs der $z$-Achse an und kehrt in die Nähe des Ausgangspunktes wieder zurück.

kehrt die Bewegung in z-Richtung um, der Punkt nähert sich wieder seinem Ausgangspunkt, wobei die Spiralkurve aufs neue beginnt, wenn auch nicht mehr in exakt der gleichen Weise wie bisher, aber qualitativ ganz ähnlich. Wie Shilnikov zeigte, gibt es einen Satz unendlich vieler Bahnkurven, die qualitativ einen derartigen Verlauf haben. Übrigens kann der ganze Verlauf auch umgekehrt werden, die Bahnkurve geht dann entlang der z-Richtung von dem Ausgangspunkt aus und kehrt dann spiralig in seine Nähe zurück. In diesem Sinne gibt es also zwei Arten von Shilnikov-Chaos.

Aber was haben all diese Resultate der Chaostheorie mit der Synergetik und erst recht mit der Gehirnforschung oder mit Gehirnfunktionen zu tun? In der Synergetik befassen wir uns mit Systemen, die aus sehr vielen einzelnen Teilen bestehen, so daß wir mikroskopisches Chaos anstelle von deterministischem Chaos erwarten sollten. Aber hier kommen gerade die grundlegenden Resultate der Synergetik herein. Wie wir gesehen haben, können durch die Kooperation vieler einzelner Teile neue makroskopische Zustände geschaffen werden, die gerade von ganz wenigen Ordnern beherrscht werden. Die Zahl der Ordner kann dabei sehr klein sein, drei oder einige wenige mehr. Daher wird die komplexe Dynamik des ganzen Systems durch wenige Ordner beschrieben, die auf diesem Wege exakt den Gleichungen des deterministischen Chaos genügen können. Synergetik zeigt gerade, warum auch komplexe Systeme deterministisches Chaos aufweisen können. Aber gibt es überhaupt deterministisches Chaos im Gehirn? Wie wir sehen werden, ist die Antwort auf jeden Fall ja, und wir werden zu dieser faszinierenden Frage im nächsten Abschnitt sowie in Kapitel 9 zurückkehren.

## Chaos im Gehirn – Einige experimentelle Resultate und theoretische Deutungen

Der erste Hinweis, daß im Gehirn deterministisches Chaos eine Rolle spielt, stammt von dem griechischen Informatiker John Nicolis. Er entwickelte eine Vorstellung, wonach die Informationsverarbeitung im Gehirn durch chaotische Vorgänge besonders effizient werden kann, und es gibt inzwischen in der Tat eine Reihe von theoretischen Arbeiten zur Informationsverarbeitung mit Hilfe solcher Prozesse. Allerdings fehlt beim Gehirn bisher ein direkter experimenteller Nachweis derartiger Theorien. Es gibt jedoch neuerdings interessante indirekte Hinweise. So maß der Neurophysiologe Niels Birbaumer mit Hilfe des Elektroenzephalogramms (EEG) die Gehirnströme an verschiedenen Stellen des Kopfes und bei verschiedenen Aufgaben der Probanden. Zwar streuten die Meßergebnisse sehr stark, zeigten aber bei einer statistischen Mittelung aufschlußreiche Trends, die sich zahlenmäßig in der fraktalen Dimension zeigten. An bestimmten Stellen des Gehirns und bei Aufgaben, die man als anspruchsvoller ansehen würde, stiegen diese Dimensionen von ca. 3 auf ca. 4. Die hierbei verwendete Methode der sogenannten Zeitreihenanalyse ist unter Fachleuten allerdings wegen der kurzen Meßzeiten umstritten, doch scheint uns der hier aufgezeigte Trend deutlich zu sein.

Die ersten Bestimmungen der fraktalen Dimension von Gehirnströmen mit Hilfe von Zeitreihen verdanken wir der belgischen Physikochemikerin A. Babloyantz. Sie analysierte nämlich die im Elektroenzephalogramm aufgenommenen Kurven von verschiedenen Schlafphasen und fand dabei eine erstaunlich niedrige fraktale Dimension im Sinne der Chaostheorie. Im Sinne der Synergetik weist dies darauf hin, daß im Gehirn während des Schlafs nur wenige Ordner, sagen wir fünf oder sechs, am Werke sind. Die Entdeckung von Babloyantz hat eine ganze Flut von weiteren Untersuchungen ausgelöst, wie sich die Dimension von chaotischen Vorgängen im Gehirn mit Hilfe der Chaostheorie bestimmen läßt. Dabei wurde bald klar, insbesondere durch eine Kritik von G. Mayer-Kress, daß das Datenmaterial, das bei den EEG-Messungen gewonnen wird, bei weitem nicht ausreicht, um die genauen Dimensionen des Attraktors zu bestimmen. Andererseits ist diese Kritik sicherlich von manchen zu stark auf die Babloyantzsche Erkenntnis angewendet worden, da hier jedenfalls bereits klar geworden ist, daß in den Schlafphasen nur wenige Ordner am Werke sind. Allerdings blieb die genaue Struktur der Bahnkurven und damit die des Attraktors im unklaren. Ein Grund hierfür ist sicher auch die Tatsache, daß bei der Babloyantzschen Analyse der Gehirnströme nur Spannungsmessungen mit Hilfe einer einzigen auf der Schädeldecke angebrachten Elektrode benutzt wurden. Man mußte also aus dem Zeitverlauf einer einzelnen gemessenen Größe (oder Variablen) auf die gesamte Bahnkurve, die ja in einem mehrdimensionalen, zum Beispiel dreidimensionalen, Raum liegt und deshalb zu jedem Zeitpunkt durch mehrere Größen festgelegt ist, zurückschließen. Dieses Verfahren ist heutzutage mehr denn je umstritten. Die Frage lautet also, ob man nicht dennoch Aussagen über die Art des deterministischen Chaos im Gehirn machen kann. Hierzu wurde in unserer Gruppe in Stuttgart ein Verfahren entwickelt, das dann schließlich äußerst erfolgreich von R. Friedrich und C. Uhl auf die Analyse von bestimmten epileptischen Anfällen angewendet werden konnte. Hierdurch wurde der Nachweis erbracht, daß im menschlichen Gehirn tatsächlich deterministisches Chaos auftritt.

Bevor wir diese grundlegenden Ergebnisse darstellen, müssen wir aber noch etwas tiefer in die Synergetik eindringen.

Kapitel 8

# Minikurs in Synergetik II:
# Die Bildung raum-zeitlicher Muster

Eine der vorstechendsten Eigenschaften sich selbst organisierender Systeme besteht in ihrer Fähigkeit, raum-zeitliche Muster zu bilden. Da wir das Gehirn als ein sich selbst organisierendes System, das raum-zeitliche Muster seiner Aktivität hervorbringen kann, auffassen wollen, müssen wir uns ein wenig mit dem Mechanismus der Bildung derartiger Muster von einem allgemeinen Gesichtspunkt aus befassen. Wir haben schon einige einfache Beispiele kennengelernt, wie die berühmte Konvektionsinstabilität der Flüssigkeit (Abb. 4.2). Ein anderes Beispiel wird durch die hexagonalen oder Streifenmuster geliefert, die in manchen chemischen Reaktionen gefunden werden. Diese Erscheinungen und die theoretischen Konzepte, die deren Erklärung zugrunde liegen, haben auch zu Modellen der Musterbildung auf Fellen oder auf der Haut von Fischen geführt.

In diesem Kapitel wollen wir zeigen, wie die Methoden der Synergetik es uns gestatten, derartige Muster herzuleiten und sogar, in gewisser Weise, zu klassifizieren. Da farbige Muster in gleicher Weise wie Schwarz-weiß-Muster behandelt werden können, werden wir unser Verfahren mit Hilfe von schwarz-weißen Mustern erläutern, oder, genauer gesagt, mit Grauton-Mustern, wo sich der Grauton örtlich und auch im Laufe der Zeit ändern kann. Wir bemerken, daß durch Grautöne eine örtliche Aktivität, zum Beispiel beim Elektroenzephalogramm, dargestellt werden kann.

Für die Konstruktion von Mustern ist es zweckmäßig, wenn wir von einem mittleren Grauton, der überall herrscht, ausgehen, und dann nur die örtlichen Abweichungen von diesem Grauton betrachten. Dabei kann natürlich diese Abweichung, formal gesehen, nicht nur positive, sondern auch negative Werte annehmen, da der Grauton an manchen Stellen eben auch verringert werden kann. Wie wir sehen werden, ist das Ordnungsparameter-Konzept äußerst nützlich, wenn wir die einzelnen Muster studieren und sie klassifizieren.

Fangen wir mit dem einfachsten Beispiel eines einzelnen Ordnungsparameters an. Gemäß der Synergetik kann der dominierende Anteil eines Musters aufgespalten werden in zwei Faktoren: Der eine beschreibt die *zeitliche* Änderung des Musters, der andere die *räumliche*. Um Einblick in das raum-zeitliche Muster zu erhalten, betrachten wir zunächst einmal den Faktor, der den zeitlichen Verlauf des Musters beschreibt. Dieser Faktor spielt nämlich die Rolle des Ordners. Wenn ein synergetisches System über seinem kritischen Punkt ist, kann eine kleine Schwankung diesen Ordnungsparameter erzeugen. Die innere Dynamik führt dann zu einem Anwachsen dieses Faktors, bis er einen konstanten Wert erreicht hat (Abb. 8.1 links). Die räumliche Abhängigkeit des zweiten Faktors kann je nach System sehr verschieden ausfallen, häufig haben wir es aber mit einfachem wellenförmigen Verhalten zu tun (Abb. 8.1 rechts). Mit Hilfe der Zerlegung des gesuchten Musters in die beiden Faktoren, der eine zeitabhängig, der andere ortsabhängig, können wir nun leicht die Entwicklung eines Musters betrachten. Wir nehmen an, daß das System anfänglich durch die geeignete Wahl eines Kontrollparameters unter seinem kritischen Punkt ist. Dann wird dieser Kontrollparameter so geändert, daß sein Wert etwas über dem kritischen Wert

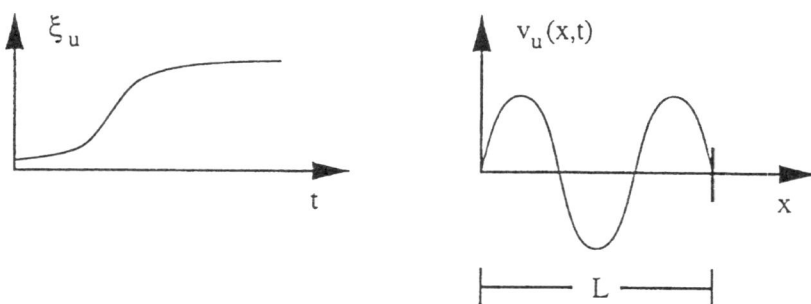

**Abb. 8.1**
Links: Das Anwachsen des Ordners $\xi_u$ im Laufe der Zeit, bis er seine endgültige Größe erreicht. Rechts: Ein Beispiel für die räumliche Abhängigkeit der sich ausbildenden Struktur. Zum Beispiel kann $v_u$ die Richtung und Größe der Flüssigkeitsbewegung bei der Rollenbildung in Flüssigkeiten wiedergeben.

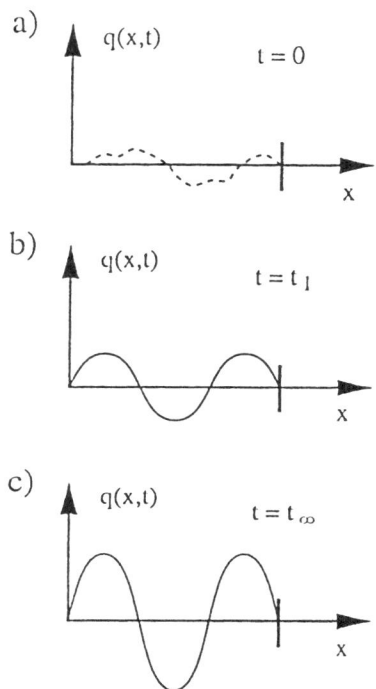

**Abb. 8.2**
Das Anwachsen eines Musters im Laufe der Zeit. a: Zur Anfangszeit $t = 0$ ist nur eine kleine Anfangsschwankung vorhanden. b: Zu einer späteren Zeit $t = t_1$ hat sich ein Übergangsmuster gebildet. c: Bei einer genügend großen Zeit schließlich ist ein endgültiger Zustand erreicht und ein zeitunabhängiges Muster hat sich gebildet.

ist, Flüssigkeiten werden entsprechend aufgeheizt, oder eine gewisse Konzentration von Chemikalien wird plötzlich erhöht. Zu diesem Zeitpunkt sind nur kleine Schwankungen im System vorhanden, das Muster ist praktisch räumlich homogen bis auf ganz geringfügige Abweichungen vom mittleren Grauton. Dann steigt indessen gemäß Abbildung 8.1 der zeitabhängige Faktor an, so daß wir einige Zeit später ein Muster beobachten können, wie es in der Mitte von Abbildung 8.2 dargestellt ist. Schließlich wird, bei genügend großen Zeiten, ein zeitunabhängiger Zustand erreicht, und das Muster hat die Form angenommen, die im unteren Teil von Abbildung 8.2 zu sehen

137

ist. Dieses äußerst einfache Beispiel zeigt bereits einige interessante Eigenschaften. Geordnete Zustände können auch schon im Übergangsbereich beobachtet werden und dann natürlich im stabilen endgültigen Zustand. In Fällen, in denen die Landschaft, die die Dynamik des Ordners bestimmt, symmetrisch ist, können wir das Phänomen der Symmetriebrechung beobachten. Es gibt dann zwei Arten der Evolution des zeitabhängigen Faktors. In einem Falle bleibt $\xi$ immer positiv und wächst an, in dem anderen Falle ist $\xi$ ursprünglich negativ und wächst in negativer Richtung immer mehr an. Gemäß dieser Entwicklung können wir auch Spiegelbilder zur Abbildung 8.2 ziehen. An solchen Stellen, wo in der Abbildung 8.2 der Grauton anwuchs, nimmt er nun gerade ab und umgekehrt.

Betrachten wir nun den Fall von zwei Ordnern. Diese beiden Ordner regieren sozusagen zwei ganz verschiedene Muster. Ein Beispiel für zwei solche Grundmuster ist in Abbildung 8.3 dargestellt und

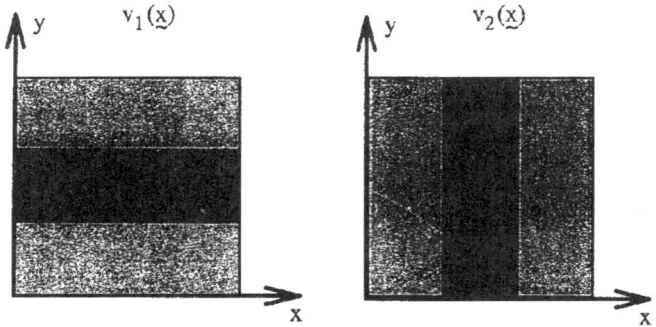

**Abb. 8.3**
Beispiele von zwei Grundmustern $v_1$ und $v_2$. Die Grautöne zeigen die Größe der örtlichen Auslenkung an.

nochmals links und in der Mitte von Abbildung 8.4. Je nach Größe und Vorzeichen der Ordner können diese beiden Muster nun überlagert werden, was wir für den Fall, daß die beiden Ordner gleich groß sind, kurz erläutern wollen. In diesem Falle müssen wir an jedem einzelnen Ort in dem in Abbildung 8.4 gezeigten Quadrat die jeweiligen Plus- und Minuszeichen zusammenfügen. Betrachten wir hierzu das rechte Quadrat in Abbildung 8.4. Im oberen linken Quadrat treffen

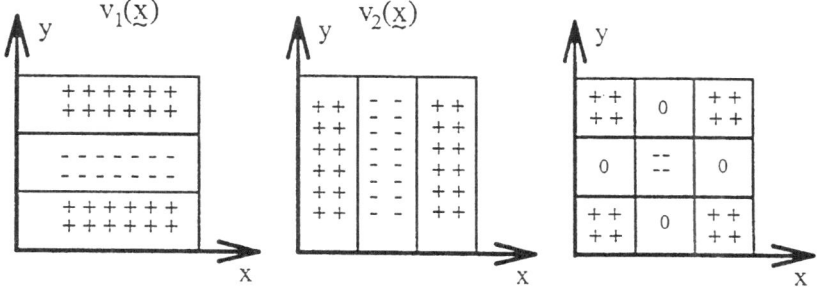

**Abb. 8.4**
Muster, die der Abbildung 8.3 entsprechen und eine sich daraus ergebende
Überlagerung (rechter Teil der Abbildung).

von den beiden linken Teilfiguren jeweils positive Anteile zusammen,
so daß hier die Pluszeichen zu stehen kommen. Gehen wir ein Quadrat weiter nach rechts, so heben sich Plus- und Minuszeichen auf; es
kommt zu Null. Ganz rechts dann im obersten Quadrat addieren
sich wieder die Pluszeichen. Auf diese Weise kann man leicht verfolgen, wie die Figur, nämlich das Quadrat rechts, von Abbildung 8.4
zustande kommt. Offensichtlich ist durch Überlagerung der beiden
linken Figuren ein komplizierteres Muster entstanden.

Die Dinge werden aber noch interessanter, wenn wir den Fall betrachten, daß die beiden Ordner zeitabhängig sind. Hierbei sollen
die beiden Ordner Schwingungen ausführen, wobei der eine Ordner
dann groß ist, wenn der andere klein ist, und umgekehrt (Abb. 8.5).

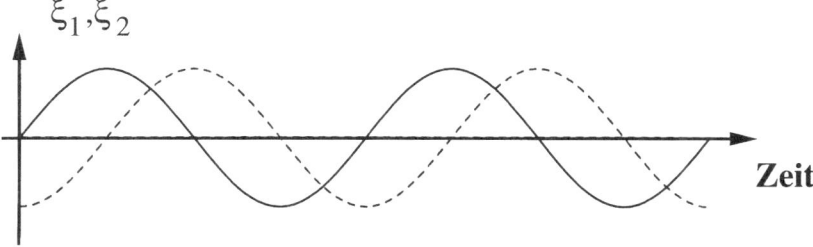

**Abb. 8.5**
Hier sind die Größen der Ordner $\xi_1$ und $\xi_2$ gegenüber der Zeit aufgetragen.
Dieser Fall entspricht einer Bewegung auf einem Grenzzyklus, ähnlich dem von
Abbildung 7.2, unten.

Dieses Größer- und Kleinerwerden der Ordner können wir auch so darstellen, daß ein Punkt auf einem Kreis umläuft (linke Seite von Abb. 8.6). Was hat dieser Umlauf für die Muster zur Folge, die durch Überlagerung der Grundmuster entstehen? Ausgangspunkt sind wieder die räumlichen Muster, die in Abbildung 8.3 bzw. links in Abbildung 8.4 dargestellt sind. Erläutern wir die entstehenden Muster anhand der rechten Seite von Abbildung 8.6. Ist $\xi_1 = 1$ und $\xi_2 = 0$, so haben wir es natürlich mit dem ursprünglichen Muster $v_1$ zu tun, das andere Muster, das $v_2$ genannt wurde, kommt gar nicht vor. Im nächsten Teil der Abbildung sind $\xi_1$ und $\xi_2$ gleich groß. Hier kommt es zu der schon früher besprochenen Überlagerung, die zur rechten Seite von Abbildung 8.4 führte.

Wir können es dem Leser überlassen, auch die nächsten weiteren Musterbildungen in dieser Weise zu verstehen. Anzumerken wäre vielleicht nur noch zum untersten Teil von Abbildung 8.6, daß hier der Ordner $\xi_2$ positiv, der Ordner $\xi_1$ hingegen gleich groß aber negativ ist. Daher muß hier von der linken Seite von Abbildung 8.4 die mittlere Seite abgezogen werden.

Ziehen wir unser Fazit: Wir haben gesehen, daß wir durch Überlagerung verhältnismäßig einfacher elementarer Muster kompliziertere Muster konstruieren können, die sich dann, wie an der Abbildung 8.6 deutlich wird, auch im Laufe der Zeit ändern können, vorausgesetzt, daß sich die zugeordneten Ordner auch ändern. Man kann sich natürlich noch eine ganze Reihe weiterer interessanter und komplizierter Fälle solcher Musterbildungen ausdenken. Was ist aber das Wichtige für uns? Wir erkennen hier, daß die relativ komplexen Bilder von Abbildung 8.6 durch Überlagerung wesentlich einfacherer Muster (Abb. 8.3, bzw. 8.4, links) zustande kommen, wobei eine bestimmte Dynamik der Ordner zugrunde liegen muß.

Die grundlegende Frage, der wir uns bald bei Anwendungen auf die Gehirntheorie stellen müssen, ist: Wir finden in Elektroenzephalogrammen oder Magnetenzephalogrammen bestimmte raum-zeitliche Muster. Sind diese Muster durch nur wenige Grundmuster und die dazugehörigen Ordner bestimmt? Wenn es uns gelingt, derartige Grundmuster zu finden, so können wir in einer Reihe von Fällen die Dynamik der zugehörigen Ordner ableiten und so zum Beispiel feststellen, ob hier nur wenige Ordner an der Entstehung der raum-zeit-

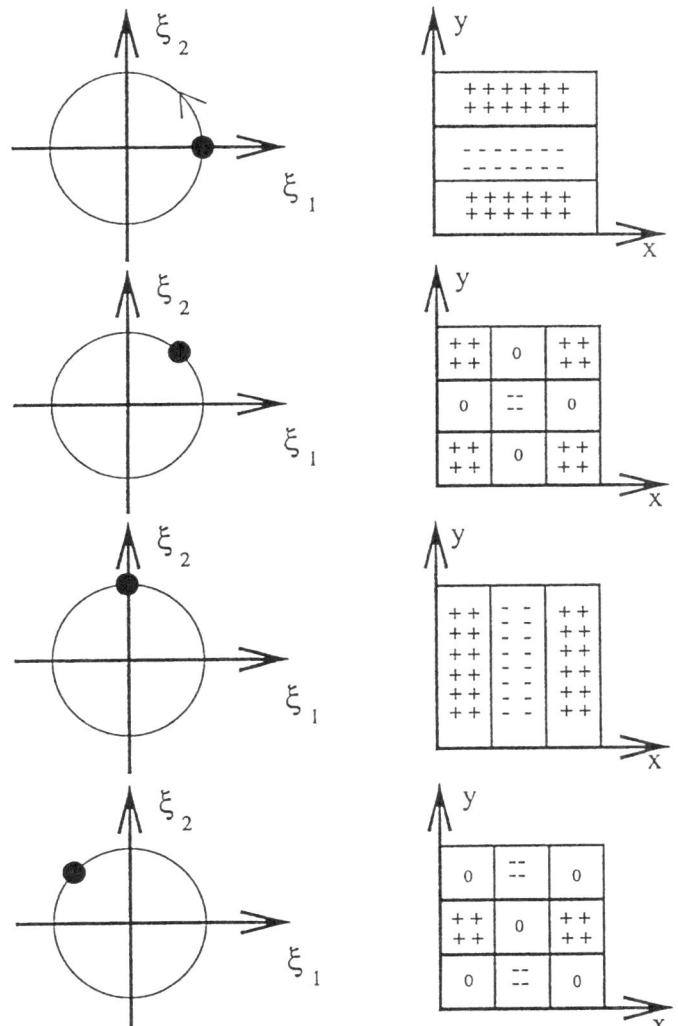

**Abb. 8.6**
Die sich ergebenden raum-zeitlichen Muster im Falle eines Grenzzyklus der Ordner.

lichen Muster beteiligt waren. Dies wird uns erstaunliche Einblicke in die Gehirnfunktionen geben, sei es, daß wir sehen, hier treten bestimmte Arten von Chaos auf, sei es, daß wir erkennen, nur ganz wenige Ordner sind am Werke. Während die Konstruktion raum-zeitlicher Muster mit Hilfe der Ordner und der Grundmuster einfach ist, ist die umgekehrte Analyse, nämlich die Zerlegung aufgefundener raum-zeitlicher Muster in die entsprechenden Ordner und Grundmuster mathematisch weit aufwendiger. Effiziente Verfahren, die auf der Synergetik beruhen, sind erst in den letzten Jahren entwickelt worden, und wir können im folgenden nur einige grundlegende Ergebnisse wiedergeben, ohne auf die Mathematik im einzelnen eingehen zu können. Wir verweisen hierzu auf die in der Literatur angegebenen Zitate.

Kapitel 9

# Gehirnströme spielen verrückt

In diesem Kapitel wollen wir zeigen, wie die Konzepte und Methoden der Synergetik es gestatten, Elektroenzephalogramme (EEG) auf neuartige Weise zu analysieren, wobei insbesondere auch chaotisches Verhalten nachgewiesen werden kann. Traditionsgemäß besteht das wichtigste Ziel der EEG-Forschung im Auffinden bestimmter Orte von Gehirnaktivitäten, wie etwa beim Sehen oder sogar bei bestimmten Arten von Denken. Eine derartige Forschung ist auch sehr wichtig für die Auffindung von Aktivitätszentren, die bei epileptischen Anfällen eine Rolle spielen. In einer Reihe von Fällen können nämlich diese Zentren operativ entfernt und so die Krankheit geheilt werden. In Übereinstimmung mit dieser örtlichen Beschreibung von Aktivitäten wurden Konzepte entwickelt, um solche Zentren zu lokalisieren. Damit man sich die Art dieser Aufgabe besser vorstellen kann, betrachten wir mehrere Radiostationen, die Radiowellen für den Empfang über eine bestimmte Region hinweg aussenden. Wir legen uns dann die Frage vor, ob es möglich ist, mit Hilfe der beobachteten raum-zeitlichen Verteilung der Radiowellen die einzelnen Radiosender zu lokalisieren. Dabei haben wir natürlich keinerlei Landkarte und wissen auch nicht, wie viele Sender vorhanden sind und auf welchen Frequenzen diese senden. In ähnlicher Weise hat man versucht, Methoden zu entwickeln, um mit Hilfe der auf der Schädeldecke gemessenen elektrischen Felder einzelne Zentren zu lokalisieren, die diese elektrischen Felder erzeugen. Wir wollen zwar nicht unsere Kritik an dieser Methode übertreiben, die sich in einer Reihe von Fällen in der Tat als sehr erfolgreich erwiesen hat, aber dennoch gibt es hier mindestens zwei Schwierigkeiten: Sehr oft ist die Bestimmung der Lokalisation der Zentren keineswegs eindeutig, das heißt verschiedene Lagen von Zentren können die gleichen raum-zeitlichen Muster ergeben. Ferner kann es passieren, daß diese

Zentren sogar außerhalb des Gehirns zu liegen scheinen, was natürlich ein sinnloses Ergebnis ist. Aus diesen Gründen sind andere Methoden dringend gebraucht, und man kann darüber diskutieren, ob der bereits erwähnte traditionelle Weg anwendbar ist oder nicht.

Um hier spezifisch zu werden, betrachten wir epileptische Anfälle, da deren Signale wohldefiniert sind. Es ist auch wohlbekannt, daß diese Anfälle üblicherweise in zwei Klassen eingeteilt werden können; im Fall partieller Anfälle ist die epileptische Aktivität an einem oder mehreren Zentren, die die Epilepsie hervorrufen, lokalisiert. Dies ist der Fall, bei dem die obengenannte Analyse anwendbar ist oder anwendbar sein sollte. Andererseits sind sogenannte generalisierte Anfälle durch eine globale Aktivität im Gehirn charakterisiert, die beide Gehirnhälften umfaßt. Insbesondere gehört die sogenannte Petit-mal-Epilepsie zu der Klasse der verallgemeinerten Anfälle. Diese Art von Epilepsie ist üblicherweise mit einer geistigen Abwesenheit, die einige wenige Sekunden dauert, verknüpft. Sie zeigt sich in den EEG-Signalen als ein ausgeprägtes Verhalten in Form von Wellen mit Spitzen. Im folgenden zeigen wir, wie es uns die Konzepte der Synergetik gestatten, diese verallgemeinerten Anfälle zu analysieren, die ganz offensichtlich nicht lokalisiert sind. Dabei ist unsere grundlegende Idee wie folgt: Wie wir von zahlreichen Beispielen aus der Synergetik wissen, können die raum-zeitlichen Muster, die sich in Systemen nahe an Instabilitätspunkten entwickkeln, als Überlagerung von wenigen räumlichen Mustern, die sich im Laufe der Zeit ändern kann, aufgefaßt werden. Wenn wir unsere Idee, daß das Gehirn nahe an Instabilitätspunkten arbeitet, ernst nehmen, so müssen wir erwarten, daß die EEGs als Überlagerung von wenigen grundlegenden räumlichen Mustern aufgefaßt werden können, wobei die Stärke der Überlagerung noch zeitabhängig sein kann.

## Ordner und räumliche Grundmuster bei epileptischen Anfällen

Wir zeigen nun, wie es gelingt, die raum-zeitlichen Muster der Enzephalogramme, die bei der Petit-mal-Epilepsie auftreten, tatsächlich in einige wenige, nämlich drei, räumliche Grundmuster mit den zugehörigen Ordnern zu zerlegen. Damit wird eine ganz neuartige Analyse derartiger Elektroenzephalogramme möglich. Die experimentellen Untersuchungen zur Petit-mal-Epilepsie wurden von dem Züricher Neurophysiologen D. Lehmann, der die hier gezeigten Daten lieferte, durchgeführt. Hierbei waren zwanzig Elektroden auf der Schädeldecke aufgebracht und die einzelnen Zeitverläufe der Potentiale gemessen worden, wie wir das schon kurz in Kapitel 2, im Abschnitt über das Messen elektrischer Felder im Gehirn, besprochen hatten.

Die Zeitverläufe sind in Abbildung 9.1 wiedergegeben. Wie man sieht, handelt es sich hier je nach Elektrode um ziemlich verschiedene Verläufe. In einem ersten Schritt kommt es darauf an, aus diesen hier gezeigten Zeitverläufen, die den einzelnen Potentialen der einzelnen Elektroden entsprechen, raum-zeitliche Muster der elektrischen Gehirnaktivität zu rekonstruieren. Dazu greifen wir, wie auch schon früher in dem oben genannten Abschnitt besprochen, jeweils einen Zeitpunkt auf und tragen die Stärke der Gehirnaktivität zu diesem Zeitpunkt an jeder Stelle auf dem Gehirn, die einem Kästchen von Abbildung 9.1 entspricht, auf.

Lassen wir dann die Zeit laufen, so erhalten wir ein raum-zeitliches Muster, wie dies in Abbildung 9.2 oben, dargestellt ist. Das ist also das raum-zeitliche Muster, das wir gewissermaßen in Analogie zu den in Abbildung 8.6 dargestellten Mustern setzen können, nur sind die Raum-Zeitverläufe natürlich jetzt viel verwickelter. Die Frage ist dennoch, ob wir ähnlich wie in dem dortigen Abschnitt einige wenige Grundmuster finden können, und wie dann die Zeitverläufe der zugehörigen Ordner aussehen. Laufen diese etwa wieder auf einem Kreis herum, wie in Abbildung 8.6 links, oder ist das Ganze doch viel komplizierter?

Wie die eingehende mathematische Analyse von R. Friedrich und

DATA SET A

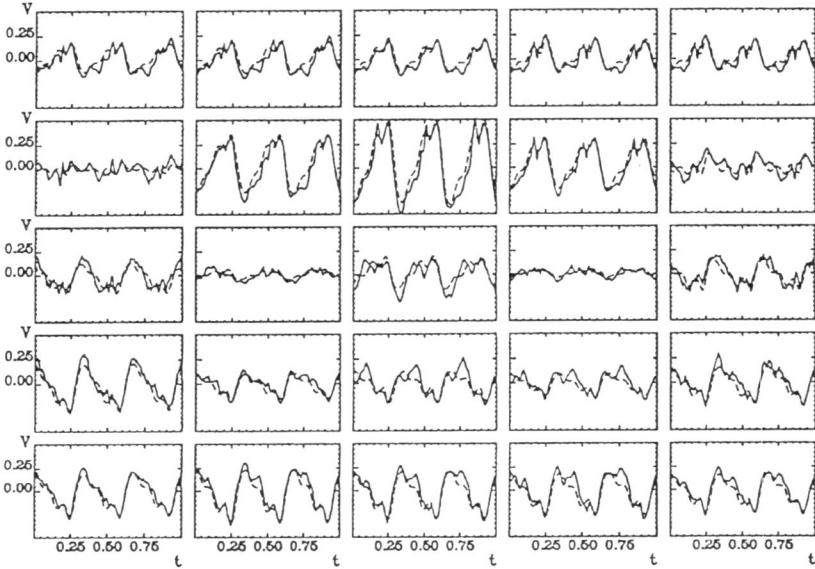

**Abb. 9.1**
Die einzelnen Kästchen entsprechen in ihrer relativen Lage den Elektroden auf der Schädeldecke (vgl. hierzu auch Abb. 2.4), wobei die Anzahl der Elektroden jetzt allerdings 25 ist. In jedem Kästchen ist nach rechts die Zeit und nach oben das von der Elektrode gemessene Potential aufgetragen.

C. Uhl zeigt, lassen sich in der Tat ganz wenige Grundmuster identifizieren, nämlich drei. Diese sind in Abbildung 9.3 links aufgetragen. Die Zeitverläufe der zugehörigen Ordner finden sich in der gleichen Abbildung auf der rechten Seite.

Welche Art von Zeitverlauf haben nun die Ordner, welche Gesetze liegen deren Zeitverlauf zugrunde? Hier wird die ganze Angelegenheit spannend. Um diese Zeitverläufe zu untersuchen, tragen wir sie in einem dreidimensionalen Raum auf, das heißt, der Ordner $x$ wird in der $x$-Richtung aufgetragen, der Ordner $y$ in der $y$-Richtung und der Ordner $z$ in der $z$-Richtung, und das jedesmal zu einem bestimmten Zeitpunkt. Lassen wir die Zeit laufen, so ergeben sich, wie wir schon beim Lorenz-Attraktor gesehen haben, bestimmte Raum-Zeitkurven.

146

DATA SET A

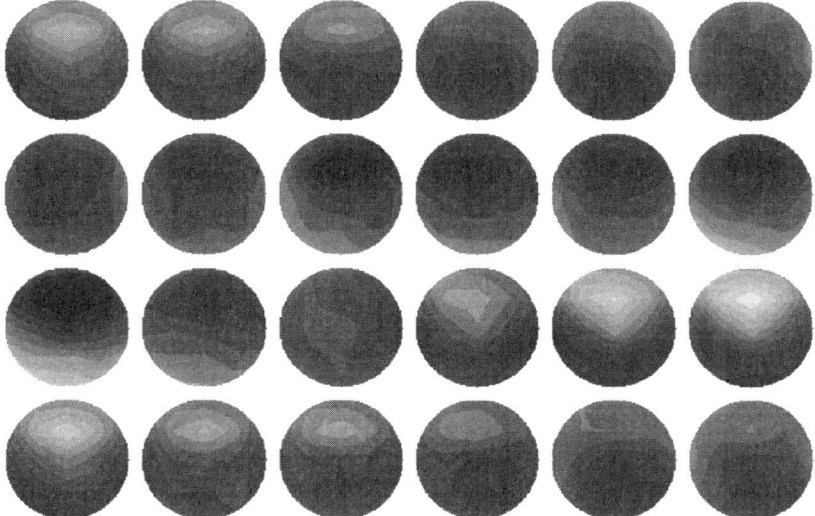

**Abb. 9.2**
Das raum-zeitliche Muster der elektrischen Aktivität bei einem Anfall der Petit-mal-Epilepsie. Jeder Kreis entspricht einem Zeitpunkt, wobei die Zeit in der ersten Zeile von links nach rechts läuft, dann weiter in der zweiten Zeile usw. Hellgraue Teile entsprechen hohem Potential, dunkelgraue niedrigem.

Abbildung 9.4 zeigt eine solche Raum-Zeitkurve. Wie sich bei näherem Hinblicken zeigt, ist diese Kurve nichts anderes als eine, die wir schon vom Shilnikov-Chaos her kennen. Die Kurven spiralen hinaus, steigen dabei an und kehren schließlich wieder in die $x,z$-Ebene zurück. Wir haben hier ein höchst bemerkenswertes Resultat vor uns. Nämlich bei der Petit-mal-Epilepsie verhält sich das Gehirn so, als würde es drei Ordner produzieren, die dem Shilnikov-Chaos unterliegen. Chaos im Gehirn läßt sich also in der Tat eindeutig nachweisen, wenngleich bislang nur bei einem krankhaften Zustand.

Bekanntlich ruft in der Wissenschaft ein gewisses Problem zehn weitere Fragen auf. Ganz ähnlich ist es natürlich auch hier. Woher kommen zum Beispiel die speziellen räumlichen Strukturen der Grundmuster? Was sind die Mechanismen, die das Shilnikov-Chaos

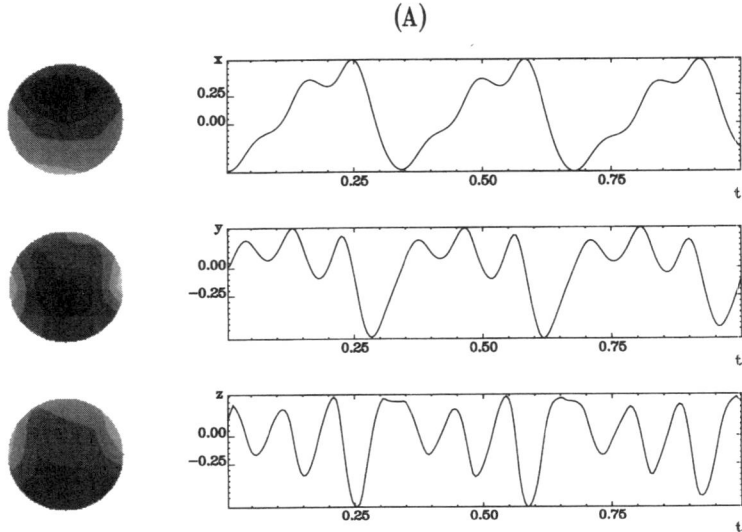

(A)

**Abb. 9.3**
Links sind die Grundmuster aufgetragen, die analog zu den Mustern von Abbildung 8.3 aufzulassen sind, rechts die Zeitverläufe der zugehörigen Ordner.

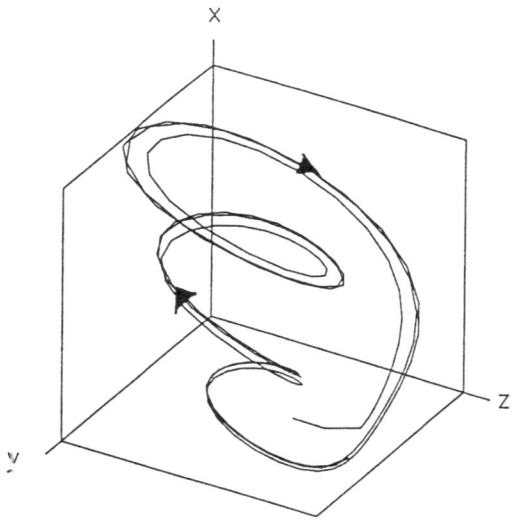

**Abb. 9.4**
Aus den Zeitverläufen der rechten Seite von Abbildung 9.3 läßt sich, wie im Text beschrieben, eine sogenannte Bahnkurve (Trajektorie) konstruieren.

bei der Petit-mal-Epilepsie auslösen? Fragen, deren Beantwortung zur Zeit noch offen ist.

Andererseits läßt sich mit Sicherheit sagen, daß das Auftreten von deterministischem Chaos die Gleichschaltung sehr, sehr vieler Neuronen erfordert. Für die medizinische Forschung ergibt sich die Aufgabe, Wege zu finden, diese Gleichschaltung aufzuheben. Wie es scheint, können Synergetik und Chaosforschung hier neue Ansätze liefern.

# Kapitel 10

# Das magnetische Gehirn

Zur Zeit dringt eine neue Technik immer mehr in die medizinische Forschung ein, bei der schwächste Magnetfelder des Gehirns gemessen werden. Diese Methodik haben wir schon im Abschnitt »Magnetfelder im Gehirn« von Kapitel 2 besprochen. Ähnlich wie bei der Erforschung der EEGs sehen wir hier zwei Trends miteinander konkurrieren: einmal die Hoffnung, daß man durch Messung dieser Magnetfelder Gehirnaktivitäten ganz lokalisiert beobachten kann, zum anderen aber die großräumige Analyse derartiger Felder im Sinne der Synergetik. Hier wollen wir zeigen, wie die Konzepte der Synergetik es gestatten, tiefer in das Funktionieren des Gehirns mit dieser zweiten Methode einzudringen. Dazu behandeln wir ein Experiment von Kelso und Mitarbeitern. Das Experiment ist im Prinzip recht einfach, zugleich aber auch äußerst aufschlußreich: Eine Versuchsperson hörte jede Sekunde einen Piepton. Ihre Aufgabe bestand dann darin, *zwischen* den Pieptönen mit dem Zeigefinger eine Taste zu drücken. Bei diesem Zeitabstand zwischen den Pieptönen konnte die Versuchsperson ihre Aufgabe gut erfüllen (Abb. 2.8). Nachdem eine ganze Reihe solcher Pieptöne gesendet worden war, wurde das Zeitintervall zwischen diesen Tönen etwas verkürzt, sodann noch einmal. Die Person konnte immer noch ihre Aufgabe erfüllen. Dann aber trat etwas Merkwürdiges auf: Wurde nun das Zeitintervall noch kürzer, so daß im vorliegenden Experiment jede halbe Sekunde der Piepton eintraf, so änderte die Versuchsperson ihr Verhalten unfreiwillig und unwillkürlich. Sie drückte nämlich die Fingertaste jetzt genau zu gleicher Zeit wie die Töne eintrafen.

Nun ergibt sich natürlich die hochinteressante Frage, was im Gehirn vor sich geht, wenn dieser Übergang erfolgt. Zu diesem Zweck wurde die Versuchsperson unter eine Haube gesetzt, die 37 Sensoren des Magnetfeldes, also die schon besprochenen *Squids*, enthielt.

Die *Squids* waren dabei so angebracht, daß sie einen Teil des Gehirns überdeckten, von dem man weiß, daß er für die motorische Steuerung maßgebend ist, zum anderen Teil überdeckten die Sensoren einen Bereich des Gehirns, der akustische Signale verarbeitet. Die Methodik haben wir schon mehrfach kennengelernt. Zunächst einmal werden die zu jedem Sensor gehörigen Zeitsignale aufgezeichnet. Dies geben entsprechend der Anordnung der *Squids* auf der Schädeldecke die Abbildungen 2.9 und 2.10 wieder. Wie schon beim EEG sind diese Abbildungen sehr unübersichtlich. Jetzt können wir wieder das raum-zeitliche Muster rekonstruieren. Wir fertigen also von der magnetischen Erregung im Gehirn eine »Landkarte«, die einen momentanen Schnappschuß zu einem bestimmten Zeitpunkt zeigt. Dann fügen wir Landkarte an Landkarte, indem wir in der Zeit jeweils um einen kleinen Schritt weitergehen. Dabei verändert die Landkarte ihre Form; wir bekommen insgesamt ein raum-zeitliches Muster (Abb. 10.1). Welche Schlüsse können wir aus die-

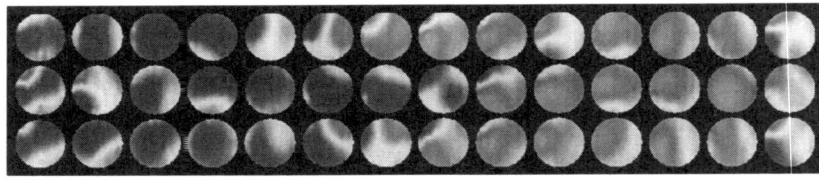

**Abb. 10.1**
Das raum-zeitliche Muster der magnetischen Gehirnaktivität beim Kelso-Experiment. Die Zeitfolge ist wie immer von links nach rechts in jeder Zeile. Die Farbkodierung entspricht den entsprechenden Abbildungen in diesem Buch.

sem raum-zeitlichen Muster auf die Gehirnfunktionen ziehen? Dazu machen wir uns wieder die Grundidee der Synergetik zu eigen, daß das Gehirn in der Nähe von Instabilitätspunkten arbeitet. Daß ein solcher Instabilitätspunkt vorliegen muß, sehen wir schon rein äußerlich an der Verhaltensänderung der Versuchsperson. Wir werden sehen, daß vor dem Übergang die Gehirnsignale hauptsächlich mit derjenigen Häufigkeit (Frequenz) auf- und abschwingen, mit der die Pieptöne ankommen; jenseits des Übergangs jedoch oszillieren sie

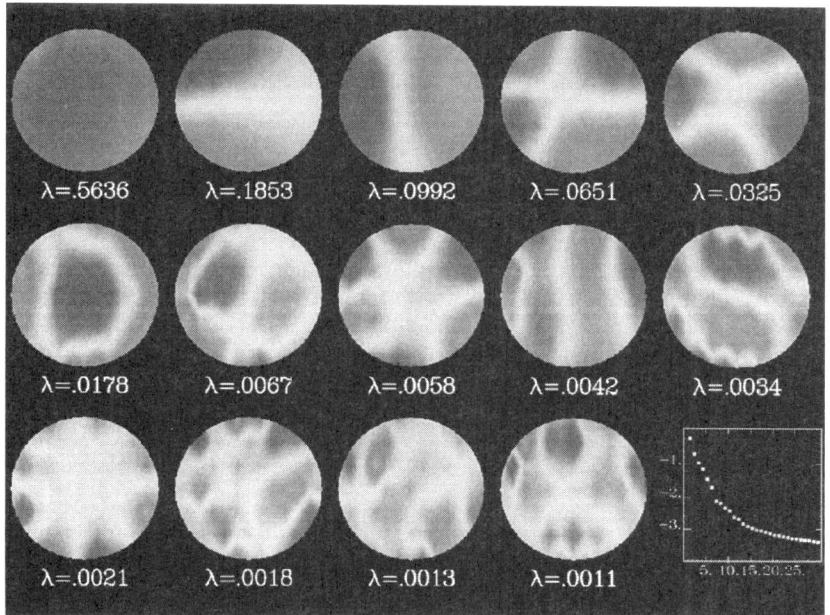

**Abb. 10.2**
Bei der Zerlegung des raum-zeitlichen Verhaltens der magnetischen Gehirnaktivität in Grundmuster ergeben sich überraschend symmetrische Muster.

mit der doppelten Frequenz. Dies ist ein höchst bemerkenswertes Resultat, widerspricht es doch eigentlich dem, was man erwarten sollte. Wenn man vor dem Übergang die Pieptöne und die Fingerbewegungen betrachtet, so erfolgt das ganze Geschehen eigentlich doch in der halben Zeit mit der die Pieptöne kommen. Hinterher fallen aber Pieptöne und Fingerbewegung zusammen; hier sollte man gerade nur die Häufigkeit der Pieptöne als Grundfrequenz erwarten.

Wir haben nun wieder die raum-zeitlichen Muster als Überlagerung von Grundmustern aufgefaßt. Hierbei konnten zunächst bis zu 14 Grundmuster identifiziert werden, die eine ausgesprochen symmetrische Struktur hatten, wie dies aus Abbildung 10.2 hervorgeht. Es sind aber nur zwei Grundmuster wesentlich. Wie eine detaillierte Analyse ergab, die wir hier allerdings nicht wiederholen können, wird das ganze Geschehen von zwei Ordnern beherrscht. Dies gilt

153

sogar auch für kompliziertere Grundmuster, die sich in ihrem Zeitverhalten auch wieder durch die beiden Ordner ausdrücken lassen. Irgendwie scheint es so, als würden sowohl der Motorteil des Gehirns als auch der sensorische Teil je einen Ordner beitragen. Diese reden sozusagen miteinander, bestimmen ihr Verhalten gegenseitig, wobei dann aber ein grundlegender Umschlag im Verhalten auftritt. Übrigens beobachtet man im Übergangsbereich bei den Gehirnwellen genau das gleiche, was wir auch schon bei den Fingerbewegungen kennengelernt haben, nämlich das *kritische Langsamerwerden* und die *kritischen Fluktuationen*. Dies zeigt, daß diese Erscheinungen sich nicht nur peripher bei der Fingerbewegung nachweisen lassen, sondern im Gehirn selbst verankert sind. Ein starker Hinweis, daß das Phänomen der Selbstorganisation auch diesen Übergängen zugrunde liegt.

Was können wir nun von der Analyse der Elektroenzephalogramme (EEGs) und Magnetoenzephalogramme (MEGs) über die Funktion des Gehirns lernen? Wie wir schon mehrfach bemerkt haben, fokussiert die momentane Gehirnforschung ihr Interesse auf lokalisierte Aktionen des Gehirns. Dies gilt nicht nur für die Untersuchung der Tätigkeit einzelner Neuronen, sondern auch für die Forschung, die auf der Magnetischen Resonanzabbildung (MRI) und der Positronen-Emissionsspektroskopie (PET) beruht. Hierbei wird besondere Betonung auf die Entdeckung lokalisierter Zentren gelegt, wobei, um diese zu entdecken, Subtraktionsmethoden, wie wir sie im Abschnitt »Magnetfelder im Gehirn« von Kapitel 2 besprochen haben, verwendet werden. Die Schlußfolgerungen, die wir aufgrund der EEG- und MEG-Analyse im Sinne der Synergetik durchgeführt haben, sind völlig anders. Wir finden hier, daß in den untersuchten Fällen makroskopische kohärente Muster der elektrisch-magnetischen Aktivität auftreten, und besonders interessant ist, daß diese Muster durch nur wenige Ordner bestimmt sind.

Im Falle des EEGs bei der Petit-mal-Epilepsie könnte man argumentieren, daß wir es hier mit einem pathologischen Fall zu tun haben, in dem viele Neuronen in Folge einer zu starken Aktivität kohärent feuern. Aber gesunde Menschen zeigen auch kohärente EEG-Aktivität bei ihren α-Wellen, das heißt, wenn sie mit geschlossenen Augen ruhen. Hier ist ebenfalls die makroskopische Aktivität

154

des Ruhezustandes durch wenige Ordner bestimmt, nämlich wie wir feststellen konnten durch fünf. Die Resultate des Kelso-Experiments sind noch eindrucksvoller, weil hier eine genau definierte Aufgabe der Testperson gegeben wurde. Man hätte erwarten können, daß hierbei im Gehirn stark lokalisierte Zentren tätig werden, aber die Resultate sind davon völlig verschieden. Sie zeigen, daß ein beträchtliches Gebiet des Gehirns, einschließlich der Teile, die sich auf Motorik und Hören beziehen, in diese Aufgabe in einer hochkohärenten Weise verwickelt sind. Die Experimente weisen ganz klar nach, daß die kohärenten Muster nicht auf irgendwelche irrelevanten Hintergrundaktivitäten des Gehirns zurückzuführen sind, sondern direkt mit der gestellten Aufgabe verknüpft sind. Das geht schon daraus hervor, daß die Gehirnsignale gerade zu den Zeiten, zu denen auch das akustische Signal eintrifft, ihre Gipfel haben. Darüber hinaus wird die Dynamik der Gehirnwellen von sehr wenigen Ordnern bestimmt, die viel weniger zahlreich als die Sensoren sind. Diese Bemerkungen schließen nicht aus, daß auf kleineren räumlichen Skalen oder kürzeren Zeitabständen in Wirklichkeit auch noch andere Prozesse vorkommen können. Wir vermuten aber, daß wir eine hohe Korrelation zwischen den makroskopischen und den mikroskopischen Mustern, wie sie durch das Versklavungsprinzip ausgedrückt wird, erwarten können. Natürlich ist noch eine enorme Menge an Arbeit zu leisten, um diese Beziehung zwischen mikroskopischer und makroskopischer Aktivität im Detail herzustellen.

Wie die mathematische Analyse der in diesem und dem vorangegangenen Kapitel besprochenen EEGs und MEGs zeigte, wird die Dynamik der Ordner durch verhältnismäßig einfache Gleichungen gekoppelter Oszillatoren (Pendel oder Schwingkreise) oder niedrigdimensionaler Systeme, die Chaos produzieren, bestimmt. Diese Oszillatoren oder chaotischen Systeme sind in keiner Weise im Gehirn lokalisiert oder werden durch individuelle Zellen dargestellt; sie sind statt dessen die Eigenschaft des ganzen neuronalen Systems, genau wie das Rollenmuster einer Flüssigkeit das Ergebnis der kollektiven Bewegung aller Moleküle ist, oder das kohärente Feld eines Lasers das Ergebnis der kollektiven Ausstrahlungsakte der einzelnen Atome. Andererseits müssen wir damit rechnen, daß die Gehirnaktivität unglaublich komplexer als diese einfachen physikalischen Phänomene ist. Aber trotzdem haben all diese Systeme die Eigenschaft gemeinsam, daß sie in der Lage sind, Erscheinungen hervorzubringen, die in Raum und Zeit hochkorreliert sind. Die experimentellen Ergebnisse des MEGs sind besonders klar wegen der periodischen akustischen Anregung. In zukünftiger Arbeit erscheint das Studium der Übergänge zwischen verschiedenen Verhaltensweisen von besonderem Interesse, weil wir hier mehr Einblick in die verschiedenen zugrunde liegenden Raten bei der Gehirnaktivität bekommen können.

Kapitel 11

# Wahrnehmung

Es ist unsere tiefe Überzeugung, daß wir durch das Studium der Seh-Wahrnehmung einen erheblichen Teil darüber lernen können, wie Kognition »funktioniert«. Daher werden uns die Betrachtungen dieses Kapitels später als eine Metapher dienen, wenn wir uns mit einigen kognitiven Fähigkeiten von Menschen befassen.

## Ein Modell der Mustererkennung

Um Gehirnmodelle für die Seh-Wahrnehmung von Menschen zu entwickeln, können wir mindestens auf zweierlei Art und Weise vorgehen: Der traditionelle Weg wird oft *bottom up*, das heißt von unten nach oben, genannt. Wir studieren hier ein Netzwerk, dessen Knoten in modellmäßig stark idealisierter Weise die Neuronen und deren Verbindungen – ebenfalls stark vereinfacht – die synaptischen Stärken darstellen. Sodann leiten wir die makroskopischen Eigenschaften eines solchen Netzwerks her: Dies bedeutet, wir untersuchen, wie sich die »nervliche« Erregung auf die einzelnen Neuronen verteilt, welches räumliche Muster diese also bildet. Wir werden auf diese Methode später mehrfach in diesem Buch zurückkommen. Der andere Weg, der der phänomenologischen Synergetik folgt, kann als *top down*, das heißt von oben nach unten, bezeichnet werden. Hier beginnen wir mit der Aufgabe, die ein makroskopisches System erfüllen soll, und erst in einem weiteren Schritt suchen wir nach Verwirklichungen mit Hilfe eines Netzwerks von Elementen, die wir dann wieder Modellneuronen nennen können.

So betrachten wir einmal die Aufgabe, die ein makroskopisches System für die Seh-Wahrnehmung erfüllen muß. Dieses System kann entweder das menschliche Gehirn sein, das Gehirn eines Tieres oder ein hochentwickelter Computer. Die Seh-Wahrnehmung umfaßt ein großes Gebiet. Wenn wir oder ein Tier zum Beispiel einen hellen Fleck sehen, arbeitet bereits die Seh-Wahrnehmung. Allerdings ist unser Ziel ehrgeiziger. Wir wollen die Seh-Wahrnehmung auf dem sogenannten kognitiven Niveau betrachten, oder mit anderen Worten, wir wollen verstehen lernen, wie ein Gehirn Objekte (oder Muster) mit Hilfe des Sehens erkennt. Daher werden wir im folgenden von *Mustererkennung* sprechen.

Zunächst einmal, was genau wollen wir unter Mustererkennung verstehen? Wenn wir ein Gesicht sehen, so möchten wir uns an den Namen der Person erinnern, oder zumindest wissen, ob wir diese Person schon kennen. Wir wollen also zum Beispiel einen Namen mit einem Gesicht verknüpfen oder *assoziieren*. Mit anderen Worten, Mustererkennung kann als die Wirkung eines *assoziativen Gedächtnisses* interpretiert werden. Es gibt natürlich eine ganze Reihe von Beispielen für assoziatives Gedächtnis, zum Beispiel ein Telefonbuch. Schlagen wir den Namen Alex Müller auf, so versieht uns das Telefonbuch mit dessen Telefonnummer. Wenn wir die Wirkung eines assoziativen Gedächtnisses abstrakt beschreiben wollen, so können wir sagen, daß es der Vervollständigung eines unvollständigen Satzes von Daten dient.

Aber wie läßt sich ein solches assoziatives Gedächtnis verwirklichen? Im folgenden möchten wir ein solches assoziatives Gedächtnis mit Hilfe einer Dynamik, das heißt eines bestimmten Vorgangs, konstruieren. Wie wir bereits sahen, läßt sich oft die Dynamik mit Hilfe der Bewegung eines Balles in einer Gebirgslandschaft darstellen. In einer solchen Landschaft identifizieren wir die erkannten Muster mit den Talsohlen, während ein unvollständiges Muster, wie ein noch nicht erkanntes Muster, als die Lage eines Balles auf einem Abhang dargestellt werden kann. Die Täler sind dabei durch Bergrücken getrennt (vgl. Abb. 11.1).

Während des Erkennungsprozesses wird der Ball in das ihm am nächsten liegende Tal hineinrollen, und so wird dann die Erkennungsaufgabe erfüllt. Das alles klingt höchst einfach. Die zentrale Frage ist natürlich, in welcher Weise wir die Eigenschaften eines individuellen Musters, zum Beispiel eines Gesichts, mit der Dynamik dieses Balles verknüpfen können. Zur Erreichung dieses Ziels benut-

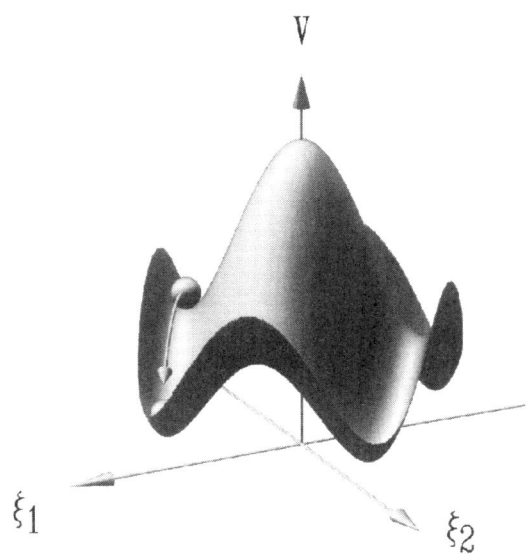

$V$

$\xi_1$

$\xi_2$

**Abb. 11.1**
Veranschaulichung der Mustererkennung mit Hilfe des Rollens eines Balls in
einer Gebirgslandschaft.

zen wir eine höchst überraschende Analogie zwischen der *Mustererkennung* und der *Musterbildung*. Mit anderen Worten: Wir behaupten, daß Mustererkennung durch das Gehirn nichts anderes als
Musterbildung ist.

Um diese Idee genauer zu erklären, sehen wir uns das Beispiel einer von unten erhitzten Flüssigkeit an. Wie wir schon in Kapitel 4 sahen, können derartige Flüssigkeiten ein Rollenmuster bilden. Betrachten wir nun ein kreisrundes Gefäß, das von unten erhitzt wird,
und in dem die kritische Temperaturdifferenz zwischen unterer und
oberer Oberfläche so hergestellt worden ist, daß sich ein Rollenmuster entwickeln kann. Nehmen wir ferner an, daß wir zunächst einmal künstlich eine nach oben aufstrebende Flüssigkeitsbewegung
längs eines Streifens in einer speziellen Richtung erzeugt haben, so
daß hier eine Rollenbewegung entsteht. Dann zeigt die Computersimulation, daß die Flüssigkeit in der Lage ist, dieses einzelne Rollenmuster im Laufe der Zeit zu einem vollständigen Rollenmuster zu ergänzen (Abb. 11.2a).

159

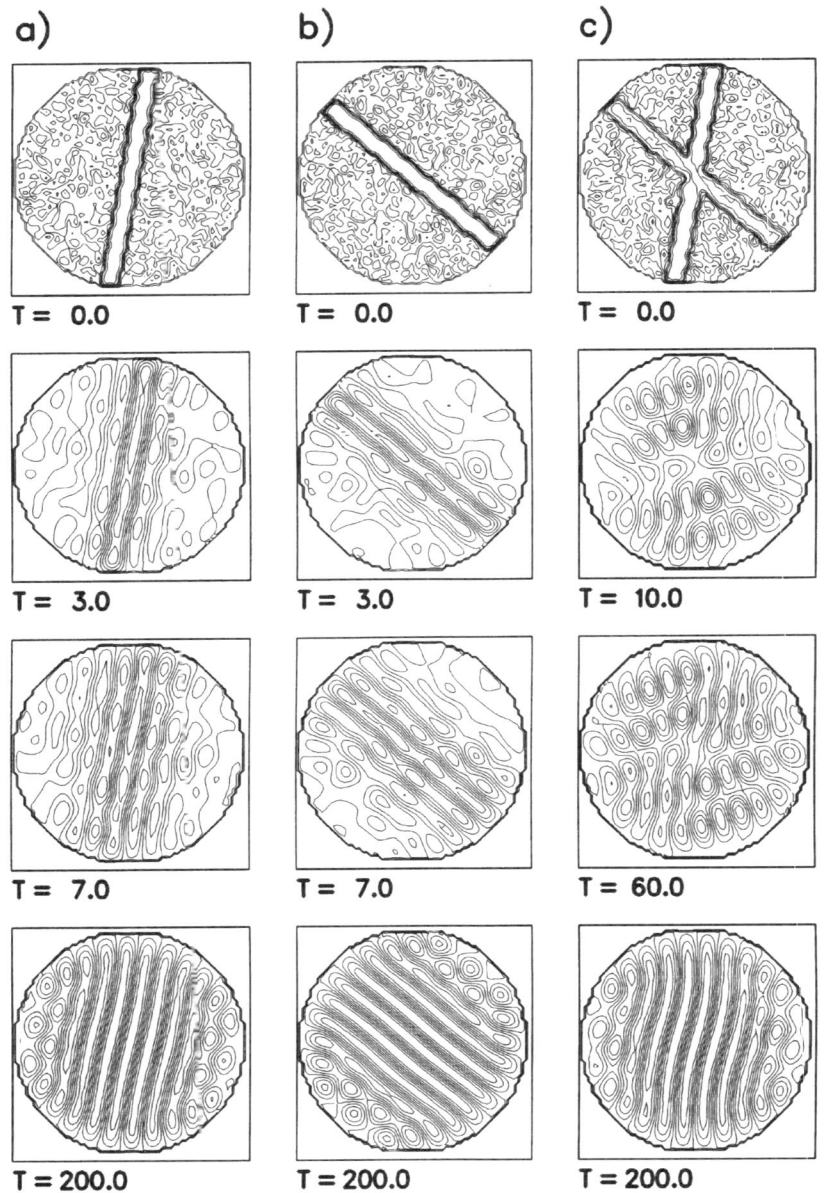

**Abb. 11.2**
Musterbildungsprozesse in einer von unten erhitzten Flüssigkeit.

Da nun aber das Gefäß kreisrund ist, ist keine Richtung eines Rollenmusters vor der eines anderen Musters ausgezeichnet. Wenn wir daher bei einem zweiten Computer-»Experiment« eine andere Anfangsrichtung des Streifens vorschreiben, so entwickelt sich in dieser neuen Richtung ein Rollenmuster (Abb. 11.2b). Schließlich haben wir die Flüssigkeit in eine Konfliktsituation gezwungen, indem wir zwei anfängliche Rollen in verschiedenen Richtungen vorschrieben, wobei die eine Rolle etwas stärker als die andere ist. Wie die Computerrechnungen zeigten, scheint die Flüssigkeit erst eine Art Kompromiß zu suchen, aber dann gewinnt die ursprünglich stärkere Rolle doch den Wettbewerb und bestimmt das Muster, das sich schließlich entwickelt (Abb. 11.2c).

Interpretieren wir diese Ergebnisse im Sinne der Synergetik mit Hilfe von Ordnern und dem Versklavungsprinzip. Wir präparieren zunächst einen Anfangszustand, der, wie die Mathematik zeigt, mit Hilfe der Überlagerung aller möglichen Rollenmuster mit ihren verschiedenen Orientierungen dargestellt werden kann. Jedes dieser Rollenmuster wird von seinem speziellen Ordner beherrscht, aber derjenige Ordner ist am stärksten, der zu der anfänglich vorgeschriebenen Rolle gehört. Nach der Präparierung des Anfangszustandes setzt ein Wettbewerb zwischen den verschiedenen Ordnern ein und wird von demjenigen Ordner gewonnen, der zu der anfänglich gegebenen stärksten Rolle gehört. Dies ist ganz klar aus der rechten Spalte von Abbildung 11.2 ersichtlich. Nachdem dieser Ordner den Wettbewerb gewonnen hat, versklavt er das ganze System, das heißt, er zwingt die ganze Flüssigkeit in den geordneten Rollenzustand. Mit anderen Worten, ein anfänglich nur teilweise geordnetes System wird schließlich mit Hilfe des Ordnerwettbewerbs in den vollständig geordneten Zustand gebracht. Der Wettbewerb der Ordner läßt sich interessanterweise in unserem Flüssigkeitsbeispiel durch das schon vielzitierte Rollen des Balles darstellen: Zu jedem gewinnenden Ordner gehört gerade eine Talsohle.*

---

* Unsere Darstellung hier ist insofern vereinfacht, als es sich bei dem mathematischen Modell um ein Gebirge in einem hochdimensionalen Raum handelt. Nur bei zwei Ordnern lassen sich die Verhältnisse so anschaulich wiedergeben.

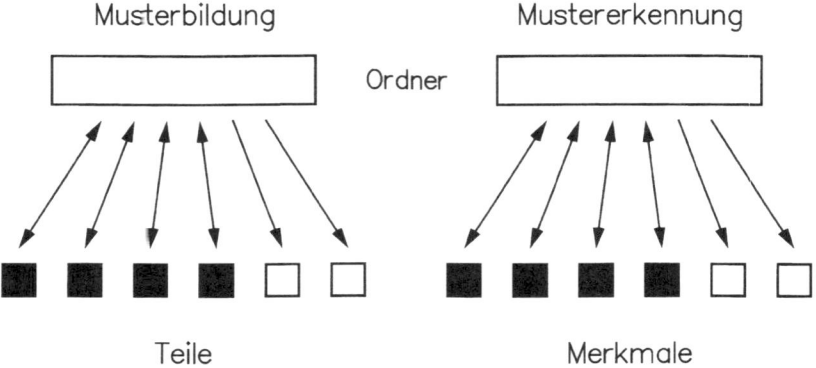

**Abb. 11.3**
Analogie zwischen Musterbildung und Mustererkennung.

Was passiert aber bei der Mustererkennung? Wir behaupten: genau das gleiche; nämlich zunächst werden einige Merkmale eines Gesichtes, wie die Nase und die Augen, dem menschlichen Gehirn oder einem Computer angeboten, um deren »Anfangszustand« festzulegen. Dann werden im Gehirn oder im Computer die entsprechenden Ordner aufgerufen, treten in Wettbewerb miteinander, einer gewinnt diesen und ergänzt die schon gegebenen Merkmale durch die anderen Merkmale, die das ganze Muster definieren. Auf diese Weise kann ein Gesicht ergänzt und auch der Familienname zugefügt werden, falls dies nötig ist (Abb. 11.3).

Kurz und prägnant könnten wir nun sagen: »Der gewinnende Ordner prägt dem Gehirn seinen endgültigen Zustand auf.« Was heißt das aber letztendlich? Das Gehirn ist ja weder eine Flüssigkeit, noch rollt in ihm ein Ball in einer Gebirgslandschaft, noch laufen in ihm gewissermaßen Ordner herum. Offenbar fehlt hier noch ein fundamentales gedankliches Bindeglied zwischen unserer abstrakten Beschreibung und dem, was im Gehirn wirklich geschieht.

Dazu müssen wir etwas weiter ausholen: Aus der experimentellen Forschung wissen wir, daß Seheindrücke beim Menschen von der Retina aufgenommen und von dort als Nervenreiz an Nervenzellen der Sehrinde im Gehirn weitergeleitet werden. Diesen Vorgang modellieren wir, indem wir den Seheindruck auf der Retina in einzelne

**Abb. 11.4**
Zerlegung eines Gesichts in Pixels, wobei jedes Kästchen ein Pixel darstellt.

Pixel zerlegen (wie das die Natur dort ähnlich macht!). Ein Beispiel für eine solche Zerlegung bietet Abb. 11.4.

Handelt es sich um ein Schwarz-weiß-Bild, so ordnen wir jedem einzelnen Pixel einen bestimmten Grauwert zu. (Das ganze Verfahren läßt sich ohne weiteres auch auf farbige Bilder ausdehnen.) Jedes Pixel der Abbildung 11.4 wird auf ein Modellneuron abgebildet (Abb. 11.5). Dabei entspricht die Stärke der Anregung dieses Neurons der Stärke des Grauwertes, der kontinuierliche Werte annehmen kann. Mit dem durch die Seh-Wahrnehmung gegebenen Muster der Grauwerte ist also jeweils ein bestimmtes Aktivitätsmuster der Modellneuronen verknüpft.

Nun kommt aber das Entscheidende herein. Die Neuronen können unter sich Information austauschen. Auch im realen Gehirn – nicht nur in unserem Gehirnmodell – sind die Neuronen durch Nervenleitungen miteinander verknüpft (Abb. 11.6). In unserem Modell

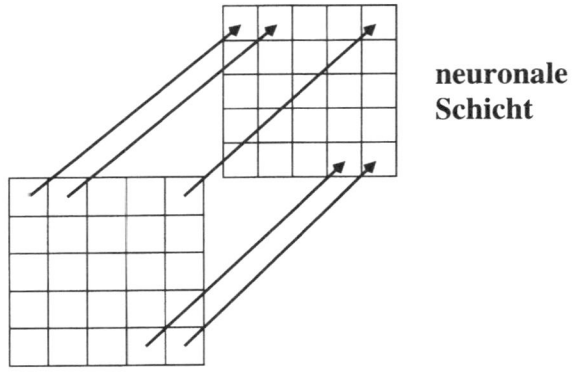

**neuronale
Schicht**

**Retina**

**Abb. 11.5**
Abbildung der Retina auf eine neuronale Schicht. Jedes Kästchen der neuronalen Schicht repräsentiert ein Modellneuron.

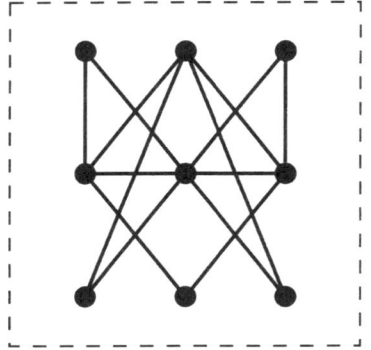

**Abb. 11.6**
Die Neuronen der neuronalen Schicht sind untereinander durch Nervenleitungen verknüpft, von denen hier nur einige gezeigt sind.

empfängt jedes Neuron von jedem anderen die Information, wie stark die anderen Neuronen angeregt sind. Darauf ändert dieses Neuron nach einer bestimmten Regel seine Aktivität, und genauso

**Abb. 11.7**
Beispiele einer Computersimulation von Gesichtern und durch Buchstaben kodierte Familiennamen, die im neuronalen Netz gespeichert wurden.

geschieht dies mit jedem anderen. Schauen wir auf das gesamte Aktivitätsmuster aller Neuronen, so ändert sich dieses ständig.

Natürlich sollen diese Änderungen in sinnvoller Weise geschehen, um überhaupt den Erkennungsvorgang wiederzugeben. Dazu müssen aber die miteinander verknüpften Neuronen, das neuronale Netz also, erst einmal wissen, was es überhaupt erkennen soll. Dies kann dem Netz eingegeben und in ihm gespeichert werden. Abbildung 11.7 zeigt eine Zahl von gespeicherten Gesichtern und auch anderen Mustern, gemeinsam mit ihren Familiennamen, die durch Buchstaben kodiert sind. Wo aber ist die Information im Netz gespeichert? Alle Modellneuronen haben die gleichen Eigenschaften bei der Verrechnung der von den anderen Neuronen hereinkommenden Signale. Die in Abbildung 11.7 gegebene Information ist in den Verbindungsstärken zwischen den Neuronen bestimmt. Bei dem von uns entwickelten synergetischen Computer braucht dieser die Muster gar nicht zu lernen, die Festlegung der Verbindungsstärken geschieht hier nach ganz bestimmten Regeln. Danach sind die Verbindungsstärken zwischen den Neuronen durch alle gespeicherten Muster festgelegt.

Dies ist ein Vor- und ein Nachteil. Der Vorteil liegt darin, daß wir unser Gehirnmodell genau und im Detail untersuchen können. Der Nachteil liegt darin, daß viele Experimente darauf hindeuten, daß das Gehirn von Menschen und Tieren diese Verbindungsstärken erst

**Abb. 11.8**
Beispiel für einen Mustererkennungsprozeß. Das linke Quadrat der Abbildung wurde dem Computer gezeigt; daraufhin konnte er das ganze Gesicht im Laufe der Zeit rekonstruieren.

lernt – doch darauf kommen wir noch zurück. Abbildung 11.8 zeigt den Mustererkennungsprozeß, wobei ein Teil eines bestimmten Gesichtes als Testmuster, als Anfangsmuster also, angeboten wurde. In völliger Analogie zur Flüssigkeit von Abbildung 11.2 werden hier, je nach Anfangsmuster, ganz bestimmte Endmuster erzeugt. Dabei ist es praktisch unmöglich, im einzelnen zu verfolgen, welche Signale dabei zwischen den einzelnen Neuronen ausgetauscht werden.

Hier kommt ganz fundamental die Synergetik mit ihrem Ordnerkonzept herein. Jedem Aktivitätsmuster der Neuronen (Abb. 11.7) entspricht jeweils ein ganz bestimmter Ordner. Wird irgendein Anfangsmuster in der neuronalen Schicht (Abb. 11.5) vorgegeben, so sind hieran alle möglichen Ordner – allerdings verschieden stark – beteiligt. Zwischen den Ordnern kommt es dann zum Wettbewerb, den der ursprünglich vorherrschende Ordner gewinnt und damit das endgültige Aktivitätsmuster der Neuronen bestimmt. Das bedeutet also: Der gewinnende Ordner prägt dem Gehirn seinen Zustand auf. Der Wettkampf der Ordner wird dann durch das Rollen des Balles in einer Gebirgslandschaft beschrieben. Wir erkennen hier deutlich die beiden Betrachtungsebenen.

Erstens: Das Geschehen auf der mikroskopischen Ebene, wo sich die Aktivitäten der Neuronen ständig ändern, wie es zum Beispiel die Bildfolge von Abbildung 11.8 zum Ausdruck bringt. Hier erscheint wie von unsichtbaren Händen gelenkt die Bildfolge.

Zweitens: Auf der makroskopischen Ebene werden diese unsichtbaren Hände deutlich. Es sind gerade die Ordner. Das Konzept der Ordner, das sich schon so nützlich, ja geradezu fundamental bei den

**Abb. 11.9**
Im Computer wurde ein verrauschtes Gesicht, sozusagen eine Person im Nebel, gezeigt. Daraufhin konnte er das Gesamtbild rekonstruieren.

Bewegungsvorgängen erwiesen hat, erweist sich also auch bei der Wahrnehmung als fundamental! So ergibt sich ein ganz neuer Einblick in die Funktionsweise unseres Gehirns.

Sehen wir uns noch einige weitere Eigenschaften unseres Gehirnmodells in Form des synergetischen Computers an. Die Dynamik, also der Erkennungsprozeß, ist sehr robust. Zum Beispiel können auch verrauschte Muster leicht erkannt werden (Abb. 11.9). Der synergetische Computer kann auch noch weiter entwickelt werden, so daß es möglich ist, Gesichter zu erkennen, die räumlich verschoben, gedreht oder vergrößert, oder sogar deformiert sind. Hierbei ist allerdings die Frage offen, ob das menschliche Gehirn und der synergetische Computer nach den gleichen Prinzipien verfahren.

Interessanterweise kann der synergetische Computer auch Gesichtsausdrücke, die Emotionen wiedergeben, lernen. Wobei wir vermuten, daß das menschliche Gehirn ähnlich verfährt. Zu diesem Zweck werden in einem ersten Schritt Mittelwerte über Gesichter mit verschiedenen Personen, aber alle mit dem gleichen Gesichtsausdruck, gebildet. Dies ist eine ziemlich aufwendige Aufgabe, da die einzelnen Gesichter verschieden groß und verschieden geformt sein können. Die Gesichter müssen also zunächst in eine genormte Form »deformiert« werden, wobei ein Computerprogramm hilft. Sodann wird ein Mittelwert aus all diesen Gesichtern für den jeweiligen Gesichtsausdruck, wie Freude, Zorn usw., gebildet.

Danach kann der synergetische Computer in Aktion treten. Wird ihm ein Gesichtsausdruck gezeigt, so entscheidet er, was der Gesichtsausdruck beinhaltet. Er assoziiert also eine Emotion mit einem bestimmten Gesichtsausdruck. Die in den entsprechenden Untersuchungen von P. Vanger, R. Hönlinger und H. Haken dabei erzielten

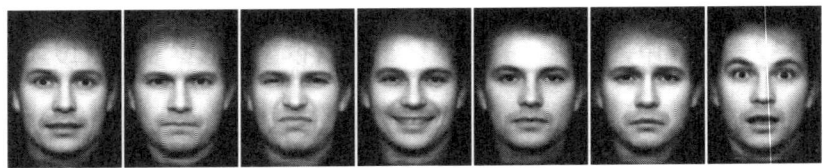

**Abb. 11.10**
Beispiele von Gesichtsausdrücken, die der synergetische Computer mit einer hohen Trefferrate richtig erkannte.

Resultate stimmen in der überwiegenden Zahl der Fälle mit denen eines menschlichen Beobachters überein, allerdings nicht immer. Schauten wir dann genauer hin, so mußten wir schon des öfteren sagen: Eigentlich hatte der Computer recht! Der Computer stellt eine Verknüpfung zwischen jedem Gesichtsausdruck und der entsprechenden Interpretation, zum Beispiel Freude, her.

Gemäß der gestellten Aufgabe kann der Computer dann entweder ein Gesicht unabhängig vom Gesichtsausdruck, oder aber den Gesichtsausdruck unabhängig von der individuellen Person erkennen. Die Abbildung 11.10 zeigt einige Beispiele. Interessanterweise ist es dabei für den Computer leichter, zwischen Personen als zwischen Gesichtsausdrücken zu unterscheiden.

Bemerkenswerte Beziehungen ergeben sich von hier aus zu Arbeiten der Gruppe von Heinrich H. Bülthoff. Diese interessierte sich unter anderem dafür, wodurch sich männlich und weiblich im Gesicht unterscheiden. In einem ersten Schritt bildet diese Gruppe ein »Normalgesicht«, berechnet dann aber darüber hinaus eine mittlere Abweichung der einzelnen Gesichter von diesem »Normalgesicht«. Addieren sie die Abweichung zum Normalgesicht, so erscheint das Bild männlich, subtrahieren sie es, wirkt es weiblich. Irgendwie scheint das menschliche Gehirn mit statistischen Methoden zu arbeiten.

Fassen wir unsere Ergebnisse zusammen: Die synergetische Betrachtungsweise gestattet es, einen Zusammenhang zwischen den makroskopischen, durch Ordner dargestellten Mustern und den Aktivitäten der einzelnen Modellneuronen herzustellen. Auf diese Weise gelingt es, ein neuronales Netzwerk zu konstruieren. Allerdings unterscheidet sich dieses Netzwerk in wichtigen Punkten von den heutzutage üblichen neuronalen Netzwerk-Modellen. Besonders wichtig bei diesem Unterschied ist, daß wir hier die verschiedenen Aktivitätsmuster der Neuronen und deren Wettkämpfe untereinander mit Hilfe der Ordner wiedergeben können. Gleichzeitig läßt sich wegen der Ordner diesen Aktivitätsmustern eine jeweils spezifische *Bedeutung* zuordnen. Dies ist bei keinem anderen neuronalen Netzwerk-Modell der Fall.

Hier haben wir besprochen, wie durch das assoziative Gedächtnis Muster vervollständigt werden. Es läßt sich leicht ausmalen, was in einem wirklichen Gehirn vor sich geht. Ein von der Retina ankommendes Muster regt einige Neuronen in spezieller Weise an. Durch die Wechselwirkung untereinander und mit weiteren Neuronen wird das Anregungsmuster der Neuronen vervollständigt. Dabei können durchaus auch Neuronen, die auf Kanten oder Ecken reagieren, wie dies experimentell gefunden wurde, eine Rolle spielen. Das ist aber nicht das Entscheidende. Entscheidend ist die Leistung des Netzwerkes als solches und nicht die eines einzelnen Neurons. Dabei kann das Netzwerk auch ganz verschiedene Gesichter erkennen – die Erkennung erscheint delokalisiert, also auf viele Neuronen verteilt. Bei einem Gehirn werden oft noch weitere Gedächtnisinhalte aufgerufen. Es ist gewissermaßen so, als würden wir ein Wurzelwerk ausgraben. Immer neue Fortsätze tun sich auf. Warum geht dies nicht unendlich weiter? Wie Computerexperimente von M. Ossig, A. Daffertshofer und H. Haken zeigten, hören die Prozesse auf, wenn gewisse Aufmerksamkeitsparameter »erlahmen«. Dies führt uns direkt zum nächsten Abschnitt.

## Die Rolle der Aufmerksamkeitsparameter. Kippfiguren

Das oben eingeführte Modell der Wahrnehmung läßt sich in verschiedener Richtung erweitern, um eine Reihe interessanter psychologischer Effekte zu erfassen. Wir wollten nämlich auch erreichen, daß der synergetische Computer, der ja Gehirnfunktionen nachahmen soll, auch Szenen, wie etwa die der Abbildung 11.11, erkennen

Abb. 11.11
Beispiel für eine Szene mit zwei Gesichtern.

kann. Zeigten wir eine solche Szene dem Computer, so erkannte er nur die Frau im Vordergrund. Um zu erreichen, daß der Computer auch den Mann im Hintergrund erkennt, führten wir sogenannte Aufmerksamkeitsparameter ein, die gemeinsam mit den Ordnern vorkommen. Ist zum Beispiel ein Aufmerksamkeitsparameter bezüglich eines bestimmten Ordners gleich Null, so kann dieser Ordner und damit auch die entsprechende Erkennung eines Gesichts nicht auftreten. Wir haben also dann bei diesem weiterentwickelten Computer den Aufmerksamkeitsparameter, der der Frau entspricht, gleich Null gesetzt, und zeigten dann die gleiche Szene dem Computer noch einmal. Dann erkannte er in der Tat den Mann im Hintergrund. Auf diese Weise, mit Hilfe dieser Aufmerksamkeitsparameter, war der Computer in der Lage, nacheinander Szenen zu analysieren, die fünf Gesichter enthielten, wobei sich diese Gesichter auch teilweise verdecken konnten. Wir glauben, daß diese Resultate einen Hinweis darauf geben, wie das menschliche Gehirn komplexe Szenen wahrnimmt. Das Gehirn erkennt zunächst einen Teil davon,

170

**Abb. 11.12**
Einstein oder?

dann schwindet die zugehörige Aufmerksamkeit dahin, die Aufmerksamkeit wird auf einen anderen Teil der Szene gerichtet usw. Diese Interpretation wollen wir im folgenden näher begründen.

Interessant ist, wie wir diese Begründung auf einem Umweg fanden. Gelegentlich nämlich versagte der Computer, um die Gesichter einer Szene richtig zu erkennen. Zum Beispiel erkannte er einmal ein drittes Gesicht an Stelle der beiden eigentlich zu erkennenden. Aber wie wir bald herausfanden, können auch Menschen durch Bilder getäuscht werden. Betrachten wir Abbildung 11.12. Hier erkennen die meisten Menschen zuerst das Gesicht Einsteins, aber wenn sie genauer hinsehen, erkennen sie drei Badenixen. Dies führte uns

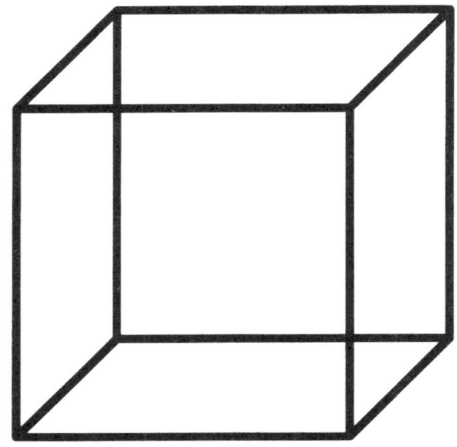

**Abb. 11.13**
Der Necker-Würfel.

sehr rasch in das Gebiet der Kippfiguren, die in der psychologischen Literatur diskutiert werden. Beispiele hierfür sind in Abbildung 11.13 und Abbildung 11.14 gezeigt. Die Mehrdeutigkeit dieser Bilder kann verschiedene Ursachen haben, zum Beispiel kann sie auf einer verschiedenen räumlichen Interpretation beruhen, wie im Falle des Necker-Würfels, oder auf inhaltlichen Mehrdeutigkeiten, wie im Falle der Gesichter einer jungen Frau oder alten Frau (Abb. 11.14). Unser Gehirn behandelt diese Kippfiguren, wie auch schon der Name andeutet, in einer besonderen Weise. Wenn wir zum Beispiel in dem Bild Vase/Gesichter (Abb. 4.15) die Vase eine Zeitlang erkannt haben, verschwindet dieser Eindruck, und wir erkennen zwei Gesichter, dann wieder die Vase usw. Mit anderen Worten kippt unsere Wahrnehmung zwischen diesen beiden Interpretationen hin und her.

Zu Beginn des 20. Jahrhunderts schlug der Gestaltpsychologe W. Köhler eine Erklärung dieses Ergebnisses vor. Gemäß seiner Idee verschwindet die entsprechende Aufmerksamkeit, wenn ein Muster erkannt worden ist, und dann kann sich eine neue Aufmerksamkeit auf die andere Interpretation richten. Er bot eine bestimmte physikalische Erklärung für diesen Vorgang an, die aber jetzt als überholt angesehen wird und von den meisten Neurophysiologen oder Psy-

**Abb. 11.14**
Alte Frau oder junge Frau?

chophysikern nicht länger geteilt wird. Andererseits ist es im Rahmen unseres Ordnerkonzeptes leicht möglich, diese Vorgänge zu si-
mulieren. Erreicht beim Erkennungsvorgang ein Ordner, der einem
bestimmten Wahrnehmungsinhalt entspricht, einen bestimmten
Wert, so schwindet der zugehörige Aufmerksamkeitsparameter da-

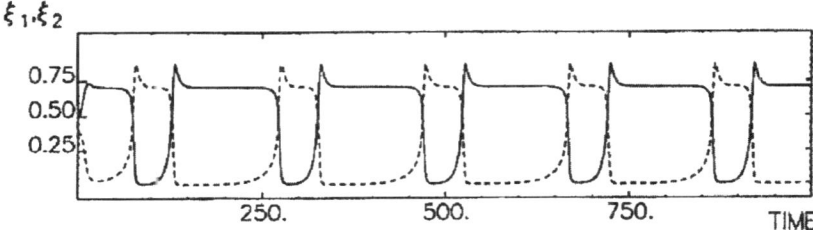

**Abb. 11.15**
Nach rechts ist die Zeit aufgetragen, nach oben die Größe der Ordner $\xi_1$ (ausgezogen) und $\xi_2$ (gestrichelt). Das Hin- und Hergehen der Ordner, d. h. das Auftreten und Verschwinden der jeweiligen Wahrnehmungsinhalte ist deutlich zu sehen.

hin. Im Bild der Gebirgslandschaft bedeutet dies gleichzeitig, daß der zugehörige Talboden angehoben wird, bis das Tal ganz verschwunden ist. Die Ordner (der Ball) wirken also auf die Gebirgslandschaft ein und deformieren diese. Wir wollen hier nicht auf die Mathematik eingehen, sondern mit Abbildung 11.15 ein Resultat bringen, das deutlich die Schwingung, das heißt das Hin- und Hergehen zwischen den beiden Interpretationen, zeigt.

## Einfluß einer Voreingenommenheit

In vielen Fällen wird ein Muster eher als das andere Muster erkannt. Zum Beispiel erkennen, gemäß detaillierter psychologischer Studien im Falle von Abb. 11.14, achtzig Prozent der Männer die *junge Frau* zuerst, und bei weiblichen Beobachtern erkennen sechzig Prozent davon die *alte Frau* zuerst. Also gibt es sicherlich eine Voreingenommenheit bei der Erkennung von Kippfiguren. Eine solche Voreingenommenheit läßt sich auch in unserem Modell berücksichtigen und zwar höchst einfach dadurch, daß der Bergrücken zwischen den zwei Tälern, die den erkannten Mustern entsprechen, verschoben wird. Dabei ergab überraschenderweise unsere Rechnung, daß die Zeit, während der das bevorzugte Bild erkannt wird, länger wird gegenüber der Zeit während der das nicht bevorzugte Bild erkannt wird. Obwohl es sich jedesmal um komplexe Bilder handelt, läuft dennoch die ganze Dynamik so ab, als wären hier nur wenige Ordner am Werke, die sich in ihrer Wirkung jeweils ablösen. Es sei nur darauf hingewiesen, daß diese Periodendauern nicht exakt sind, sondern etwas hin- und herschwanken können, daß hier also wieder Fluktuationen am Werke sind. Diese Schwankungen lassen sich in unserem Modell realistisch als solche der Aufmerksamkeit erfassen und zeigen dann eine erstaunlich gute Übereinstimmung zwischen Experimenten und Theorie. Wichtig im Zusammenhang mit unseren Überlegungen ist hierbei wiederum die Tatsache, daß nicht nur bei Bewegungen, sondern auch bei der Wahrnehmung Schwankungen eine wichtige Rolle spielen. Übrigens kommen »Kippfiguren« nicht nur beim Sehen, sondern auch beim Hören vor. Spielt man Menschen immer wieder die gleichen Laute, wie he he he, vor, so hören sie die verschiedensten Wörter heraus, die sich dann ganz ähnlich wie Kippfiguren abwechseln. Wie T. Ditzinger, B. Tuller, H. Haken und J. A. S. Kelso fanden, lassen sich diese experimentellen Ergebnisse von Tuller hervorragend mit dem Seh-Wahrnehmungsmodell von T. Ditzinger und H. Haken wiedergeben. Grundlegende Vorgänge im Gehirn scheinen also universell zu sein.

## Das Erlernen von Mustern

Die Seh-Wahrnehmung von Menschen ist wohl das am besten untersuchte Gebiet der Kognitionsforschung. In den vorangegangenen Abschnitten dieses Kapitels faßten wir die Mustererkennung als die Entstehung jeweils bestimmter Aktivitätsmuster der Neuronen im menschlichen Gehirn auf. Wie wir betonten, werfen die Konzepte der Synergetik neues Licht auf die Beziehung zwischen den Vorgängen auf dem mikroskopischen Niveau, also auf dem Niveau der Neuronen, und den sich ausbildenden makroskopischen Eigenschaften, die durch Ordner beschrieben werden. Makroskopisch erscheint Mustererkennung als ein Wettbewerb zwischen Ordnern, der von den früher gelernten Mustern, durch Aufmerksamkeitsparameter und durch Voreingenommenheit kontrolliert wird. Zusätzlich spielen auch Schwankungen der Aufmerksamkeitsparameter eine wichtige Rolle. Ähnlich wie im Falle der Fingerbewegungen erlauben es uns die Konzepte der Synergetik, kognitive Vorgänge so zu modellieren, daß sie auch quantitativ überprüft werden können.

Was geschieht aber auf dem mikroskopischen Niveau? In den vorangegangenen Abschnitten hatten wir ein Gehirnmodell beschrieben, bei dem die Verbindungsstärken und damit die zu erkennenden Muster zwischen den Neuronen fest einprogrammiert waren. Das kann wohl aber kaum für das menschliche Gehirn zutreffen. Wie soll es denn nach der Geburt wissen, welche Personen und Dinge es später antreffen wird und erkennen soll? Die Verbindungsstärken müssen also erst gelernt werden.*

Schauen wir uns an, wie der synergetische Computer lernen kann. Erinnern wir uns an das Lernparadigma, das wir von den Fingerbewegungen in Kapitel 5 herleiteten. Wie wir damals herausfanden, wird die Landschaft der Ordner durch Lernen deformiert. Aber dort war es keineswegs offensichtlich, wie Lernen das *neuronale Netzwerk* ändert und wie Änderungen der Landschaft der Ordner mit denen des neuronalen Netzwerkes verknüpft sind.

So wollen wir also diese Frage, die natürlich ganz fundamental ist, näher betrachten. Zu diesem Zweck beginnen wir mit der Dynamik des Erkennungsvorgangs, der durch das Rollen eines Balles in einer Landschaft mit ihren Tälern beschrieben wurde. Die Form dieser Landschaft, insbesondere die Lage der Täler, ist durch die im Computer gespeicherten Prototypmuster bestimmt. Die Synergetik läßt nun zwei völlig verschiedene, aber innerlich verknüpfte Interpretationen dieser Landschaft zu, wobei wir, bildlich gesprochen, diese Landschaft unter verschiedenen Blickwinkeln betrachten oder, präziser ausgedrückt, die Vorgänge in verschiedenen Projektionen dieser Landschaft untersuchen.

Betrachten wir die Landschaft mit Hilfe der Ordner, so haben wir es mit dem schon früher besprochenen Verhalten der Ordner zu tun, die das entsprechende Tal der Landschaft aufsuchen und damit den

---

* Eine von Anfang an, das heißt genetisch, festgelegte Verdrahtung könnte, wie oft von Zoologen vermutet wurde, bei Insekten vorhanden sein. Man könnte sich aber auch fragen, ob nicht auch beim Menschen die »Verdrahtungsmöglichkeiten« Einfluß darauf haben, was wir überhaupt lernen und erkennen können.

Erkennungsprozeß bewerkstelligen. Wir können aber die Landschaft gewissermaßen auch aus einer anderen Perspektive betrachten, indem wir auf das mikroskopische Niveau der einzelnen Neuronen herabsteigen. Auch dann hat die Lage des Balles in dieser speziellen Landschaft eine besondere Bedeutung, sie charakterisiert nämlich nun den Gesamtzustand des Systems, das heißt die Lage des Balls repräsentiert das Aktivitätsmuster der betroffenen Neuronen. Die Bewegung des Balles ist in diesem Bild aber durch die Stärke der Wechselwirkungen zwischen den Neuronen bestimmt, also durch die Intensität, mit der zwischen den Neuronen Signale ausgetauscht werden.

Mit anderen Worten, um es physiologisch auszudrücken, die Aktivitäten der Neuronen sind durch die Stärken der Synapsen zwischen den Neuronen bestimmt. Beim synergetischen Computer wird, wie wir schon weiter oben bemerkten, ein Zusammenhang zwischen den gespeicherten Prototypen und den synaptischen Stärken hergestellt. Die synaptische Stärke zwischen zwei Neuronen hängt dabei von allen gespeicherten Prototypen ab. Diese Erkenntnis ist von fundamentaler Bedeutung für neuronale Netzwerke, da bei den üblichen Netzwerken ein expliziter Zusammenhang zwischen den gespeicherten Prototypmustern und den synaptischen Stärken nicht bekannt und auch nicht zu erkennen ist.

Allerdings hat man bei den üblichen neuronalen Netzwerken einen Ausweg gefunden, indem das Netzwerk die synaptischen Verbindungen durch immer wieder dem Netzwerk gezeigte Muster lernen soll. Dabei gibt es sowohl Erfolge als auch Mißerfolge, und es ist bisher nicht klar, ob man den Erfolg des Lernvorganges voraussagen kann. Hier bietet der synergetische Computer sowohl vom Praktischen als auch vom Konzeptuellen her wesentliche Vorteile. Zum einen gestattet er eine direkte Beziehung zwischen den synaptischen Stärken und den abgespeicherten Prototypen herzustellen. Dies ermöglicht auch, direkt den Lernerfolg des synergetischen Computers zu prüfen. Der bekannte, explizite Zusammenhang zwischen den synaptischen Stärken und den Prototypen gestattet es darüber hinaus, daß wir, anstatt die Änderungen der synaptischen Stärken durch das Lernen zu studieren, das Lernen der Prototypmuster direkt untersuchen können.

Wie wir wissen, ist die Dynamik des Mustererkennungsvorganges durch eine Landschaft bestimmt, die einerseits von den gespeicherten Prototypmustern abhängt und andererseits von der jeweiligen Lage des Balls, der die momentane Aktivität des neuronalen Netzwerkes charakterisiert. Die Synergetik benutzt für das Lernen ein Dualitätsprinzip. Um Mustererkennung zu bewirken, muß der Ball, der den Zustand des Systems symbolisiert, die Gebirgslandschaft zu einem Tal hinunterlaufen. Mit anderen Worten, die Höhe des Balles über einem Grundniveau muß ein Minimum annehmen. Hierbei ist die Form der Landschaft fest vorgegeben, das heißt auch, daß die Prototypen fest vorgegeben sind. Wir kehren das Argument um und betrachten die verschiedenen zu lernenden Muster als fest vorgegeben und die Prototypen als diejenigen Größen, die angepaßt werden müssen. Diese Anpassung wird wiederum durch ein Minimalverfahren erreicht, wobei also die Prototypen entsprechend bestimmt werden müssen.

Auf diese Weise erscheint Lernen als ein Optimierungsvorgang. Konkrete Beispiele für dieses Vorgehen sind in den Abbildungen 11.16 und 11.17 gezeigt. Sie zeigen in überzeugender Weise, daß dieses Vorgehen zu einem effizienten Lernen von Prototypen führt. Wenn einmal die Prototypmuster gelernt sind, kann das System, also das neuronale Netz, die entsprechenden synaptischen Stärken bilden. Auf diese Weise haben wir eine Verbindung zwischen dem Lernvorgang auf der einen Seite und der Änderung der synaptischen Stärken auf der anderen hergestellt.

Wie Abbildung 11.17 belegt, kann der Computer Prototypen lernen, wenn ihm diese mit einer bestimmten statistischen Häufigkeit angeboten werden. Diese Eigenschaften haben auch die jetzt schon traditionellen Neurocomputer. Dies hat in der Literatur zu der Frage geführt, inwieweit der Mensch gemäß diesem Prinzip lernt. Höchst bemerkenswerte Resultate wurden hierbei im *sprachlichen* Bereich von J. R. Saffron, R. N. Aslin und E. L. Newport erzielt. Acht Monate alte Kleinkinder wurden für lediglich zwei Minuten ununterbrochenen Ketten von Nonsens-Silben (wie bidakupado...) ausgesetzt. Die Kinder erkannten dann den Unterschied zwischen Folgen aus drei Silben, die als Einheit erschienen, und solchen, die ebenfalls im Lernprogramm erschienen, jedoch in einer Zufallsreihenfolge. Die-

**Abb. 11.16**
Veranschaulichung des Lernvorgangs beim synergetischen Computer als Modell
für ein neuronales Netz. Oben sind drei Gesichter gezeigt, die der Computer lernen sollte. Diese wurden ihm in statistischer Reihenfolge immer wieder angeboten und von ihm dann gleichzeitig gelernt, wobei der Lernerfolg in den unteren
drei Zeilen angegeben ist und zeigt, wie sich dieser im Laufe der Zeit, die von
links nach rechts läuft, einstellt.

ses Resultat bedeutet, daß Kleinkinder eine einfache Statistik benutzen können, um Wortgrenzen bei zusammenhängender Rede zu entdecken, gerade in dem Alter, wo eine systematische Evidenz der
Erkennung von Wörtern im Leben beginnt. Es ist zu vermuten, daß
ähnliche Lernmechanismen auch bei der Seh-Wahrnehmung am
Werke sind.

Kehren wir kurz zum synergetischen Computer zurück. Interessant und wichtig ist, daß der gesamte Lernvorgang durch eine geeignete Wahl der Aufmerksamkeitsparameter beeinflußt werden kann.
Zum Beispiel kann man auf diese Weise die Bildung von Klassen
oder Kategorien erleichtern. Wie unsere Computerexperimente zei-

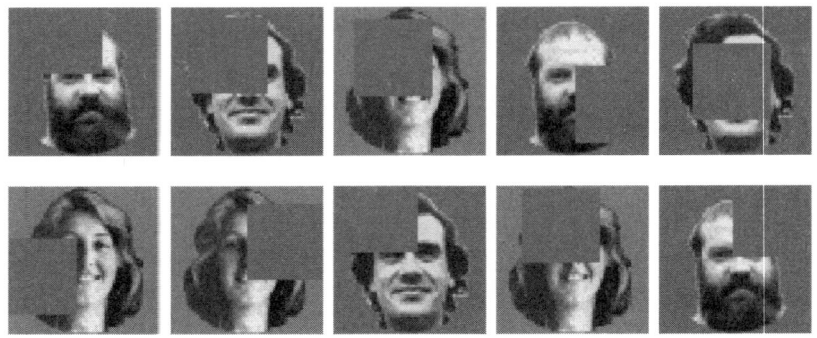

**Abb. 11.17**
Wurden dem Computer wiederum die drei Gesichter angeboten, aber jeweils durch ein Quadrat teilweise verdeckt, wobei die Lage des Quadrats jeweils variierte, so lernte der Computer nach einiger Zeit, genau wie im Bild 11.16, die richtigen, unverdeckten Gesichter. Der Computer lernt also in gewissem Sinne zu abstrahieren.

gen, wird nicht nur Erkennung, sondern auch das Lernen sehr stark von den einzelnen Aufmerksamkeitsparametern bestimmt. Dies ist natürlich in Einklang mit Beobachtungen an Kindern oder Lernenden, wobei eben für den Lernvorgang Aufmerksamkeit besonders wichtig ist. Ein drastisches Beispiel ist ein Kind, das eine heiße Ofenplatte berührt. Bereits durch dieses einmalige Erlebnis wird ein bestimmtes Verhaltensmuster gespeichert, weil hier eben die Aufmerksamkeit besonders stark durch den Schmerz beeinflußt wurde. An diesem Beispiel sieht man übrigens, welche Rolle die sogenannten Qualia spielen können, sie dienen nämlich einer besonders effizienten »Kodierung« von Signalen, die dann unser Lernen oder unsere Tätigkeit nachhaltig beeinflussen können. Derartige Qualia sind natürlich dem Computer fremd; sie können aber in ihren Auswirkungen in gewissem Umfang nachgeahmt werden, indem die Aufmerksamkeitsparameter entsprechend groß gewählt werden.

# Ein Modell für räumliches Sehen

Unsere Welt ist dreidimensional. Jedem von uns erscheint diese Feststellung als evident. Sie ist es indessen nicht für das Sehsystem unseres Gehirns. Warum ist das so? Betrachten wir, wie die Sehinformation durch unsere Augen verarbeitet wird. Wie wir alle wissen, arbeiten unsere Augen in gewissem Sinne wie eine kleine Kamera. Das Licht, das von einem Objekt herrührt, tritt durch die Linse des Auges und trifft dann auf die Retina, wo es eine Art von Bild erzeugt. Da die Retina zweidimensional ist, ist auch das auf ihr erzeugte Bild zweidimensional. Deshalb sollte die Welt uns zweidimensional erscheinen, aber sie tut es natürlich nicht.

Wie konstruiert dann unser Gehirn die dreidimensionale Welt? Hierzu sind eine Anzahl von Mechanismen vorgeschlagen und auch durch psychophysikalische Experimente geprüft worden. Eine einfache Entfernungsschätzung kann auf der Größe eines Objekts beruhen, zum Beispiel, wenn wir die Durchschnittsgröße von Leuten kennen und wissen, daß mit größer werdendem Abstand ihre scheinbare Größe abnimmt. Aber das kann auch zu optischen Illusionen, wie Abbildung 11.18 zeigt, Anlaß geben. Eine andere Schätzung des

**Abb. 11.18**
Beispiel einer optischen Illusion. Obwohl die Männer verschieden groß erscheinen, sind sie in Wirklichkeit gleich groß.

**Abb. 11.19**
Die beiden linken Quadrate stellen ein Zufallsstereogramm nach Julesz dar. Das rechte Quadrat gibt den Seheindruck wieder, der beim räumlichen Sehen entsteht: ein Quadrat, das über dem Untergrund schwebt.

Abstandes basiert auf der Größe von Texturen, zum Beispiel Quadratmustern, deren Größe mit der Entfernung abnimmt. Ein weiterer Schlüssel beruht auf unserer Erfahrung mit Schattierungen. Mit ihrer Hilfe können wir auf die Form von Objekten schließen und somit auf ihre dritte Dimension. In all diesen Fällen brauchen wir natürlich einiges Vorwissen, um die dritte Dimension abzuschätzen.

Ein wichtiger und grundsätzlicher Mechanismus wurde von B. Julesz (1991) entdeckt, der sogenannte Stereogramme erzeugte, die aus zufällig gewählten Punkten bestehen (Abb. 11.19). Wenn wir auf diese Zufallsbilder schauen, so daß das linke Auge nur das linke Bild und das rechte Auge nur das rechte Bild sehen kann, erkennen wir unmittelbar ein Quadrat, das über dem Untergrund schwebt. Das Erkennen von Tiefe ohne irgend etwas über die Bedeutung der Objekte zu wissen, wird *frühes Sehen* genannt.

Welche Art von Information wird nun dem Gehirn gegeben, die es ihm gestattet, die dritte Dimension zu rekonstruieren? Betrachten wir hierzu die Abbildungen 11.20 und 11.21. In Abbildung 11.20 haben zwei Punkte eines Objekts den gleichen Abstand von einem Beobachter. Gemäß der geometrischen Konstruktion können wir leicht herausfinden, daß die Objekte den gleichen Abstand auf beiden Retinas haben. Betrachten wir jetzt Abbildung 11.21, wo die Objekte einen verschiedenen Abstand vom Beobachter haben. Dann können wir sofort aus dieser Figur entnehmen, daß die Abstände zwischen den beiden Objekten auf den beiden Retinas voneinander verschieden sind. Wenn wir die beiden Bilder vergleichen, so finden wir, daß

Objekte

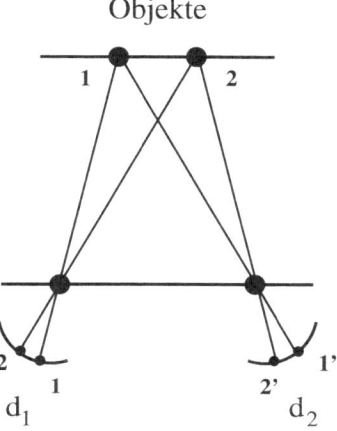

**Abb. 11.20**
Die Abbildungen von den Objekten 1 und 2 in der gleichen Ebene auf die Retinas des linken und rechten Auges. Die Bildpunkte der Objekte 1 und 2 haben beide Male den gleichen Abstand $d_1$ und $d_2$.

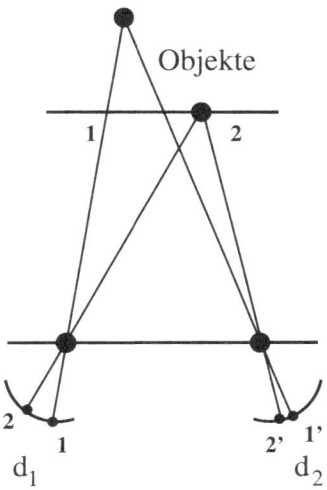

**Abb. 11.21**
Sind die Objekte in verschiedenen Ebenen, so ergeben sich unterschiedliche Abstände der Bildpunkte $d_1$, $d_2$ auf den beiden Retinas.

die Punkte, die dem gleichen Objekt im Raum entsprechen, gegeneinander verschoben sind. Diese Verschiebung hängt von den Lagen der Bilder auf den Retinas und von der Tiefe ab und wird *Disparität* genannt. Wenn wir die Disparität kennen, so können wir den Abstand der Objekte mit Hilfe geometrischer Betrachtungen berechnen. In Wirklichkeit gibt es noch weitere Schlüssel, nämlich die sogenannte Vergenz und die Akkommodation.

Wir wollen diese Betrachtungen hier indessen nicht vertiefen, sondern betrachten statt dessen ein fundamentaleres Problem, nämlich: Wie weiß das Gehirn, welche Punkte auf der Retina zu dem gleichen Objektpunkt gehören? Dies ist in der Tat eine keineswegs simple Aufgabe, wie in Abbildung 11.22 gezeigt wird. Betrachten wir hierzu die Lichtstrahlen in rückwärtiger Richtung. Jeder Kreuzungspunkt zwischen zwei Lichtstrahlen kann von dem gleichen Objekt herrühren, aber wir sehen, daß wir zum Beispiel drei Objekte vor der Ebene, auf der die zwei eigentlichen Objekte lokalisiert sind, erkennen können.

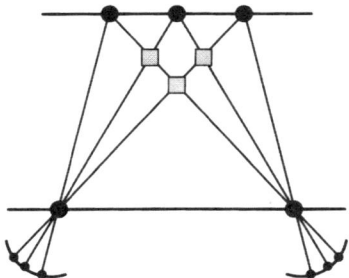

**Abb. 11.22**
Die gleichen Paare von Bildpunkten auf den beiden Retinas können von ganz verschieden gelagerten Objekten im Raum herrühren. Neben den eigentlichen Ursprungspunkten, die durch schwarze Kreise oben dargestellt sind, können auch die grauen Quadrate als Ursprungspunkte angesehen werden.

Mathematisch ausgedrückt ist das Problem der Rekonstruktion eines Objekts ein schlecht gestelltes Problem (*ill-posed problem*). So wird es unsere erste Aufgabe sein, einen Mechanismus zu ersinnen, durch den der Erkennungsvorgang eindeutig gemacht wird. Bevor wir dies tun, analysieren wir die Schwierigkeiten ein bißchen näher.

Wegen der Endlichkeit der Auflösung in der Bildebene, das heißt der Retina, entspricht ein Punkt in dieser Ebene nicht einem Ursprungspunkt, sondern einem ganzen räumlichen Abschnitt. Ein Punkt im dreidimensionalen Raum, der nicht im Fokus ist, entspricht einer Fläche auf der Bildebene. Das linke Auge kann gewisse Punkte des Objekts sehen, die nicht von dem rechten Auge gesehen werden können und umgekehrt. Diese verdeckten Punkte haben daher keinen Partner. Auch können viele Pixel in dem Bild sein, die die gleichen Grauwerte besitzen; deshalb gibt es oft für uns keine eindeutige Lösung unseres Problems. Die rechten und linken Bildebenen in den Retinas können global verschiedene Helligkeitsniveaus aufweisen. Selbst wenn die Struktur der Bilder die gleiche ist, gibt es im Hinblick auf den Helligkeitsgrad keine entsprechenden Punkte in den Bildern.

Unsere Bemerkungen haben einige Konsequenzen: Die Endlichkeit der Auflösung in der Bildebene wird zu einer endlichen Auflösung im dreidimensionalen Raum und insbesondere zu einer endlichen Auflösung in der Tiefe. Wir können nicht einzelne Grauwerte als Merkmale benutzen, sondern wir brauchen Merkmale, die mehr Struktur haben, um eindeutig aufeinander abgebildet zu werden. Diese dürfen aber nicht auf den absoluten Werten der Helligkeit beruhen und müssen bestimmten Orten auf dem Objekt im Raum entsprechen. Diese Probleme wurden bereits vor einigen Jahren von D. Marr und H. Hildreth (1980) und D. Marr und T. Poggio (1976, 1979) nicht nur erkannt, sondern auch in bestimmter Weise überwunden.

Fassen wir zusammen: Unsere Aufgabe ist es, Punkte auf den beiden Bildern der Retinas zu finden, die einander entsprechen. Das ist das sogenannte *Korrespondenz-Problem*. Um es zu lösen, gehen wir in mehreren Schritten vor. Wir führen zunächst Merkmale ein, die wir aufeinander abbilden wollen und führen dann ein Ähnlichkeitsmaß zwischen zwei Merkmalen ein. Sodann benutzen wir die experimentelle Tatsache, daß es sogenannte *disparity tuned* Neuronen gibt, und wir entwerfen Gleichungen für die zeitliche Entwicklung von deren Aktivitäten. Die Gleichungen, die wir hier dann zugrunde legen, sind weitgehend wieder solche, die die Dynamik einer Kugel in einer Landschaft beschreiben. Um die Merkmale herum, die in

Übereinstimmung gebracht werden sollen, schreiben wir jedem Bildpunkt eine angemessene Umgebung zu. Jeder Bildpunkt ist daher mit einer bestimmten Merkmalumgebung verknüpft. Wenn wir mit einem Merkmal in dem linken Bild beginnen, müssen wir das Merkmal in dem rechten Bild auffinden, dem dieses Merkmal am ähnlichsten ist. Dies liefert uns direkt die Disparität der zwei entsprechenden Bildpunkte. Um das Problem der veränderlichen Helligkeit der beiden Bilder zu lösen, benutzt man nicht direkt die Grauwerte in den Umgebungen, sondern normiert diese in bestimmter Weise. Diese sogenannten lokalen Merkmale enthalten alle Informationen, die wir brauchen, nämlich die lokale Struktur der Bilder. Je größer die Umgebung, um so eindeutiger ist die Zuordnung, aber auch um so geringer ist die räumliche Auflösung. Eine große Gegend in der Bildebene muß einem zusammenhängenden Teil im dreidimensionalen Raum entsprechen. Daher existiert für derartige Merkmale eine eins-zu-eins Korrespondenz von Bildebene und Objekt.

Die Aufgabe des Gehirns besteht darin, die Verschiebung, das heißt Disparität, mit Hilfe eines Vergleichs der Eigenschaften auf den beiden Retinas zu bestimmen. Wir führen nun die Aktivität eines Disparitätsneurons ein, das den Bildpunkten $u$ und $v$ entspricht und Disparitäten $a$ und $b$ hat. Wir nehmen an, daß sich im Laufe der Zeit diese Aktivität ändert, wobei alle Disparitätsneuronen miteinander konkurrieren. Schließlich gewinnt nur eine Konfiguration diesen Wettbewerb, die der exakten Verteilung der Disparitäten gemäß den dreidimensionalen Lagen der Objekte entspricht. Genau wie bei der Mustererkennung durch den synergetischen Computer haben wir es hier mit einem Konkurrenzprozeß zu tun, der wieder durch die Bewegung einer Kugel in einer Landschaft symbolisiert werden kann. Zahlreiche Computerexperimente von D. Reimann und H. Haken zeigten, daß mit diesem Modell eine ganze Reihe von psychophysikalisch beobachteten Phänomenen wiedergegeben werden können. So können zum Beispiel die Muster, die dem linken und rechten Auge gezeigt werden, auch ziemlich voneinander verschieden oder sehr spärlich sein. Eine Reihe von Beispielen ist in den Abbildungen 11.23 und 11.24 gezeigt.

Zum Abschluß möchten wir noch eine Bemerkung über die Erkennung von dreidimensionalen Objekten mit Hilfe eines einzigen

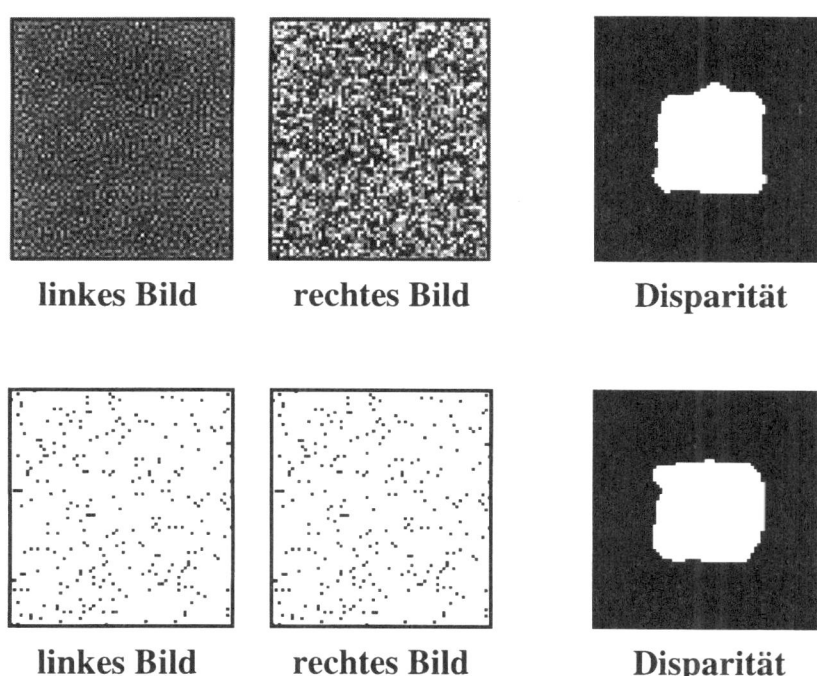

**linkes Bild**     **rechtes Bild**     **Disparität**

**linkes Bild**     **rechtes Bild**     **Disparität**

**Abb. 11.23–11.24**
Die beiden linken Quadrate zeigen jeweils Zufallsstereogramme verschiedener
Art. Die jeweiligen rechten Quadrate zeigen die Rekonstruktion des dreidimen-
sionalen Bildes durch den synergetischen Computer.

zweidimensionalen Bildes machen. Diese Bilder sind inzwischen
sehr populär geworden und können in einer ganzen Reihe von Büchern, aber auch in der Werbung usw. gefunden werden. Das Prinzip ist in Abbildung 11.25 dargestellt. Es ist eigentlich mit der Mehrdeutigkeit der Tiefenwahrnehmung verknüpft, wie wir es in Abbildung 11.22 zeigten. Wenn wir ausgedehnte Objekte konstruieren
wollen, die in einer geeigneten Weise einander überlagert sind, wo-
für Computerprogramme erhältlich sind, kann das Schema von Abbildung 11.25 so ausgedehnt werden, daß ganze Objekte in drei Dimensionen erkennbar werden. Wenn eine Person ein dreidimensio-
nales Objekt erkennen will, muß sie ihre Augen entsprechend
ausrichten, das heißt, sie muß die Vergenz kontrollieren. Diese Kon-

187

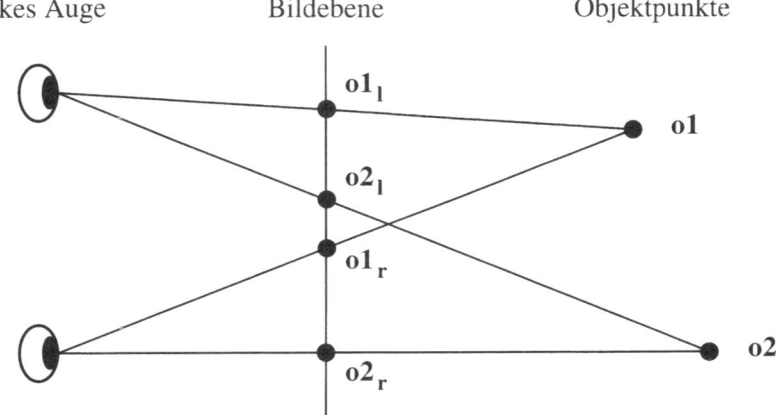

linkes Auge          Bildebene          Objektpunkte

$o1_l$

$o1$

$o2_l$

$o1_r$

$o2$

$o2_r$

rechtes Auge

**Abb. 11.25**
Prinzip für die Konstruktion von zweidimensionalen Bildern, die aber zu dreidimensionalen Scheindrücken führen. Obwohl die Bildpunkte in einer einzigen Bildebene liegen, konstruiert das Gehirn Objektpunkte, die in verschiedener Entfernung gelagert sind.

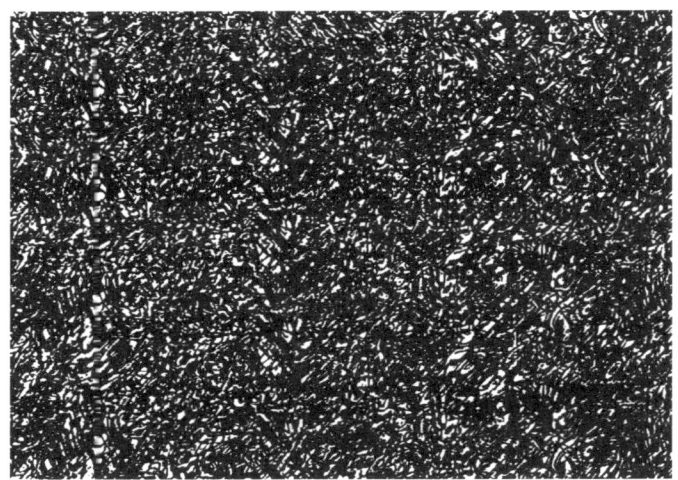

**Abb. 11.26**
Ausschnitt aus einem zweidimensionalen Bild, in welchem aber gemäß der Funktionsweise von Abbildung 11.25 ein Einhorn verborgen ist.

188

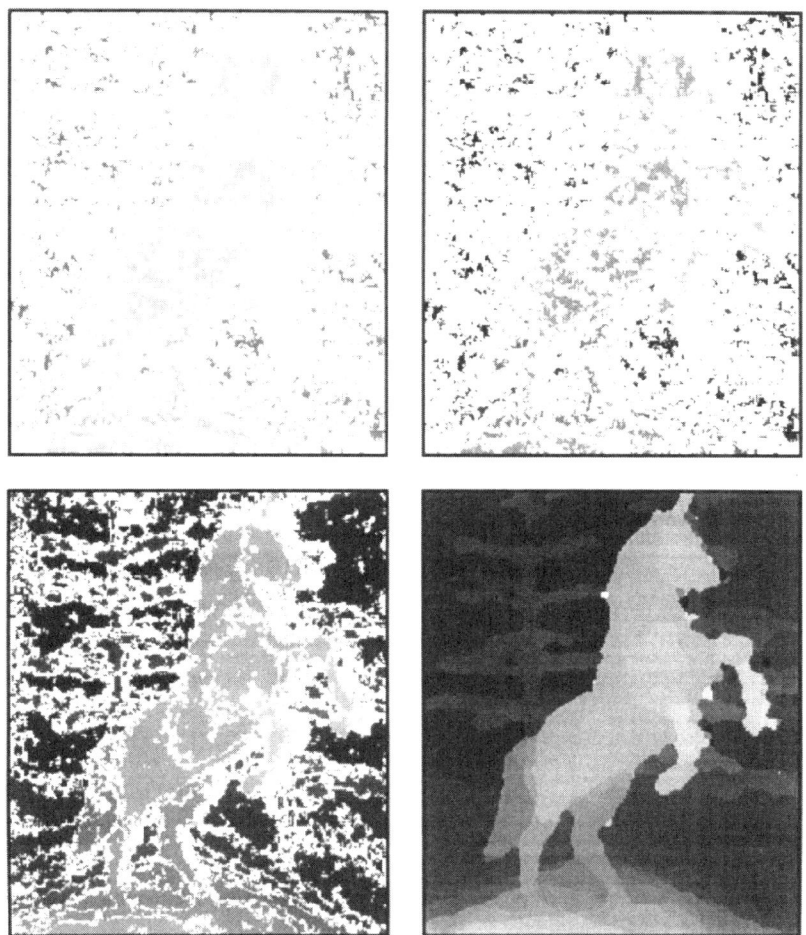

Abb. 11.27
Rekonstruktion dieses Einhorns mit Hilfe des synergetischen Computers.

trolle der Vergenz kann auch mit Hilfe eines Computers durchgeführt werden. Abbildung 11.26 zeigt den Ausschnitt aus einem zweidimensionalen Bild, in welchem ein Einhorn verborgen ist. Die
Abbildung 11.27 zeigt, wie die Disparitätsabbildungen enthüllen,
daß ein Einhorn entdeckt werden kann.

## Synergetik und Gestalttheorie

Wir dürfen dieses Kapitel wohl kaum beenden, ohne wenigstens einige Worte über die Gestalttheorie zu verlieren. Es ist erstaunlich, daß ein direkt synergetisch zu nennender Standpunkt schon frühzeitig, nämlich 1912 von Max Wertheimer, im Rahmen der Gestaltpsychologie eingenommen wurde, indem dieser von vornherein eine holistische Theorie vorschlug. Diese besagt, daß eine Anordnung von Merkmalen, wie etwa die Teile eines Gesichts, nicht einfach die Summe der Merkmale der Komponenten ist, sondern eine neue Ganzheit, eine Gestalt. Ein überzeugendes Beispiel hierfür bietet Abbildung 1.1. Mit dem Begriff der Gestalt ist gleichzeitig der ihrer Stabilität verknüpft. Wir nehmen Objekte als solche wahr, unabhängig davon, wie sie beleuchtet werden, wie sie im Raum liegen, ob sie teilweise verdeckt oder verzerrt sind usw. Wie unsere Forschungen zum synergetischen Computer zeigen, kann das Konzept des Ordners so weit vorangetrieben werden, daß Ordner die Eigenschaften von Gestalten haben. Allerdings müssen wir bei der expliziten Analyse weitgehend mathematisch vorgehen, so daß wir sie im Rahmen dieses Buches nicht behandeln werden.

# Kapitel 12

# Entscheidungsfindung als Mustererkennung

In diesem Kapitel nehmen wir unsere Idee auf, daß uns die Mustererkennung beim Sehen als eine Metapher dienen kann, um menschliche kognitive Fähigkeit zu verstehen. Ein typisches Problem, dem sich Menschen gegenübersehen, ist Entscheidungen zu treffen. Das muß natürlich in unserem täglichen Privatleben getan werden, aber auch in Wirtschaft und Gesellschaft, insbesondere durch Manager, Politiker usw. Wenn wir das Problem der Entscheidungsfindung näher betrachten, finden wir, daß es hier eine Reihe von Schwierigkeiten gibt, von denen wir nur einige nennen. Im allgemeinen ist die Information, die wir über ein Problem haben, über das wir eine Entscheidung treffen sollen, unvollständig. Mathematisch ausgedrückt ist das Problem oft schlecht gestellt (*ill-posed*), zum Beispiel in einer Weise, wie es den Problemen, die wir beim räumlichen Sehen diskutierten, entspricht. Sehr oft müssen wir Entscheidungen in Konfliktsituationen treffen. Jede spezielle Entscheidung trägt ihre eigenen Risiken. Das Problem der Entscheidungsfindung schließt insbesondere ein, daß es im allgemeinen mehrere Auswahlmöglichkeiten sowie ein Repertoire von Aktionen gibt. Um diese Probleme zu studieren, sind sowohl quantitative als auch qualitative Methoden entwickelt worden, und es gibt natürlich eine sehr große Literatur über Entscheidungsfindung.

In diesem Kapitel werfen wir neues Licht auf dieses Problem, indem wir eine Analogie zwischen der Entscheidungsfindung und der Mustererkennung herstellen. Im allgemeinen gibt es eine Diskrepanz zwischen den bekannten Daten und denen, die wir für die Entscheidungsfindung benötigen. Im idealen Fall stimmen diese mit den gewünschten Daten überein. Meist sind indessen die bekannten Daten ungenügend, das heißt, es gibt eine bestimmte Zahl von unbekannten Daten. Wie füllen Menschen diese Lücke von unbekannten Daten aus? Das wollen wir im folgenden analysieren. Ein einfaches, obgleich nicht triviales Beispiel wird durch Tennisspieler repräsentiert. Wie eine Analyse zeigt, ist die Zeit für die Reaktion eines Tennisspielers zu kurz, um seine (oder ihre) Sinnesempfindungen zu analysieren, bevor die Motortätigkeit einsetzt. Daher müssen Tennisspieler mit Hilfe spezieller Anhaltspunkte handeln, die auf ihrer Erfahrung und ihrem Training beruhen.

Wie füllen wir also die unbekannten Daten auf? Unser Hauptthema wird es sein, daß wir uns oft auf die Ähnlichkeit zwischen einer gegebenen Situation und einer früheren Situation verlassen. Wenn wir diese Ähnlichkeit in eine mathematische Form bringen wollen, so müssen wir nach Ähnlichkeitsmaßen Ausschau halten. Natürlich können wir uns in einer nicht-mathematischen Weise auf Analogien oder Metaphern beziehen. Eine Anzahl von psychologischen Faktoren sind wichtig, wie Aufmerksamkeit, Voreingenommenheit und Überzeugungen. Wenn wir diese Analogie mit der Mustererkennung, die wir nun betrachten, ernst nehmen, können wir zeitabhängige Auswahlen, wie im Falle von Kippfiguren, erwarten. Dies bedeutet, daß wir auch Entscheidungen treffen, die ein Hin- und Herschwanken zeigen oder die im Laufe der Zeit zufällig erfolgen. Im einzelnen schlagen wir die folgende Analogie zwischen der Mustererkennung und der Entscheidungsfindung vor (vgl. Tabelle 12.1).

Bei der Entscheidungsfindung entsprechen die Daten den Mustern, die bei der Mustererkennung behandelt werden. Die Daten können quantitativ sein, oder sie können auch aus speziellen Regeln, Gesetzen oder Vorschriften bestehen. Sie können in der Form von Algorithmen gegeben sein oder, wenn wir an Computer denken, in der Form von Programmen oder Flußdiagrammen. Auch allgemeine Diagramme können als solche Daten betrachtet werden. In der Mustererkennung können solche Muster aus Bildern oder der Anordnung von Objekten bestehen. Die Muster können dabei visuelle oder akustische Signale sein. Natürlich können in der Entscheidungsfindung die Daten hochdimensional sein.

So weit haben wir die Analogie zwischen den Objekten, die bei der Entscheidungsfindung und bei der Mustererkennung zugrunde

| Mustererkennung | Entscheidungsfindung |
|---|---|
| Muster<br>Bilder<br>Anordnung von Gegenständen<br>visuelle, akustische Signale<br>Bewegungsmuster<br>Aktionen<br>(oft als Vektoren verschlüsselt) | Daten, quantitative<br>qualitative, ja/nein<br>Regeln, Gesetze, Bestimmungen<br>Algorithmen, Programme<br>Bewegungsschaubilder, Diagramme<br>Befehle<br>multi-dimensional<br>kurz: »Daten« |
| Prototypmuster<br><br>angelernt oder gegeben | Sätze von bekannten kompletten<br>»Daten«<br>angelernt oder gegeben |
| Testmuster | unvollständige Daten<br>insbesondere fehlende »Aktion« |
| Ähnlichkeitsmaße<br>Dynamik<br>Neigung<br>Aufmerksamkeit, Bewußtsein | → |
| einzige Identifikation<br>oder<br>Schwankungen zwischen<br>zwei und mehr Wahrnehmungen<br>Hysterese<br><br><br>komplexe Szenen<br>Sättigung der Aufmerksamkeit | einzige Entscheidung<br>oder<br>Schwankungen zwischen<br>zwei und mehr Entscheidungen<br>tun, was beim letztenmal getan<br>wurde<br>selbst unter anderen Umständen<br>verschiedene Wahlmöglichkeit<br>Scheitern, neuer Versuch auf<br>der Basis von neuen Entscheidungen<br>»Heuristik« (Erkenntnistheorie) |

**Tabelle 12.1**

liegen, diskutiert. In beiden Fällen sind die Prototypmuster oder die Sätze von bekannten kompletten Daten entweder erlernt oder vorgegeben. Unvollständige Daten bei der Entscheidungsfindung haben ihr Analogon in der Mustererkennung in der Form von unvollständigen Testmustern. Wie kann man diese Analogie nun verwenden, um Entscheidungsfindung zu studieren? In Analogie zur Mustererkennung können wir ein Ähnlichkeitsmaß einführen. Es läßt sich dann eine Dynamik entwickeln, die auf dem Ähnlichkeitsmaß beruht und die auch Voreingenommenheit, Aufmerksamkeit usw. einschließt. So ist von einem formalen Gesichtspunkt aus das gesamte Vorgehen, das wir in Kapitel 11 bei der Mustererkennung betrachteten, übertragbar auf ein Schema, das Entscheidungsfindung beschreibt.

Was sind aber die Konsequenzen? Sie sind in der Tabelle 12.1 aufgelistet. Bei der Mustererkennung und bei der Entscheidungsfindung können wir eine eindeutige Identifizierung und entsprechend eine eindeutige Entscheidung erhalten.* Aber in einer Reihe von Fällen, nämlich bei den Kippfiguren, sind zwei (oder sogar mehr) ganz verschiedene Wahrnehmungen möglich. Ganz im Sinne der Symmetriebrechung bei einer Landschaft mit zwei Tälern kann eine Kleinigkeit (auch eine zufällige Schwankung) über die zuerst getroffene Wahl entscheiden.

So erzählt man sich die folgende Geschichte über den Beginn der amerikanischen Raumfahrt. Als die US-Regierung den Bau des ersten Satelliten ausgeschrieben hatte, bewarben sich natürlich verschiedene Unternehmensgruppen. Dabei erhielt diejenige den Zuschlag, die bei der Vorstellung der Projekte ein Modell des Satelliten – mehr oder weniger eine Metallkugel – mitbrachte. Angesichts der Größe des Projekts eine Kleinigkeit, aber ist es oft in unserem Leben nicht ähnlich? Genau wie bei der Wahrnehmung – etwa junge Frau/ alte Frau – kann auch beim Treffen der ersten Wahl unsere Voreingenommenheit eine Rolle spielen. Wird die erste Entscheidung nicht verwirklicht, so kommt es auch hier zum Schwanken – dem ewigen Hin und Her zwischen zwei Entscheidungen. Dieses Hin- und Hergehen ist, wie jeder weiß, in unserem täglichen Leben nicht unüblich. Hier kann man es aber auf fundamentale Mechanismen der menschlichen Wahrnehmungsfähigkeit zurückführen. Eine sehr wichtige Analogie tritt auf, wenn wir uns an den Hystereseeffekt erinnern, den wir bei der Mustererkennung fanden. Wenn wir diesen Effekt in die Entscheidungsfindung übersetzen, heißt dies das folgende: Eine Person tut das, was sie das letzte Mal tat, auch wenn sich die Umstände geändert haben.

---

* Diese kann auch bedeuten, daß wir aufgrund früherer negativer Erfahrung eine bestimmte Entscheidung nicht treffen.

Die Analogie zwischen Mustererkennung und Entscheidungsfindung kann noch weiter getrieben werden. Bei der Mustererkennung behandelten wir komplexe Szenen, wo wir sahen, daß der Computer – und wahrscheinlich auch das menschliche Gehirn – eine Szene mit Hilfe der Erschöpfung der Aufmerksamkeit analysiert. Sobald der Teil einer Szene erkannt worden ist, fokussieren wir unsere Aufmerksamkeit auf die anderen Objekte. In unserer Analyse der Entscheidungsfindung entsprechen mehrere Möglichkeiten den komplexen Szenen, und die Sättigung der Aufmerksamkeit, die wir bei der Mustererkennung antrafen, kann nun wie folgt übersetzt werden: Aufgrund unserer Aufmerksamkeit treffen wir eine erste Wahl. Wenn wir aber einen Fehlschlag erleiden, ist der Aufmerksamkeitsparameter für dieses Unternehmen gleich Null gesetzt. Wir machen dann einen neuen Versuch, bei dem unsere Aufmerksamkeit auf eine neue Art von Unternehmung gerichtet ist usw.

In Abhängigkeit von unserer früheren Erfahrung kann es zu einer Hierarchie von Aufmerksamkeitsparametern kommen, durch die wir uns hindurcharbeiten, indem wir mit dem höchsten Aufmerksamkeitsparameter beginnen. Diese Interpretation ist übrigens zu W. A. Wagenaars (1993) Konzept der Heuristik in Beziehung zu setzen. Er gibt hier ein sehr schönes Beispiel. Wenn man abends nach Hause kommt und will Licht anschalten, so betätigt man natürlich den Lichtschalter. Geht das Licht nicht an, so rüttelt man zuerst am Lichtschalter, sodann schaut man nach, ob etwa die Birne kaputt ist, oder ob die Birne wackelt. Schließlich schaut man aber vielleicht aus dem Fenster und sieht, daß auch alle anderen Häuser dunkel sind und kommt so zu dem Schluß, daß hier ein allgemeiner Stromausfall herrscht und zündet eine Kerze an.

Wenn wir diese Ideen zusammenfassen, so können wir feststellen: Der Mechanismus, den wir im Falle der Mustererkennung diskutierten, kann offensichtlich in den der Entscheidungsfindung übertragen werden. Dies kann nicht nur auf einem qualitativen, sondern auch einem quantitativen Niveau erfolgen, nämlich mit Hilfe des synergetischen Computers.

Ganz offensichtlich ist unsere Analyse keineswegs vollständig, und andere wichtige Strategien müssen ebenso betrachtet werden. Die künstliche Intelligenz – und hier sicherlich die Methode der Expertensysteme – verdient Beachtung. Ein Problem mit den Experten-systemen ist allerdings das der Verzweigungen, wenn diese auf ei-nem Entscheidungsbaum so zahlreich werden, daß die Entschei-dungsfindung schließlich sehr schwierig, wenn nicht gar unmöglich wird. Wir glauben, daß Menschen, und zwar nicht nur im Alltagsle-ben, dieses Verzweigungsproblem umgehen, indem sie ähnlich wie bei der Mustererkennung die verschiedenen, schon erlernten Mög-lichkeiten aufgrund ihrer Ähnlichkeit mit einem neuen Problem in Konkurrenz treten lassen.

Kapitel 13

# Das Gehirn als ein Computer, oder: Können Computer denken?

## Was ist Denken?

Natürlich weiß jeder, was Denken ist. Aber wenn wir gezwungen werden, es genauer zu definieren, erweist sich dies als eine schwierige Aufgabe. Zunächst einmal ist es ziemlich einfach, Tätigkeiten zu definieren, die gemäß unserem allgemeinen Verständnis nicht auf Denken beruhen. Solche Tätigkeiten können Reflexe sein. Wir schließen unsere Augen, wenn sich ein Objekt schnell unserem Gesicht nähert, oder wir bewegen unseren Unterschenkel, wenn der Arzt mit einem Gummihammer auf unser Knie klopft. Instinkte werden nicht mit Denken in Verbindung gebracht, und selbst das ziemlich komplexe Verhalten von Insekten wird oft auf Instinkte zurückgeführt. Es könnte allerdings auch sein, daß sich eine neue Art des Verständnisses von Insekten entwickelt, dem vielleicht eher Computermodelle zugrunde liegen. Denken ist nicht bei unbewußten Tätigkeiten wie beim Gehen oder Schwimmen beteiligt, Tätigkeiten, die vom Kleinhirn (Cerebellum) und dem Rückenmark kontrolliert werden.

Wir können dann von Denken sprechen, wenn höhere Gehirnaktivitäten beteiligt sind, so wie beim Verstehen und der Bildung von Sprache, der Analyse von Szenen, von Bildern usw., also in all den Fällen, wo eine Bedeutung den wahrgenommenen visuellen oder akustischen Mustern zugeordnet werden kann. Wir denken, wenn wir Situationen analysieren, was die Diagnose eines Doktors sein kann, oder die Überlegungen einer Hausfrau, die die Sonderangebote eines Supermarktes studiert. Ein erheblicher Teil des Denkens beruht auf Analogieschlüssen, auf Assoziationen und auf Klassifizierungen. Wir denken beim Planen und beim Treffen von Entscheidungen. Im vorangegangenen Kapitel hatten wir ein Modell für Entscheidungsfindung behandelt. Wir sind davon überzeugt, daß das Schachspiel oder die Lösung mathematischer Probleme ein gut Teil an Denken erfordert. Denken liegt der Entwicklung von Theorien über physikalische, chemische, soziale oder viele andere Prozesse zugrunde, oder auch wenn wir Ingenieuraufgaben lösen. Ganz allgemein gesprochen entwickeln wir mentale Bilder der Welt oder mentale Darstellungen von ihr, während wir denken.

Eine Anzahl von Experimenten bestätigen diese Konzepte. Wenn Menschen aufgefordert werden, eine Blume zu benennen, erwähnen die meisten sofort eine Rose; im Falle eines Werkzeugs einen Hammer und im Falle eines wilden Tieres einen Löwen. Im Studium von mentalen Darstellungen sprechen Wissenschaftler von inneren Karten, die wir entwerfen, zum Beispiel von Städten oder unserer Umgebung. Denken ist verknüpft mit Bewußtsein und Introspektion, beides riesige Gebiete, die größtenteils trotz vieler Bemühungen unerforscht geblieben sind. Eine Frage von großem gegenwärtigen Interesse ist, ob Tiere denken können oder Bewußtsein haben, und zahlreiche Experimente zeigen immer deutlicher, daß ganz verschiedene Spezies in der Tat denken können.

Zum Abschluß dieses Abschnitts wollen wir nur daran erinnern, daß es ganze Bücher gibt, die dem Problem der Intelligenz gewidmet sind und wie man Maßstäbe zur Intelligenzmessung entwickeln kann. Ein weithin bekanntgewordenes Beispiel ist der Intelligenzquotient oder IQ, bei dem mit Hilfe wohldefinierter Fragen, die von Testpersonen beantwortet werden müssen, eine Zahl für deren Intelligenz berechnet werden kann. In letzterer Zeit wurden derartige Methoden jedoch zunehmend in Frage gestellt. Nach Meinung der Autoren ist die Frage der Intelligenz und wie man sie mißt äußerst subtil, denn Intelligenz kann sehr stark aufgabenbezogen sein. Die Menschen sind für ganz unterschiedliche Arten von Aufgaben begabt; der eine kann dieses und jener etwas ganz anderes gut. Dazu könnte es auch eine Art von Hierarchie von Intelligenz geben, wenn wir Intelligenz im Tierreich mit der von Menschen vergleichen. Im Zusammenhang mit diesem Kapitel sollten wir gleich sagen, daß die heutigen Computer weit entfernt von der Erfüllung der Aufgaben sind, die man intelligent nennen könnte, so daß bisher kein IQ für Computer aufgestellt worden ist.

# Computer

Die Mechanisierung geistiger Prozesse hat eine lange Geschichte, die bis zu Gottfried Wilhelm Leibniz und anderen zurückreicht, die mechanische Rechner entwarfen. Diese Maschinen wurden konstruiert, um Additionen, Subtraktionen, Multiplikationen und Divisionen durchzuführen. Ein großer Schritt vorwärts bestand in der Entwicklung elektronischer Computer und der Erfindung von effizienten Computerarchitekturen, insbesondere bei Konrad Zuse und Johann von Neumann. Gemäß der Architektur, die von Neumann entwickelte, besteht ein Computer aus einem Prozessor, in dem alle Rechenoperationen durchgeführt werden, und aus einem Gedächtnis. Tatsächlich finden wir die gleiche Architektur bereits in der Turing-Maschine, die wir weiter unten diskutieren werden. Während die ersten elektronischen Computer aus Elektronenröhren bestanden, basieren moderne Computer auf Halbleiterelementen, nämlich dem Siliziumchip, auf dem Myriaden von einzelnen funktionalen Elementen integriert sind. Künftige Computer werden wahrscheinlich nicht nur auf Halbleitern, sondern auch auf Lasern und der molekularen Elektronik beruhen. Alle diese Computer haben gemein, daß sie die Operationen nacheinander ausführen. Oft sind auch Schleifen eingebaut, wenn die Lösung für ein Problem mit Hilfe von schrittweisen Näherungen gefunden werden muß, und die Näherungen immer mehr verbessert werden können, indem man die einzelnen Schritte wiederholt.

Unabhängig vom materiellen Substrat sind die individuellen Komponenten eines Computers logische Elemente, die die mathematischen Operationen einer sogenannten Booleschen Algebra erfüllen können. Es ist interessant, daß diese mathematischen Operationen keineswegs die Multiplikation von Zahlen sind, sondern logische Operationen wie *und* und *oder*. Ein Beispiel, wie solche Operationen mit einer einfachen mechanischen Vorrichtung realisiert werden können, die auf Überlauf von Wasser beruht, zeigt Abbildung 13.1. Dieser Wassercomputer verwirklicht die logische Operation *oder*. Das untere Gefäß wird voll, wenn das linke oder das rechte obere Gefäß oder beide voll gewesen sind. Eine Verbindung zwischen derartigen logischen Operationen und der Operation der Multiplika-

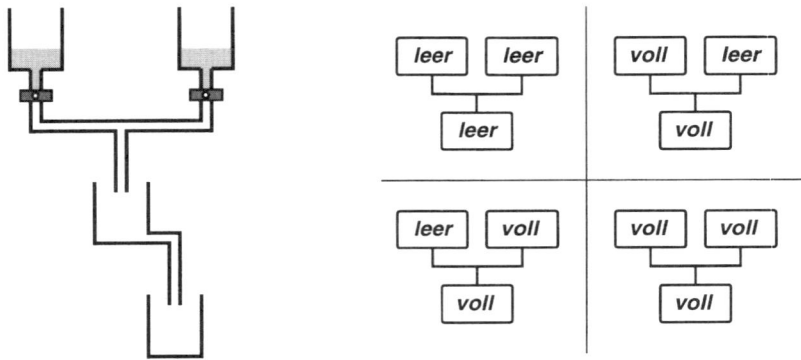

**Abb. 13.1**
Logische Operationen lassen sich sogar schon durch die Anordnung von Wasserbehältern verwirklichen oder auch veranschaulichen. Zunächst sind die oberen Wasserbehälter entweder leer oder einer von beiden voll, oder beide voll. Sodann werden die Ventile geöffnet, das Wasser strömt in den untersten Behälter, wobei man sofort die in dieser Abbildung rechts angegebenen Schemata nachvollziehen kann.

tion, Addition, Subtraktion und Division kann man leicht herstellen, wenn man ein sogenanntes binäres System von Zahlen verwendet. In diesem System wird jede Zahl durch Nullen und Einsen dargestellt. Illustrieren wir die Beziehung zwischen logischen Operationen und der Multiplikation mit Hilfe des folgenden Beispiels: Wie Schulanfänger wissen, beinhalten die Multiplikationsregeln insbesondere $0 \times 0 = 0$, $0 \times 1 = 0$, $1 \times 0 = 0$ und $1 \times 1 = 1$. Diese Regeln werden vollständig von einem Wassercomputer analog zu Abbildung 13.1 nachgeahmt, bei dem der Auslauf im mittleren Behälter auf halber Höhe von diesem angebracht ist, und wir 0 mit leer und 1 mit voll identifizieren. In ähnlicher Weise können andere algebraische und logische Regeln, wie etwa die Addition, verwirklicht werden.

Ein wichtiges Konzept in der Theorie der Berechnungen oder, wie es sich heutzutage erwiesen hat, in einigen Gehirntheorien, ist das der Turing-Maschine, oder genauer gesagt, der universellen Turing-Maschine. Solch eine Maschine wurde zuerst von dem berühmten englischen Mathematiker A. M. Turing (1936) entworfen. Sie besteht aus einem Band, das zumindest im Prinzip unendlich lang ist.

Auf dieses Band können die Zahlen 0 und 1 durch einen »Kopf« gedruckt oder auch ausgelöscht werden. Der Kopf, der sich entlang dieses Bandes bewegen kann, enthält ein Programm. Gemäß diesem Programm und entsprechend der Zahl, die der Kopf gerade auf dem Band abgelesen hat, kann er die Zahl durch eine andere ersetzen oder so lassen, und kann sich in eine der beiden Richtungen weiter bewegen, wo er wiederum auslöscht und druckt, oder die Zahl läßt und sich dann weiterbewegt. Das Programm kann ebenfalls mit Hilfe von Zahlen geschrieben werden. Bevor die Turing-Maschine mit ihrer Arbeit beginnt, werden eine Reihe von Zahlen auf dem Band aufgedruckt. Diese Zahlen sind sowohl das Programm, das von dem Kopf gelesen wird, als auch die anfänglichen Werte, mit deren Hilfe das Programm operiert. Dann nimmt man an, daß die Maschine für einige Zeit arbeitet, bis sie zu einem Halt kommt, und das endgültige Resultat von dem Band abgelesen werden kann.

Im Sinne der Turing-Maschine wird ein mathematisches Problem berechenbar genannt, wenn die Maschine nach einer endlichen Zeit zum Stillstand kommt. Auf diese Weise spielt die Turing-Maschine eine wichtige Rolle bei der Diskussion und bei Beweisen, die sich auf Berechenbarkeit beziehen. Um die Frage der Berechenbarkeit zu illustrieren, stellen wir uns eine Anzahl von Symbolen A, B, C vor. Die Operationen, die diese Symbole miteinander verknüpfen sollen, seien lediglich Multiplikation und Division, wobei allerdings die Reihenfolge der Buchstaben beachtet werden muß. Wir können alle Arten von Ausdrücken bilden, wie AA, AB, AC, BCA, auch jede andere Kombination dieser Buchstaben. Jede Kombination wird ein Wort genannt. Dann definiert man spezielle Relationen, wie AB=1, das heißt spezielle Kombinationen werden gleich eins gesetzt. Ganz offensichtlich erhalten wir wegen AB=1 zum Beispiel ABC=C. Das Wortproblem besteht in der Aufgabe zu entscheiden, ob aufgrund der definierenden Relationen, wie AB=1, zwei Worte einander gleich sind, zum Beispiel ABC=C.

Betrachten wir den allgemeinen Fall eines beliebigen Satzes von Buchstaben und eines Satzes von definierenden Relationen. Können wir dann eine allgemeine Prozedur, einen Algorithmus, entwickeln, durch den wir entscheiden können, ob zwei Worte einander gleich sind oder nicht? Solch ein Problem kann als eines für die Turing-Maschine übersetzt werden, und es kann gezeigt werden, daß wir nicht bestimmen können, ob die Turing-Maschine zu einem Halt kommt oder nicht. Mit anderen Worten, es gibt kein allgemeines Verfahren, durch das wir das Wort-Problem lösen können. Tatsächlich ist das Halt-Problem engstens mit K. Gödels Unvollständigkeitstheorem verknüpft, aber wir wollen hier diese Beziehung nicht näher beleuchten.

Da in einigen Diskussionen über die Natur von Gehirnaktivitäten das Konzept der Turing-Maschine und Gödels Theorem eine Rolle spielen, fügen wir einige Kommentare zum Halt-Problem hinzu. Es gibt hier in der Tat einige Subtilitäten hinsichtlich des Halt-Problems, die bereits von N. Wiener in seinem berühmten Buch über Kybernetik, obwohl in einem anderen Zusammenhang, erwähnt wurden. Im Zusammenhang mit unserem Buch können wir zum Beispiel der Turing-Maschine das Problem des Erkennens von Kippfiguren vorlegen. Wir bitten sie also zu entscheiden, ob sie eine Vase oder zwei Gesichter sieht. Ganz offensichtlich ist die Lösung oszillatorisch, das heißt, die Turing-Maschine wird nie zu einem Halt kommen. Auf diesem Niveau ist das Problem Vase oder Gesichter? in der Tat nicht entscheidbar. Aber die Natur, unser Gehirn, zeigt uns ganz klar, wie es dieses Problem löst, nämlich mit Hilfe von Schwingungen. Das heißt, wenn wir das Problem in eines auf einem höheren Niveau transformieren, nämlich indem wir fragen: Gibt es hier Schwingungen? wird die Turing-Maschine sofort die Frage positiv beantworten und zu einem Halt kommen.

Obgleich dieses Beispiel ziemlich einfach ist, erlaubt es uns doch, einige interessante Schlüsse zu ziehen. Ob wir ein Problem lösen können, hängt nicht nur von dem Vorgang der Lösung ab, sondern auch von der Art der Frage, die wir stellen, und insbesondere auch von unserer Einsicht, was wir als eine Lösung akzeptieren. Tatsächlich basieren gerade große Entdeckungen, zum Beispiel in der Mathematik, auf dieser Einsicht. Man stelle sich nur die für den Mathematiker bekannte Entdeckung der imaginären Einheit $i = \sqrt{-1}$ vor. Hier erkennen wir, daß $i$ eine annehmbare Lösung für die Gleichung $i^2 = -1$ ist, vorausgesetzt, daß wir das Konzept der Zahlen erweitern.

Wenn wir diese Kommentare ernst nehmen, dann können wir sicher sagen, daß ein Gehirn nicht wie eine Turing-Maschine arbeitet.

Oder anders ausgedrückt: Wenn eine Turing-Maschine einen Satz von Zahlen als die Lösung eines mathematischen Problems produziert, so ist es der Mensch, der diesen Zahlen Bedeutung zuweist, oder wenn die Turing-Maschine ein Problem unentscheidbar findet, kann der Mensch herausfinden, was wirklich geschieht.

## Künstliche Intelligenz

Nach dem Erscheinen des elektronischen Computers wurde es bald klar, daß diese Maschine nicht nur Zahlen manipulieren kann, sondern auch mit Symbolen arbeitet. Dies ist für uns selbstverständlich, wenn wir etwa an einen PC als *word processor* denken, bei dem ganze Sätze umgestellt oder Wörter ausgetauscht werden. Andererseits müssen wir uns aber bewußt sein, daß die Operationen auf einem *word processor* immer noch sehr primitiv sind und sicherlich nicht mit intelligentem Verhalten des Computers verknüpft sind. Das Ziel der künstlichen Intelligenz ist in der Tat weiter gespannt. Es beruht auf der Idee, daß Objekte und Vorgänge in unserem Gehirn mit Hilfe von Symbolen dargestellt werden. Gemäß der Auffassung der künstlichen Intelligenz ist Denken nichts anderes als eine Verarbeitung dieser Symbole gemäß spezieller Regeln.

Aufgrund dieser Vorstellung wurden Programme entwickelt, um zu zeigen, daß sich eine Zahl von Problemen auf diese Weise lösen läßt. Ein Beispiel hierfür liefert das Aufeinandersetzen kleiner farbiger Bausteine, wie Würfel, Zylinder und Pyramiden. So ist es möglich, eine Pyramide auf einen Würfel, aber nicht einen Würfel auf eine Pyramide zu setzen. Auf diese Weise entwickelte T. Winograd (1972) Programme, so daß ein Computer Befehle wie die folgenden ausführen konnte: Setze die rote Pyramide auf den blauen Zylinder und das ganze Arrangement auf den Würfel usw.

Ein anderes Beispiel für die Anwendung der künstlichen Intelligenz ist der Entwurf von Schachcomputern, die in der Tat sehr stark geworden sind und gelegentlich sogar Großmeister schlagen können. Das Geheimnis des Erfolgs von Schachcomputern liegt in ihrer Geschwindigkeit. Sie können eine riesige Zahl von Schachbewegungen in kürzester Zeit überprüfen. Diese Computer arbeiten ganz sicherlich vollständig anders, als ein geübter Schachspieler spielt. Die Computer arbeiten eher mit schierer Gewalt als mit Intelligenz.

Ein anderes, inzwischen berühmt gewordenes Beispiel, ist das Computerprogramm Eliza, das von J. Weizenbaum (1966) geschrieben wurde. Er entwickelte ein Programm, das auf bestimmte Weise einen Psychoanalytiker nachahmen konnte. Sein Programm stellte Fragen und reagierte auf die Antworten der Patienten. Eigentlich beruhte es auf einigen Tricks, die auf typischen Fragen von Psychoanalytikern beruhten. Wenn etwa ein Patient seine Mutter erwähnte, fragte das Computerprogramm: »Erzählen Sie mir mehr über Ihre Mutter.« J. Weizenbaum selbst war ziemlich skeptisch gegenüber dieser Methode und war sich völlig der Grenzen der Computer und ihrer Art von »Denken« bewußt.

Auf speziellen, wohldefinierten Gebieten kann man Computer benutzen, um Aufgaben durchzuführen, die sonst von Menschen getan werden, wie etwa Buchungen in Banken, Hotels oder Reisebüros, vorausgesetzt daß die Benutzer speziellen Regeln folgen. Ein weiteres Anwendungsgebiet für Computer sind sogenannte Expertensysteme. So möchte man hier die Diagnose, die von Ärzten gemacht wird, durch entsprechende Computerprogramme ersetzen. Praktiker wissen indessen, daß diese Methode wegen der Komplexität der Diagnose mit enormen Schwierigkeiten belastet ist. Die gleichen Symptome können durch ganz verschiedene Krankheiten hervorgebracht werden. Wenn man alle Möglichkeiten ausloten oder alle unwahrscheinlichen Möglichkeiten eliminieren will, wird die Zahl der Entscheidungen, die zu treffen sind, enorm. Darüber hinaus gibt es viele, oft unwillkürlich wahrgenommene Symptome, die dem erfahrenen Arzt auffallen, und die dann in seine Diagnose einfließen, Symptome, die aber gar nicht qualifiziert oder quantifiziert werden können. Man muß sich immer wieder im klaren sein, daß in praktisch allen Fällen die Effizienz oder die Fähigkeit des Computers nicht auf seiner eigenen Fähigkeit zu denken beruht, sondern auf der Gewandtheit der Programmierer. Aus der Erfahrung, die man mit all diesen Systemen gemacht hat, kann ein allgemeiner Schluß gezogen werden: Voraussetzung für die Arbeit jedes heutigen Computers ist eine endliche, begrenzte Zahl von wohldefinierten Objekten und wohldefinierten Regeln. Computer können nicht – oder kaum –

Mehrdeutigkeiten, Unbestimmtheiten usw. behandeln. Dies soll allerdings nicht mit *fuzzy logic* verwechselt werden, die tatsächlich auf wohldefinierten Regeln beruht. Das Gehirn scheint ganz andere Strategien zu benutzen, solche, die wir in Kapitel 12 diskutierten.

## Neurocomputer und Konnektionismus*

Wenn wir die Geschwindigkeit betrachten, mit der typische Aufgaben des täglichen Lebens von einem Computer und von dem menschlichen Gehirn gelöst werden, so finden wir sofort eine gewaltige Diskrepanz. Wenn wir zum Beispiel eine Szene wahrnehmen, so muß unser Gehirn, zu dem auch unsere Augen zählen, Milliarden von Bits verarbeiten, und zwar in Sekundenschnelle. Andererseits ist es bekannt, daß die einzelnen Bestandteile des Gehirns, nämlich die Neuronen, langsam im Bereich von einigen Tausendstel Sekunden arbeiten. Wenn wir eine größere Anzahl solcher Neuronen hintereinanderschalten, so würde es nicht nur Stunden, sondern Jahre dauern, bis wir eine Szene erkannt hätten.

Trotz dieser Langsamkeit seiner Elemente kann das Gehirn eine ungeheuer große Menge Information im Bruchteil einer Sekunde verarbeiten. Im Gegensatz hierzu arbeiten zwar die Computerelemente sehr schnell, aber der normale konventionelle Computer ist viel zu langsam oder nicht einmal fähig, Szenen zu erkennen. Schon allein aus diesen Gründen kann das Gehirn nicht wie ein serieller Computer funktionieren. Es arbeitet vielmehr parallel. In ihrer grundlegenden Arbeit hatten 1943 W. McCulloch und W. Pitts Konzepte für parallele Computer entwickelt, und wir erinnern den Leser an dieses Modell. Hier nimmt man an, daß ein Netzwerk aus einzelnen Modellneuronen besteht, von denen jedes zwei Zustände besitzt, einen Ruhezustand und einen aktiven Zustand. Empfängt ein

---

* Das Wort »Konnektionismus« hängt mit dem englischen (ursprünglich aus dem Lateinischen stammenden) Wort *connections* (Verbindungen) zusammen und bringt zum Ausdruck, daß bei diesem Gehirnmodell den Verbindungen zwischen den Neuronen eine grundlegende Rolle bei den Wahrnehmungs- und Denkvorgängen zugeschrieben wird.

Neuron in seinem Ruhezustand Signale von anderen Neuronen, bleibt es in diesem Zustand, wenn die Summe der Signale kleiner als ein kritischer Wert ist, der sogenannte Schwellenwert. Wenn die Summe der Signale diese Schwelle überschreitet, wird das Neuron in seinen aktiven Zustand überführt und sendet selbst ein Signal zu anderen Neuronen aus.

Die genannten Autoren zeigten, daß ein Netzwerk von miteinander verknüpften Neuronen dieses Typs alle logischen Prozesse einer Booleschen Algebra ausführen kann, sofern die Verknüpfungen zwischen den Neuronen geeignet gewählt werden. R. Rosenblatt (1962) war der erste, der solch ein Netzwerk mit Hilfe seines sogenannten Perzeptrons verwirklichte. Man erzählt sich, daß dann dieses Gebiet wegen einer harten Kritik von M. L. Minsky nicht weiter verfolgt wurde, der zeigte, daß das Perzeptron bestimmte Operationen wie das XOR-Problem, die exklusive Operation des ODERs, nicht ausführen kann. Experten sagten uns indessen, daß auch andere dieses und ähnliche Hindernisse erkannt hatten. Jedenfalls wurde dieses Gebiet nur wenig weiter erforscht, bis es schließlich in den achtziger Jahren eine Wiederbelebung erfuhr.

Dann machte man Fortschritte durch sogenannte 3-Niveau-adaptive Filter, die in Abbildung 13.2 gezeigt sind. Die erste Schicht enthält die Eingangsschicht, von der Information zu der zweiten Schicht transportiert wird, die die sogenannten verborgenen Variablen enthält. Diese sind in dem adaptiven Filter nicht miteinander verknüpft. Von der mittleren Schicht werden Signale zu einer dritten, der Aus-

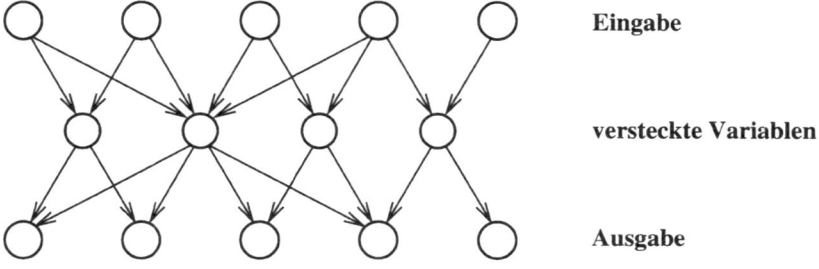

Eingabe

versteckte Variablen

Ausgabe

**Abb. 13.2**
Darstellung eines adaptiven Filters mit drei Schichten. Jeder Kreis repräsentiert ein Modellneuron, die Teile stellen Verknüpfungen zwischen den verschiedenen Neuronen dar.

gangsschicht ausgesandt. Das wesentliche Problem besteht darin, die Übertragungsstärken von einer Schicht zur anderen festzulegen. Diese Stärken hängen einerseits von den Eingängen ab, die von jedem individuellen Modellneuron herrühren, aber auch von den Stärken oder Gewichten, mit welchen diese Signale übermittelt werden. Das wesentliche Problem besteht in der Bestimmung dieser Gewichte oder sogenannten synaptischen Stärken. Das Wort *synaptisch* ist hierbei in Analogie zu den Prozessen zwischen realen Neuronen, wie sie in Kapitel 3 besprochen wurden, gewählt. Ein weithin benutztes Konzept, um die synaptischen Stärken zu benutzen, ist die sogenannte *back propagation*.

Erläutern wir dieses Konzept etwas mehr im Detail. Gemäß einer weitverbreiteten Auffassung in diesem Gebiet lernt ein neuronales Netzwerk mit Hilfe von Beispielen. So wird dem Netzwerk eine Anzahl von Problemen gestellt, deren Lösungen bekannt sind. Das Netzwerk wird zunächst mit mehr oder weniger willkürlich gewählten synaptischen Stärken ausgestattet. Dann werden die Resultate des Netzwerks mit den bekannten richtigen Resultaten verglichen. Dabei zeigt sich, daß das Netzwerk Fehler gemacht hat. Die Idee ist, daß man diese Fehler durch fortschreitende Anpassung der synaptischen Stärken immer mehr verkleinert. Da dieses Verfahren rückwärts gemacht wird, indem man von der Ausgangsschicht zur mittleren Schicht, und dann von der mittleren Schicht zur Eingangsschicht geht, nennt man dieses Verfahren *back propagation*.

Ein berühmtes Beispiel hierfür wurde von T. N. Sejnowski und C. R. Rosenberg entwickelt, die einem Netzwerk beibrachten, wie man geschriebene englische Sprache laut lesen kann. Bekanntlich hängt im Englischen die Aussprache von Vokalen und Konsonanten von dem Wort ab, in dem sie erscheinen. So wird im Englischen a in bar anders ausgesprochen als ein a in bad, und ein s wird verschieden gelesen, ob es in Verbindung mit einem h erscheint oder nicht. Sejnowski und Rosenberg gelang es, ein solches Netzwerk zu trainieren, wobei sich die Resultate mit dem Wissen von Kindern in dem ersten oder zweiten Jahr der Grundschule vergleichbar erwiesen. Man sollte aber beachten, daß auf diese Weise keinerlei Bedeutung oder Semantik durch den Computer erlernt wurde, er lernte einfach Regeln, wie man Wörter auszusprechen hat.

Der Vergleich zwischen der Fähigkeit eines neuronalen Netzwerks und einem menschlichen Gehirn beim Lernen von Aufgaben spielt in der gegenwärtigen Literatur eine wichtige Rolle. Allerdings gibt es hier mindestens zwei grundlegende Schwierigkeiten. Bis jetzt existiert keine allgemeine Theorie des Lernens. Zum Beispiel weiß man nicht, wie viele Komponenten ein solches Netzwerk in den verschiedenen Schichten enthalten muß. Darüber hinaus versteht man bis heute nicht genau, wie ein solches Netzwerk wirklich arbeitet. Wir können beim Lernvorgang dem Wechsel der synaptischen Stärken folgen und dies auch bildlich veranschaulichen, aber dieses gibt uns keinerlei Einsicht in die allgemeinen Prinzipien wie der gesamte Zustand des Netzwerks hervorgebracht wird und wie man ihn angemessen beschreiben kann.

In der Welt der Physiker wurde das Interesse an Neurocomputern durch eine Arbeit von J. J. Hopfield (1982) stark angeregt, der eine formale Äquivalenz zwischen dem McCulloch-Pitts-Modell und sogenannten Spin-Gläsern in der Festkörperphysik nachwies. Spin-Gläser kann man sich so vorstellen, daß sie aus einzelnen Magnetchen bestehen, von denen jedes einen Nord- und einen Südpol hat. Wie wir wissen, ist die Wechselwirkungsenergie zwischen solchen Magneten höher, wenn sie parallel sind und niedriger, wenn sie in antiparallele Richtung zeigen. Falls wir die Wechselwirkungsstärken zwischen Magneten an verschiedenen Plätzen in einem Gitter festlegen, können wir eine Gesamtenergie des Systems für die jeweiligen Gesamtorientierungen der einzelnen Magneten berechnen. Die Orientierungen »oben« und »unten« entsprechen den zwei Zuständen in dem Zwei-Niveau-Neuron, das von W. McCulloch und W. Pitts eingeführt worden ist. Das Hopfield-Modell hat den Vorteil, daß man die Energie ausrechnen kann, die mit den Zuständen der Elementarmagnete verknüpft ist. Andererseits hat dieses System den Nachteil, daß es sogenannte Geisterzustände besitzt, das sind Zustände, die nicht den gespeicherten Mustern entsprechen, und das System kann in der Tat in solchen Zuständen eingefangen werden.

Indem wir diesen Abschnitt beenden, vergleichen wir Neurocomputer mit dem synergetischen Computer von Kapitel 11. Trotz einiger formaler Analogien, nämlich der Parallelverarbeitung und der Drei-Schicht-Realisierung, gibt es eine Zahl von fundamentalen Unterschieden zwischen Neurocomputern, einschließlich der Spin-Glas-Modelle und sogenannten adaptiven Filtern, und dem synergetischen Computer. Die Hauptunterschiede sind, außer den detaillierten Eigenschaften der Neuronen, die folgenden:

1. In einer Zahl von Fällen, wie in dem Hopfield-Modell, gibt es sogenannte Geisterzustände, der Erkennungsprozeß wird in Zuständen eingefangen, die nicht den tatsächlich gespeicherten oder erlernten Mustern ähnlich sind. Um diese Schwierigkeit zu umgehen, wurden komplizierte und zeitaufwendige Verfahren entwickelt, insbesondere das sogenannte simulierte Aufheizen. In diesem Prozeß werden Zufallsstöße auf die Kugel, die sich in einer Gebirgslandschaft bewegt, ausgeübt, um sie aus der unerwünschten Falle hinauszutreiben und sich in tiefer liegende Zustände bewegen zu lassen, die den tatsächlich gelernten Mustern entsprechen. Der synergetische Computer vermeidet diese Schwierigkeit vollständig, da er keine Geisterzustände oder andere unerwünschte Zustände besitzt. Es ist auch höchst unwahrscheinlich, daß das Gehirn simulierte Aufheizung oder ähnliche Methoden verwendet.
2. Im Falle des synergetischen Computers erlauben uns die Konzepte der Ordner und der Versklavung den Gesamtzustand des Netzwerkes zu charakterisieren und ihm sogar eine Bedeutung zuzuordnen. Diese Interpretationsmöglichkeit fehlt im Falle von Neurocomputern.
3. In Verwirklichungen des Neurocomputers war es bis jetzt nicht möglich, mehr als einige hundert Neuronen einzuschließen.
4. Im Falle des synergetischen Computers gibt es eine Lerntheorie, die es uns gestattet, die synaptischen Stärken und ihre Verknüpfungen mit den Prototypmustern zu bestimmen. Solch eine Lerntheorie fehlt im Falle der Neurocomputer.

Obgleich die Entwicklung der Neurocomputer ganz zweifellos ein wichtiger Schritt in der Modellierung neuronaler Aktivitäten gewesen ist, glauben wir, daß der synergetische Computer, der auf allgemeinen synergetischen Konzepten beruht, dem Ziel eines Verständnisses der Gehirntätigkeit näher kommt.

# Können Computer denken?

Wie können wir testen, ob ein Computer denken kann? Ein Vorschlag für solch einen Test geht auf A. M. Turing (1950) zurück. Betrachten wir die folgende Anordnung: Eine Person sitzt auf der einen Seite einer Wand, und auf der anderen Seite ist entweder ein anderer Mensch oder ein Computer. Die zwei Seiten können mit Schreibmaschinen oder mit Fax Informationen austauschen. Der Mensch kann Fragen stellen, um die andere Seite zu einer Antwort zu veranlassen. Antwortet die andere Seite wie ein anderer Mensch? Oder zeigen die Antworten, daß die andere Seite ein Computer ist? Heutzutage finden echte Wettbewerbe statt, in denen in allen Fällen die Menschen schließlich herausgefunden haben, daß die andere Seite ein Computer war. Es scheint, daß die Fähigkeit des Computers in einer menschlichen Art zu agieren eher von ihren Programmierern als von ihrer eigenen Intelligenz abhängt. Amüsanterweise könnte ein solcher Test gerade in der umgekehrten Richtung wirken, nämlich als ein Beweis, daß die andere Seite ein Computer ist. Zum Beispiel gibt es einige Aufgaben, die für Menschen sehr schwierig in kurzer Zeit zu lösen sind, wie die Multiplikation großer Zahlen. Ein Computer kann dies sehr schnell tun und so enthüllen, daß er ein Computer ist und nicht ein Mensch, vorausgesetzt natürlich, daß er nicht programmiert ist, solche Arten von Fragen abzulehnen. Aber hier ist es wiederum eher die Voraussicht des Programmierers als die Einsicht des Computers, die relevant ist.

Wenn wir unsere gegenwärtigen Erfahrungen mit allen Arten von Computern zusammenfügen, können wir das folgende feststellen: Was ursprünglich für einen Computer schwierig zu sein schien, ist jetzt ziemlich einfach, zum Beispiel Schachspielen, und was ursprünglich einfach erschien, nämlich die Erkennung von Mustern, Gesichtern oder Gesichtsausdrücken, die Analyse von Szenen, die Wahrnehmung von Sprache, ist schwierig. Nach Meinung mancher Autoren wie von Dreyfus (1972) gibt es starke Hinweise darauf, daß es nicht formalisierbare Erfahrungen gibt. Im menschlichen Leben wird unser Verhalten in bestimmten Situationen eher von Intuition (vgl. Kap. 12) als von Algorithmen bestimmt. Schwierigkeiten entstehen schon in einfach erscheinenden Aufgaben wie Übersetzungen.

Oft haben Wörter oder Sätze eine doppelte Bedeutung. Kann ein Computer solch eine doppelte Bedeutung erkennen oder die Ironie, die in manchen Sätzen verborgen ist? Uns erscheint es zu früh, um eine endgültige Antwort auf diese Fragen zu geben, aber unsere Haltung ist etwas optimistischer im Hinblick auf Algorithmen.

Zum Beispiel sahen wir in den Kapiteln über Kippfiguren oder über Entscheidungsfindung, wie Algorithmen mit Problemen fertigwerden können, die keine eindeutige Lösung besitzen. Ähnlich sehen wir kaum das gleiche Gesicht mehrmals. Das Aussehen eines Gesichtes wechselt ständig aufgrund verschiedener Gesichtsausdrücke, Beleuchtung, Alter usw. Aber wie wir in Kapitel 11 bemerkten, können wir Verzerrungen von Gesichtern mit Hilfe von Algorithmen erfassen. Auf diese Weise kann die Verschwommenheit aufgelöst werden, obwohl manchmal nicht eindeutig. Mit anderen Worten, es gibt noch eine große Zahl von Möglichkeiten, um scheinbar unformalisierbare Erfahrung in formalisierbare zu transformieren, oder, um es anders auszudrücken, es gibt immer noch eine große Zahl von Möglichkeiten, um Computer zu verbessern, einschließlich der Möglichkeit, sie mehr fehlertolerant zu machen, um Deformationen in einem abstrakten Sinne zu erlauben. Andererseits haben die heutigen Computer noch sicher einen langen Weg zu gehen, bevor sie wirklich denken können, und die Gehirnforschung kann uns hier mit Einsichten versehen, von denen wir früher nicht zu träumen wagten. Wir werden auf einige dieser Fragen in Kapitel 17 zurückkommen.

Kapitel 14

# Neuronale Netze und kognitive Karten

Wenden wir uns nach dem Intermezzo des vorigen Kapitels, ob Computer denken können, weiteren wichtigen Ansätzen zu, um mit Hilfe von Computermodellen tiefer in mögliche Funktionsweisen des menschlichen Gehirns einzudringen.

Wie wir in Kapitel 2 sahen, sind, zumindest grob gesprochen, jeweils bestimmte Gehirnareale mit bestimmten für sie spezifischen Aufgaben betraut. Dies mag einer der Gründe sein, daß man zunächst nach dem Sitz des Gedächtnisses oder auch spezifischer einzelner Leistungen in immer kleineren Gehirnbereichen suchte, ja, daß man direkt nach einer Art Landkarte, die solche Leistungen verzeichnet, forschte. Dieses Bestreben ist in der Literatur auch unter dem Schlagwort *Die Suche nach dem Engram* bekanntgeworden. Ein weiterer Grund für diese Suche mag das menschliche Bestreben sein, die Wirkung eines Systems in der Wirkung eines einzelnen Elements zu suchen, nicht aber im Zusammenwirken der Elemente, was man sich eben auch anschaulich viel weniger leicht vorstellen kann. Dies würde nämlich bedeuten, daß man die Aktivität aller Elemente gleichzeitig beobachtet und deren zeitliche Entwicklung verfolgt, was eine höchst schwierige Aufgabe zu sein scheint. Allerdings leistet diese Aufgabe unser Gehirn ständig, wenn wir etwa unsere sich stets ändernde Bewegung beobachten und gleichzeitig analysieren.

Nach dieser Abschweifung aber zurück zu unserem eigentlichen Anliegen, nämlich den neuronalen Netzen. Eine Richtung, die hier die Idee der Lokalisation, wenn auch nur in gewissem Umfange, vertritt, ist die der sogenannten selbstorganisierenden Abbildungen des finnischen Wissenschaftlers T. Kohonen. Dies läßt sich vielleicht am besten mit Hilfe eines konkreten Beispiels erläutern. Als Menschen versuchen wir ja Ordnung in die Vielfalt der Erscheinungen zu bringen, indem wir zum Beispiel die Dinge der Welt in bestimmte Klassen oder, genauer gesagt, Kategorien einteilen. So gibt es zum Beispiel die Kategorie Vögel, unter die die verschiedensten Vogelarten fallen, angefangen vom Kolibri bis hin zum Lämmergeier. Eine andere Kategorie wären zum Beispiel Vierfüßler. Die Frage, die sich H. Ritter und T. Kohonen vorlegten, war nun, ob eine solche Kategorisierung mit Hilfe eines Netzwerkes realisiert werden kann, wobei das Netzwerk zu einer Art Landkarte wird, bei der die verschiedenen Länder den verschiedenen Kategorien entsprechen.

Wir wollen uns daher mit diesem Netzwerkgedanken etwas näher vertraut machen und werden auch auf einige interessante Anwendungen eingehen. Hierbei müssen wir uns von vornherein im klaren sein, daß wir sehr starke Abstraktionsschritte bei der Modellierung machen, wobei ganz gewiß eine Reihe fundamentaler Probleme »unter den Teppich gekehrt« werden. Schauen wir uns aber dennoch dieses Modell näher an: Es besteht aus zwei Schichten von Neuronen, wobei die zweite Schicht in einer Ebene angeordnet ist, während die Eingangsneuronen auch etwa im dreidimensionalen Raum lokalisiert sein können, ebenso aber auch in einer zweidimensionalen Ebene. Die Neuronen der ersten Ebene sind dabei miteinander nicht verknüpft. Dagegen sollen von der ersten Schicht zu den Neuronen der zweiten Schicht im Laufe der Zeit synaptische Verbindungen aufgebaut werden. Unter den Neuronen der zweiten Schicht sollen hingegen Verbindungen bestehen, die die Eigenschaft haben, daß ein angeregtes Neuron die benachbarten Neuronen ebenfalls aktiviert, weiter entfernte hingegen hemmt. Der entscheidende Schritt besteht nun darin, eine Regel anzugeben, wie die synaptischen Verbindungen zwischen der ersten und der zweiten Schicht vom Netzwerk gelernt werden, das heißt im Laufe der Zeit durch immer wieder angebotene Muster verstärkt oder abgeschwächt werden.

Bei der Bilderkennung durch den synergetischen Computer hatten wir ein Bild in seine einzelnen Pixels zerlegt, und jedem Pixel einen Grauwert zugeordnet. Zu jedem Bild gehörte so ein ganzer Satz von Grauwerten, die wir in der Reihenfolge der Pixel auflisten können, $(v_1, v_2, v_3, ... v_{100})$, wenn wir etwa ein $10 \times 10$ Raster mit 100 Pixel haben. Eine solche Anordnung bezeichnet man in der Mathematik auch als einen Vektor. Wir werden später noch von dieser Vektoreigenschaft Gebrauch machen. Jedes dieser Pixel wird nun durch ein Eingangsneuron wiedergegeben, wobei die Größe des Grauwerts gleichzeitig dann zur Größe der Anregung des Neurons dieser Eingangsschicht wird. Das ursprünglich angebotene Bild findet sich also jetzt wieder als ein Anregungsmuster der einzelnen Neuronen. Ein Schritt zur Kohonen-Karte, die eine Kategorisierung ermöglichen soll, besteht nun darin, diese Eingangsschicht in einer ganz speziellen Weise zu kodieren. Als ein konkretes Beispiel betrachten wir hierzu Merkmale, nach denen wir Tiere unterscheiden könnten. Das sind klein, mittelgroß oder groß, oder Tiere können zwei Beine oder vier Beine haben, sie können Haare, Hufe, Mähnen oder Federn besitzen, oder sie können es lieben zu jagen, zu rennen, zu fliegen oder zu schwimmen.

Natürlich können wir nun einwenden, daß durch diese Auflistung der Merkmale schon eine Kategorisierung vorweggenommen wird, was sicherlich auch zum Teil der Fall ist. Interessant aber wird es dann doch sein, sich die Einzelheiten der räumlichen Karten später anzusehen. Wie geben wir aber diese Merkmale und das zugehörige Tier in die Eingangsschicht ein? Hier kommt der erste Abstraktionsschritt herein, nämlich jedes Neuron der Eingangsschicht soll ein bestimmtes Merkmal repräsentieren, so soll sich das erste Neuron auf das Merkmal klein beziehen, das zweite Neuron auf mittelgroß, das dritte auf groß. Eines der weiteren Neuronen soll sich auf Haare beziehen, eines auf Hufe usw. (Abb. 14.1). Haben wir nun ein Tier vor

**Abb. 14.1**
Jeder Kreis symbolisiert ein Neuron, das die darin verzeichnete Eigenschaft repräsentiert.

uns, zum Beispiel eine Taube, so können wir die Liste der Merkmale durchgehen und feststellen, ob das Merkmal vorhanden ist oder nicht, also ja oder nein. Dies kann man natürlich auch mathematisch fassen, indem wir dem Ja eine 1, dem Nein eine 0 zuordnen. Für die Taube gäbe es also nun ein Aktivitätsmuster der Neuronen, wie es in Abbildung 14.2 wiedergegeben ist.

**Abb. 14.2**
Beispiel des neuronalen Aktivitätsmusters für »Taube«, das zu Abbildung 14.1 gehört. Da die Taube klein, aber nicht mittelgroß oder groß ist (relativ zu den anderen hier betrachteten Tieren), hat das Neuron, das »klein« repräsentiert, die Aktivität 1, das Neuron für »mittelgroß« hingegen die Aktivität 0.

Nun möchten wir natürlich auch noch die Merkmale mit dem Begriff *Taube* verknüpfen, wobei wir im vorliegenden Falle sechzehn verschiedene Tierarten vor uns haben. Deshalb fügen wir noch in der Eingangsschicht sechzehn weitere Neuronen hinzu, wobei sich jedes einzelne Neuron auf eine spezielle Tierart bezieht: das erste dieser Neuronen auf die Taube, das zweite auf eine Henne usw. Haben wir eine Henne vor uns, so hat dieses Neuron dann die Aktivität 1, alle anderen Neuronen dieser Gruppe haben die Aktivität 0. Nehmen wir nun eine Reihe von Tieren durch, so erhalten wir die in Abbildung 14.3 wiedergegebene Tabelle mit den entsprechenden Kodierungen der Eingangsschicht, und zwar der Neuronen der Merkmale.

Die Aufgabe, die sich Ritter und Kohonen gestellt haben, ist die folgende: Kann man zwischen dieser Eingangsschicht und der schon

| | | Taube | Henne | Ente | Gans | Eule | Habicht | Adler | Fuchs | Hund | Wolf | Katze | Tiger | Löwe | Pferd | Zebra | Kuh |
|---|---|---|---|---|---|---|---|---|---|---|---|---|---|---|---|---|---|
| | klein | 1 | 1 | 1 | 1 | 1 | 1 | 0 | 0 | 0 | 0 | 1 | 0 | 0 | 0 | 0 | 0 |
| ist | mittel | 0 | 0 | 0 | 0 | 0 | 0 | 1 | 1 | 1 | 1 | 0 | 0 | 0 | 0 | 0 | 0 |
| | groß | 0 | 0 | 0 | 0 | 0 | 0 | 0 | 0 | 0 | 0 | 0 | 1 | 1 | 1 | 1 | 1 |
| | 2 Beine | 1 | 1 | 1 | 1 | 1 | 1 | 1 | 0 | 0 | 0 | 0 | 0 | 0 | 0 | 0 | 0 |
| | 4 Beine | 0 | 0 | 0 | 0 | 0 | 0 | 0 | 1 | 1 | 1 | 1 | 1 | 1 | 1 | 1 | 1 |
| hat | Haar | 0 | 0 | 0 | 0 | 0 | 0 | 0 | 1 | 1 | 1 | 1 | 1 | 1 | 1 | 1 | 1 |
| | Hufe | 0 | 0 | 0 | 0 | 0 | 0 | 0 | 0 | 0 | 0 | 0 | 0 | 0 | 1 | 1 | 1 |
| | Mähne | 0 | 0 | 0 | 0 | 0 | 0 | 0 | 0 | 0 | 1 | 0 | 0 | 1 | 1 | 1 | 0 |
| | Federn | 1 | 1 | 1 | 1 | 1 | 1 | 1 | 0 | 0 | 0 | 0 | 0 | 0 | 0 | 0 | 0 |
| | jagen | 0 | 0 | 0 | 0 | 1 | 1 | 1 | 1 | 0 | 1 | 1 | 1 | 1 | 0 | 0 | 0 |
| wollen | rennen | 0 | 0 | 0 | 0 | 0 | 0 | 0 | 0 | 1 | 1 | 0 | 1 | 1 | 1 | 1 | 0 |
| | fliegen | 1 | 0 | 0 | 1 | 1 | 1 | 1 | 0 | 0 | 0 | 0 | 0 | 0 | 0 | 0 | 0 |
| | schwimmen | 0 | 0 | 1 | 1 | 0 | 0 | 0 | 0 | 0 | 0 | 0 | 0 | 0 | 0 | 0 | 0 |

**Abb. 14.3**
Merkmalkodierung für verschiedene Tiere.

erwähnten zweiten Schicht Verknüpfungen herstellen, so daß eine Art Landkarte entsteht, wo die Vögel in einem Bereich (»Land«) erscheinen, die Huftiere in einem anderen usw. Hier ist die Vorgehensweise dieser Autoren: Greifen wir ein zunächst beliebiges Neuron der zweiten Schicht heraus. Dieses soll anfänglich schwache, zufällig verteilte Verbindungsstärken mit den einzelnen Neuronen der Eingangsschicht haben. In einem eindimensionalen Schnitt würden wir dann die Abbildung 14.4 erhalten. Die Verbindungsstärken können für dieses herausgegriffene Neuron natürlich wieder zu einem Vektor zusammengefaßt werden, der direkt aus Abbildung 14.4 abzulesen ist. Ein entsprechendes Bild können wir auch für jedes andere herausgegriffene Neuron der zweiten Schicht aufzeichnen, wobei die verschiedenen Verknüpfungsvektoren unterschiedlich sind.

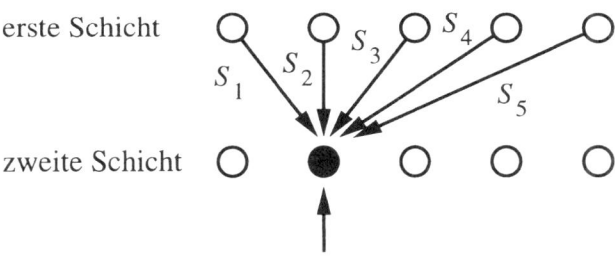

**Abb. 14.4**
Die zweite neuronale Schicht ist mit der ersten durch synaptische Stärken $S$ verknüpft, von denen nur die eingezeichnet sind, die zu einem herausgegriffenen Neuron (schwarze Kreisscheibe) führen. Diese synaptischen Stärken können zu einem Vektor ($S_1$, $S_2$, $S_3$, ...) zusammengefaßt werden.

Der von Kohonen vorgeschlagene Weg, wie sich die Verknüpfungen ändern, besteht nun im folgenden: Es wird zunächst ein Eingangsvektor, zum Beispiel der der Taube, vorgegeben. Sodann sucht man denjenigen Vektor der Verknüpfungen, der am stärksten in die Richtung des Eingangsvektors zeigt.* Ist also der Eingangsvektor vorge-

---

* Wie in der Mathematik gezeigt wird, läßt sich ein Vektor durch einen Pfeil darstellen, der eine bestimmte Länge hat und in eine bestimmte Richtung zeigt.

geben, so werden je nach herausgegriffenem Neuron der zweiten Schicht die zugehörigen Verknüpfungsvektoren mehr oder weniger parallel zu dem Eingangsvektor liegen. Dasjenige Neuron, das diesem Eingangsvektor mit seinen Verknüpfungen am nächsten kommt, gewinnt diesen Wettkampf gegenüber allen anderen Neuronen, wobei auch zugelassen wird, daß Neuronen in seiner unmittelbaren Nachbarschaft ebenfalls aktiv sind. Die übrigen Neuronen erhalten dann den Aktivitätswert 0. So werden in einem ersten Durchgang Neuronen in der zweiten Schicht ausgesucht, die mit ihren Verknüpfungen jeweils am besten den Eingangsmustern angepaßt sind. Dabei wird die gegenwärtige Beeinflussung der Neuronen dieser Schicht berücksichtigt. Sodann wird dieser Prozeß wiederholt, indem jeweils der Verknüpfungsvektor, der dem zugehörigen Eingangsmuster am nächsten ist, immer mehr zu dem entsprechenden Vektor parallel angeglichen wird.

In dem von Ritter und Kohonen behandelten Beispiel wiederholten die Autoren das hier geschilderte Verfahren zweitausendmal und bekamen dann zunächst einen Satz von Verknüpfungen von der ersten in die zweite Schicht der Neuronen. Stellen wir die Stärke der Verknüpfungen durch verschieden dicke Kabel her, so hätten wir bei der Betrachtung dieses Netzwerks ein Gewirr verschieden dicker Kabel vor uns, bei dem von einem Neuron der zweiten Schicht verschieden dicke Kabel zur ersten Schicht gehen, von einem anderen Neuron gehen gar keine Kabel aus, von einem weiteren Neuron gehen wieder verschieden dicke Kabel, aber in anderer Weise, zu den Neuronen der ersten Schicht usw. Die Neuronen der zweiten Schicht sind also, wenn man so will, durch ihre Kabelbäume voneinander unterschieden, aber nicht durch innere Eigenschaften. Diese Neuronen erhalten ihre jeweilige Bedeutung erst durch ihre Verbindungen mit den Neuronen der ersten Schicht.

Wie kann man aber die Bedeutung der Neuronen in der zweiten Schicht erschließen? Dazu gibt man nur einen Teil des Eingangsvektors vor, nämlich zum Beispiel *Taube*. In diesem Falle wird also in der ersten Gruppe der Neuronen von Abbildung 14.5 nichts angeregt, in der zweiten Gruppe die 1 vom Neuron, das für die Taube steht. Dann zeigt in der Tat die Rechnung, daß in der zweiten Schicht ein spezielles Neuron oder eine Gruppe von Neuronen in

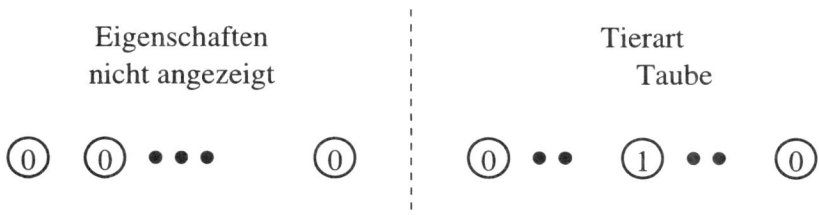

**Abb. 14.5**
Die erste Gruppe der Neuronen bezieht sich auf die Eigenschaften, die zweite
auf die Tierart.

der Umgebung dieses Neurons »aufleuchtet«, also aktiv wird. Gibt
man ein anderes Tier vor, dann leuchtet ein anderes Neuron und
dessen Nachbarschaft auf. Auf diese Weise kann man sehen, wo die
einzelnen Neuronen aufleuchten, was dann zu der in Abbildung
14.6 gegebenen Karte führt. Hier sieht man deutlich, daß in der Tat
eine sehr schöne Einteilung, das heißt Kategorisierung, der Tiere gegeben ist, etwa in Vierfüßler oder in Vögel. Sieht man bei dieser

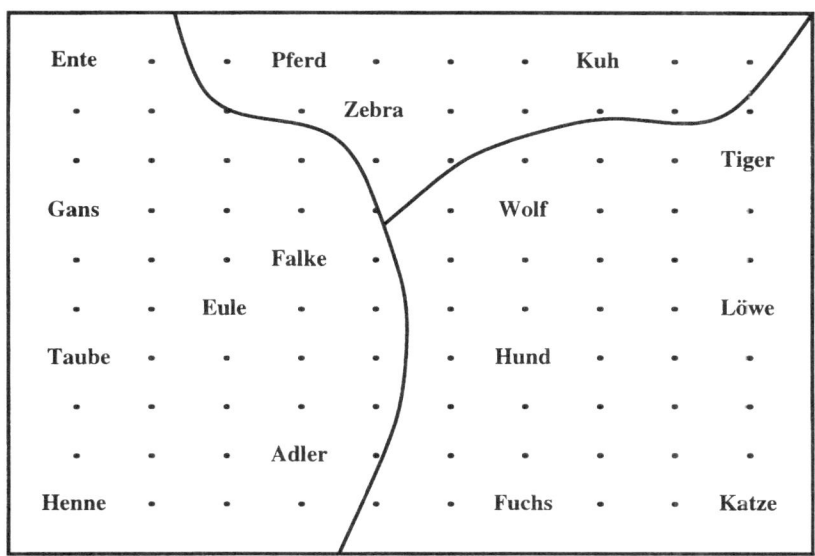

**Abb. 14.6**
Landkarte von Tierkategorien.

Klassifizierung genauer hin, so erkennt man, daß hierbei nach Zahl der miteinander übereinstimmenden Merkmale geordnet wird. Ein Vogel, also die Taube, hat eben mit den anderen Vögeln wesentlich mehr Merkmale gemeinsam als mit anderen Tieren.

Ritter und Kohonen sind nun noch einen Schritt weiter gegangen, nämlich ob man nicht nur *Dinge* mit Hilfe derartiger Karten, in diesem Falle also Tiere, kategorisieren kann. Hierzu fassen sie im Sinne der philosophischen Tradition den Begriff der Kategorien wesentlich weiter. In diesem Sinne sind die allgemeinsten Konzepte oder Abstraktionen, die wir brauchen, um die empirische Welt zu interpretieren, gerade die Kategorien. Derartige Grundelemente und Denkformeln können in allen Sprachen, sowohl den primitiven als auch den höher entwickelten, angetroffen werden. Aristoteles unterschied schon zehn Kategorien. Die bekanntesten davon sind

1. Objekte,
2. Eigenschaften,
3. Zustände oder Zustandsänderungen,
4. Beziehungen (räumlich, zeitlich, oder andere).

In der Sprache gleicht die Kategorie 1 den Substantiven, Kategorie 2 den Adjektiven und Kategorie 3 den Verben. Für die Darstellung der Kategorie 4 verwenden die verschiedenen Sprachen zum Beispiel Adverben, Endungen, Beugungen usw. Natürlich werden viele weitere Hilfen benötigt, um Sätze zu formen, um logische Verknüpfungen anzuzeigen usw. Die in unserem obigen Beispiel benutzte Kategorie der Tiere ist natürlich nur ein Sonderfall des weit umfassenderen Begriffs der Kategorie. Da es in allen Sprachen Darstellungen der Kategorien gibt, haben eine ganze Reihe von Forschern vermutet, daß die zutiefst grundlegenden semantischen, das heißt mit Bedeutung belegten, Elemente jeder Sprache eine physiologische Darstellung in den Neuronen haben. Nachdem diese semantischen Elemente unabhängig von den verschiedenen kulturellen geschichtlichen Entwicklungen sind, haben diese Forscher geschlossen, daß derartige Darstellungen (»Repräsentationen«) genetisch vererbt worden sein müssen. Als die genetische Veranlagung der Sprachelemente vorgeschlagen wurde, war natürlich kein Mechanismus bekannt, der den Ursprung der Abstraktionen aufgrund der neuronalen Informationsverarbeitung hätte erklären können, abgesehen vielleicht von der Evolution. Erst als die neuronalen Netzwerkmodelle ihren heutigen Stand erreichten, begannen die Forscher zu erkennen, daß abstrakte Eigenschaften intern durch physikalische Netzwerke repräsentiert werden können.

Neben den hier behandelten Kohonen-Netzwerken sollte auch noch das traditionelle *back propagation*-Netzwerk von D. E. Rumelhardt und J. L. McClelland (1984) erwähnt werden. Diese Ergebnisse zeigen, wie wir es schon gesehen haben, daß sich die Repräsentation von Kategorien aus den inneren Beziehungen ableiten läßt, die die Eingangssignale oder Datenelemente besitzen. In ihrer Arbeit sprechen Ritter und Kohonen die Meinung aus, daß es vielleicht nicht vernünftig sei, nach den Elementen der Sprache im Gehirn zu suchen, sondern daß die grundsätzlichere Einsicht sei, daß die physiologischen Funktionen die kategoriale Organisation widerspiegeln und nicht so sehr die detaillierte linguistische Form.

Immerhin geben aber diese Autoren ein konkretes Beispiel, wie gerade auch die linguistische Form in einer sich selbst organisierenden Karte angelegt sein könnte. Hier handelt es sich darum, wie Substantive, Verben und Adverben in einer Karte angeordnet und damit klassifiziert werden können. Dabei hat jede Klasse weitere Unterteilungen, wie Namen von Personen, Tieren und unbelebten Objekten in der Kategorie der Substantive. Diese Unterscheidungen sind zum Teil grammatikalischer, zum Teil semantischer Art. Sie sollen aber nicht von der Kodierung der Wörter her selbst unterscheidbar sein, sondern lediglich aus dem Zusammenhang, in dem die Wörter benutzt werden. Um den Grundgedanken klarmachen zu können, benutzen die Autoren als den Zusammenhang für jedes Wort das unmittelbar davor stehende und dahinter stehende Wort als eine Art Umgebung. Wie sich zeigt, genügt selbst dieser äußerst beschränkte Zusammenhang, um einige interessante semantische Strukturen in den Karten hervortreten zu lassen.

Die Liste der hier benutzten Wörter und der Satzmuster, sowie einige Beispiele für die so erzeugten Drei-Wortsätze sind in Abbildung 14.7 wiedergegeben. Unter Beachtung von einigen grammatikalischen Regeln und der Richtigkeit der Bedeutung ergeben sich ca. 500 verschiedene Drei-Wortsätze, von denen einige Beispiele in Ab-

|  |  | Satzmuster |  |  |  |
|---|---|---|---|---|---|
| Bob/Jim/Mary | 1 |  |  |  | Mary mag Fleisch |
| Pferd/Hund/Katze | 2 | 1-5-12 | 1-9-2 | 2-5-14 | Jim spricht gut |
| Bier/Wasser | 3 | 1-5-13 | 1-9-3 | 2-9-1 | Mary mag Jim |
| Fleisch/Brot | 4 | 1-5-14 | 1-9-4 | 2-9-2 | Jim ißt häufig |
| läuf/geht | 5 | 1-6-12 | 1-10-3 | 2-9-3 | Mary kauft Fleisch |
| arbeitet/spricht | 6 | 1-6-13 | 1-11-4 | 2-9-4 | Hund trinkt schnell |
| besucht/telefoniert | 7 | 1-6-14 | 1-10-12 | 2-10-3 | Pferd haßt Fleisch |
| kauft/verkauft | 8 | 1-6-15 | 1-10-13 | 2-10-12 | Jim ißt selten |
| mag/haßt | 9 | 1-7-14 | 1-10-14 | 2-10-13 | Bob kauft Fleisch |
| trinkt/ißt | 10 | 1-8-12 | 1-11-12 | 2-10-14 | Katze geht langsam |
| viel/wenig | 11 | 1-8-2 | 1-11-13 | 1-11-4 | Jim ißt Brot |
| schnell/langsam | 12 | 1-8-3 | 1-11-14 | 1-11-12 | Katze haßt Jim |
| häufig/selten | 13 | 1-8-4 | 2-5-12 | 2-11-13 | Bob verkauft Bier |
| gut/schlecht | 14 | 1-9-1 | 2-5-13 | 2-11-14 | (etc.) |

|  |  |  |
|---|---|---|
| (a) | (b) | (c) |

**Abb. 14.7**
Beispiele für Satzkonstruktionen mit drei Wörtern.

bildung 14.7 dargestellt sind. Dabei ist es hier nicht wichtig, ob diese dort getroffenen Aussagen wahr oder falsch sind. Hier kommt es nur auf ihre semantische Richtigkeit an. Wie schon gesagt, wird der Kontext eines Wortes durch das Paar von dem unmittelbaren Vorgänger und Nachfolger dieses Wortes definiert. Um auch für das erste und das letzte Wort eines Satzes solche Paare von Vorgängern und Nachfolgern zu haben, werden die Sätze zufälligerweise aneinandergekettet. So entstehen dann, wenn man einmal von der grammatikalischen Richtigkeit absieht, neue semantisch akzeptable Sätze. Genausogut könnte man auch für das am Anfang stehende Wort eines Drei-Wortsatzes die beiden nachfolgenden Wörter als Kontext und für das letzte Wort eines solches Satzes die beiden vorangehenden Wörter als Kontext ansehen.

Wie oft in der Mathematik üblich, greift man bei einem neuen Problem auf ein schon früher gelöstes altes Problem zurück. Wie können wir also eine Verbindung herstellen zwischen dem jetzigen Problem der Klassifizierung von Wortklassen, wie Hauptwörter, Tätigkeitswörter und Adverben und der damaligen Einteilung in Tier-kategorien? Dazu stellen wir eine Analogie zwischen den damaligen einzelnen Tieren und dem Vokabular der dreißig Wörter von Abbildung 14.7a her. Jedes Wort in diesem Vokabular entspricht also einem damaligen Tier. Damals hatten wir jedes Tier durch einen Satz von verschiedenen spezifischen Eigenschaften charakterisiert, eben durch seine Merkmale. Was sind aber nun die Merkmale des Drei-ßig-Wort-Vokabulars, das wir jetzt vor uns haben? Nun natürlich gerade die mit ihm verknüpften Wortpaare. Ist der Vektor, der den dreißig Wörtern entspricht, mit dreißig Plätzen versehen, so hat der Vektor, der zweimal dreißig Wörtern entspricht, natürlich sechzig Plätze. Wir hätten also insgesamt einen neunzig dimensionalen Vektor vor uns. In der Praxis ist dies sehr aufwendig, und man kann, wie Ritter und Kohonen gezeigt haben, diese Kodierung der Wörter auch mit weniger Plätzen in einem Vektor erreichen, worauf wir aber hier nicht näher eingehen wollen, da dies ein für das Ganze unwesentliches Detail ist.

Bei den Computerexperimenten zeigt sich darüber hinaus, daß es nicht sehr effizient ist, wenn man jeden Satz einzeln berücksichtigt, sondern daß eine wesentlich effizientere Lernstrategie darin besteht, daß man jedes Wort in seinem durchschnittlichen Kontext über einen Satz von möglichen Sätzen betrachtet, bevor man es dem Lernalgorithmus aussetzt. Der mittlere Kontext eines Wortes wurde daher zuerst definiert als der Mittelwert über zehntausend Sätze von allen Kodevektoren der Vorgänger-Nachfolger-Paare, die dieses Wort umgeben. Die resultierenden dreißig Durchschnittswort-Umgebungen nehmen dann eine ähnliche Rolle wie die Attributsneuronen in der vorangegangenen Simulation an. Für das ganze Computerexperiment wird ein ebenes Gitter von 10x15 Neuronen benutzt. Wie zuvor hat jedes Neuron zunächst nur schwache Verbindungen mit der Eingangsschicht, so daß anfänglich keine Ordnung vorhanden ist. Nach zweitausend Wiederholungsschritten, bei denen die »Muster« dem Netz immer wieder angeboten werden, werden dann die Antworten der Neuronen auf den Symbolteil der Vektoren getestet. Das ist in Abbildung 14.8 dargestellt.

Man sieht ganz klar, daß sich Wörter des gleichen Typs, wie eben Substantive, Verben und Adverben in einzelnen voneinander ge-

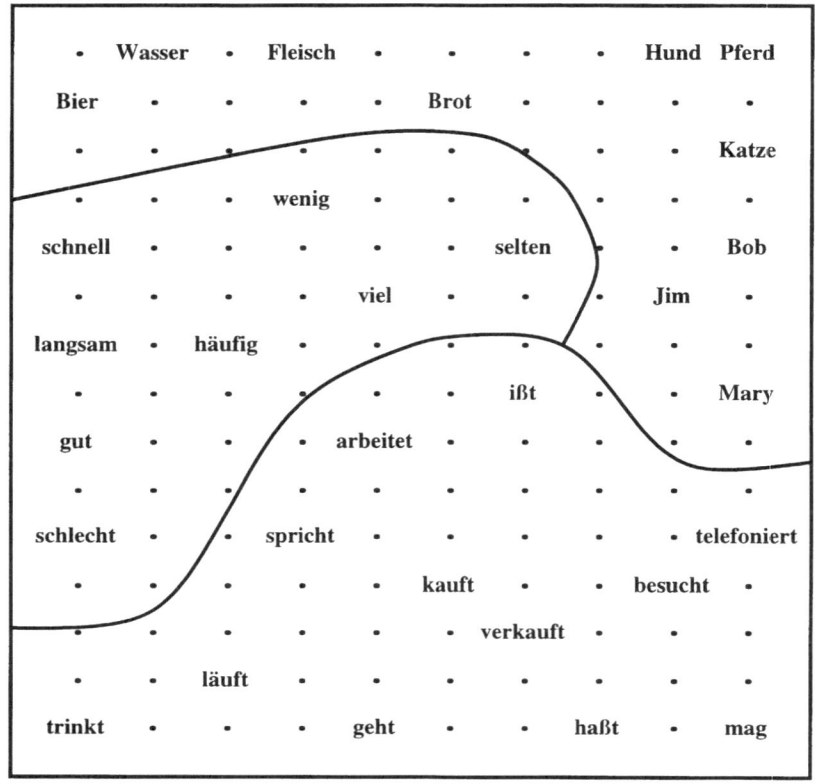

**Abb. 14.8**
Landkarte von Substantiven, Verben und Adverben.

trennten Gebieten angesammelt haben. Jedes dieser Gebiete ist weiter unterteilt entsprechend den Ähnlichkeiten auf dem semantischen Niveau. Zum Beispiel erscheinen Namen von Personen und Tieren jeweils in bestimmten voneinander getrennten Gebieten angehäuft innerhalb eines gemeinsamen Substantivgebietes, die verschiedene gleich auftretende Eigenschaften wie Laufen und Telefonieren widerspiegeln. Adverben mit entgegengesetzter Bedeutung sind meist besonders eng zusammen, da ihnen ihre entgegengesetzte Bedeutung zugleich einen maximalen gemeinsamen Gebrauch sicherstellt. Die Gruppierung der Verben zeigt Verschiedenheiten in der Weise, wie sie gleichzeitig mit Adverben, Personen, Tieren und unbelebten Objekten, wie Essen, auftreten können.

Die Autoren führten auch eine Simulation durch, wobei der Kontext lediglich aus dem vorangegangenen Wort bestand. Selbst bei diesem sehr begrenzten Kontext war es möglich, eine Karte mit ziemlich ähnlichen Eigenschaften, wie die von Abbildung 14.8 zu gewinnen. Es zeigt, daß die hier auftretenden Regelmäßigkeiten ziemlich robust gegenüber den Änderungen in den Details der Kodierung sind, so lange wie der Zusammenhang eine genügend große Menge der zugrunde liegenden logischen Struktur erfaßt.

Beleuchten wir nun die hier vorgestellten Ergebnisse von verschiedenen Seiten. Bleiben wir zunächst einmal bei den Darstellungen der Abbildungen 14.6 und 14.8. Hier müssen wir zum einen feststellen, daß die Computersimulation die verschiedenen Objekte räumlich sortiert, aber die Grenzen zwischen diesen Objekten sind nachträglich vom Menschen gezogen worden. Befinden wir uns also innerhalb eines Gebietes, so können wir sicherlich sagen, daß die umgebenden Objekte oder Neuronen zur gleichen Gruppe gehören. Das ändert sich natürlich schlagartig an den Grenzen. Solange wir ein Neuron in der Mitte einer Gruppe vor uns haben, können wir hier direkt von einem Repräsentanten sprechen. Dies gilt sowohl für die Abbildung 14.6 als auch für die Abbildung 14.8. Die Frage ergibt sich natürlich, wozu derartige Karten gut sind. Zum einen können wir im Gehirn nach deren neuronalen Verwirklichungen suchen, zum anderen können wir diese bei Computersimulationen verwenden und dabei weitere Eigenschaften solcher Karten studieren.

Im folgenden wollen wir der Frage nachgehen, ob solche Karten im Gehirn tatsächlich existieren. Ritter und Kohonen setzen hier selbst Vorsichtszeichen in mehrfacher Hinsicht. Sie weisen darauf hin, daß ihre Computersimulation nicht als Hinweis darauf genommen werden sollte, daß jedes Wort durch eine sogenannte *Großmutterzelle* im Gehirn repräsentiert wird. Jedes Wort ist ein komplexes Informationsstück, das vermutlich redundant durch eine ganze Population von Neuronen kodiert ist und dies sogar verschiedene Male in verschiedenen Gehirnregionen. Selbst in dem äußerst idealisierten Modell handelt es sich nämlich nicht um ein einzelnes Neuron, sondern um einen ganzen Satz von Neuronen, die dasjenige Neuron umgeben, das am stärksten auf einen speziellen Eingang antwortet. Diese einzelnen Gruppen von Neuronen können dann an weiteren Vorgängen beteiligt sein, die nicht von dem konkreten Modell hier erfaßt sind. Die Zahl der Zellen, die zu einer solchen Gruppe gehören, hängt auch von der Häufigkeit ab, mit der das Wort angeboten wurde. Das heißt, oft angebotene Wörter würden Zellen eines größeren neuronalen Gebiets besetzen und wären dann mehrfach dargestellt. Als Folge davon würden häufiger verwendete Wörter für lokale Schädigungen weniger anfällig sein. Dies stimmt auch mit den Befunden bei Patienten mit Schlaganfällen überein, wobei die häufiger benutzten Wörter mehr Chancen zum »Überleben« haben als die selten benutzten.

Trotz ihrer Vorbehalte ziehen die Autoren Ritter und Kohonen einen sehr weitgehenden Schluß. Sie sagen nämlich, daß unsere Vorstellung über die grundlegenden Kategorien, die für die Interpretationen und das Verständnis der Welt postuliert wurden, ganz offensichtlich von einer vorherigen Bildung solcher Repräsentationen der Kategorien im biologischen Gehirn selbst stammen müssen. Diese Schlußfolgerung besagt also, daß Kategorien ihren Ursprung in der räumlichen Anordnung ihrer Repräsentationen in den Nervenzellen haben. Hier scheint uns persönlich wiederum eine Überbetonung der Lokalisationsvorstellung, das heißt der Suche nach dem Engram, vorzuliegen. Im biologischen Bereich kann nur das Experiment entscheiden, und hier sind die Ergebnisse in der Tat nicht eindeutig.

Bevor wir diese experimentellen Ergebnisse kurz besprechen, wollen wir uns der Frage zuwenden: Was kann man denn mit solchen Karten anfangen? Dies wird nur möglich, wenn man mit solchen Karten auch Vorgänge, eben Denkvorgänge, zu verknüpfen sucht, wobei hier insbesondere das assoziative Denken angesprochen ist. So kann es möglich sein, daß man statt eines gesuchten Wortes ein ähnliches in der gleichen Region angeordnetes Wort benutzt, oder daß man auch statt eines gesuchten Wortes gerade das Wort mit der entgegengesetzten Bedeutung benutzt. Dies hat Anwendungen in der Psychologie, insbesondere in der Psychiatrie, gefunden.

Zum anderen bleibt bei diesen Betrachtungen die Frage, wie etwa aus den Gebieten von Abbildung 14.8 mit der jeweiligen Wirklichkeit übereinstimmende Sätze gebildet werden können, außer acht. So macht es sicher keinen Sinn, wenn unser Gehirn jeweils aus dem Gebiet der Substantive ein Wort, aus dem Gebiet der Adverben ein weiteres und schließlich aus dem der Verben ein drittes auswählt und diese dann zu einem Satz zusammenfügt. Der Satz ist dann grammatikalisch richtig, er kann auch sinnvoll sein, aber er braucht keinesfalls die wirklichen Gegebenheiten wiederzugeben. Es fehlt hier sozusagen die höhere Einsicht.

Um aus diesem Dilemma herauszukommen, vertreten Ritter und Kohonen die Ansicht, daß eine Hierarchie von derartigen Karten existieren muß. Unsere eigene Ansicht gründet sich auf das Konzept der Ordner, die jeweils bestimmte Aktivitätsmuster von Neuronenverbänden bestimmen und umgekehrt wieder von diesen erzeugt werden. Ähnlich wie wir es von den ganz konkreten Beispielen der Physik, etwa Lasern oder Flüssigkeiten, her kennen, reagiert ein sich selbst organisierendes System auf Umwelteinflüsse – etwa die Form des Gefäßes einer Flüssigkeit – in spezifischer Weise durch Schaffung seiner Ordner. Unter der einen Umweltbedingung gewinnt der eine Ordner, unter einer anderen ein anderer Ordner. Ähnlich könnte es auch beim Gehirn sein. Unter der einen Gegebenheit schafft es sich den einen Ordner, der einen bestimmten Satz bestimmt, unter einer anderen einen entsprechend anderen Ordner. In gewissem Sinne handelt es sich um verwandte Prozesse wie bei der Mustererkennung von Kapitel 11, wobei der Konkurrenz zwischen verschiedenen Ordnern die grundlegende Rolle zukommt.

Dem einen Leser mag unsere Idee als zu oberflächlich, dem anderen als zu kühn erscheinen. Immerhin können wir hier zum einen darauf hinweisen, daß uns solche allgemeinen Gesetzmäßigkeiten der Synergetik sowohl tiefere Einsichten in die Mustererkennung als auch konkrete Konstruktionsvorschriften für den synergetischen Computer lieferten. Zum anderen zeigen unsere neueren Computersimulationen, daß sich solche synergetischen Gesetzmäßigkeiten auch auf höheren Abstraktionsebenen finden lassen.

Befassen wir uns noch mit der Frage, inwieweit Lokalisierungen, also Karten, in Nervennetzen, wie sie Menschen und Tiere besitzen, gefunden wurden. Hier muß man zunächst einmal feststellen, daß es zwei Arten von physiologischen Karten, die voneinander unterschieden werden können, im Gehirn gibt, nämlich solche, die ganz offensichtlich geordnet sind, und solche, die äußerst ungeordnet sind. Ein sehr bekanntes Beispiel einer geordneten Karte liefert uns die Sehrinde unseres Gehirns. Trifft Licht auf die Netzhaut unseres Auges, so werden bestimmte Empfangsnervenzellen in dieser erregt. Diese Erregungen werden dann zur Sehrinde weitergeleitet und führen zu einer Erregung der Nervenzellen der Sehrinde. Hierbei werden benachbarte Zellen in der Sehrinde erregt, die ebenfalls benachbarten Zellen in der Netzhaut entsprechen. Man spricht hier auch von einer kontinuierlich geordneten Abbildung. Übrigens kommt diese Abbildung, zumindest bei bestimmten Tieren, wie Kätzchen, durch ein Konkurrenzprinzip zwischen Nervenfasern beim Wachstum des Gehirns (zu dem auch die Augen zählen!) zustande. Zunächst, nämlich bei der Geburt, sind viel mehr Verbindungen – wenn vielleicht auch schwache – zwischen den Zellen der Netzhaut und denen der Sehrinde vorhanden als später übrigbleiben, nämlich gerade solche, die die Nachbarschaftsverhältnisse berücksichtigen.

Ein weiteres Beispiel für kontinuierlich geordnete Abbildungen und die entsprechenden Karten liefert uns dasjenige Gebiet im Gehirn, das die Körperempfindungen empfängt (»somatosensorischer Kortex«). Die Abbildung 14.9 stellt diese Karte symbolisch in folgen-

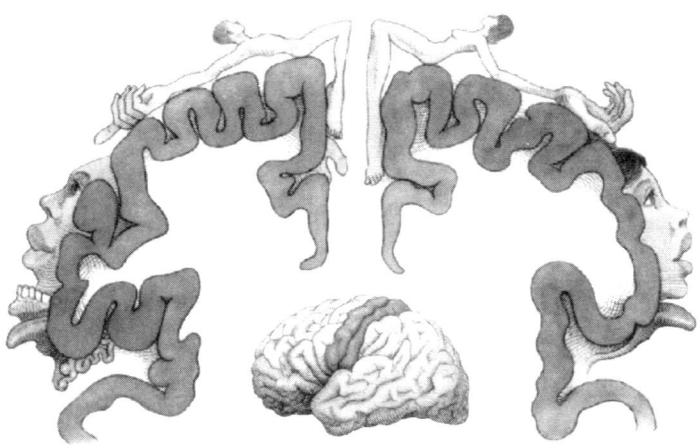

**Abb. 14.9**
Symbolische Darstellung des »somatosensorischen« Kortex.

der Weise dar: Erstens wird die Lage des Gebietes im Gehirn dargestellt, wo die Empfindungen vom jeweiligen Körperteil, also z. B. die
Tastempfindungen der Finger, einlaufen. Zweitens deutet die Größe
der Körperteile an, wie groß das entsprechende Gebiet ist. Der lokale Vergrößerungsfaktor dieser Karten hängt offenbar von der
Wichtigkeit der speziellen Signale für das Verhalten ab. Zum Beispiel sind Fingerspitzen und Lippen im Vergleich zu denen von anderen Körperpartien stark vergrößert. Wir haben hier eine kontinuierliche, aber verzerrte Abbildung des Körpers auf das Gehirn vor uns.

Es gibt auch abstraktere geordnete, kontinuierliche Abbildungen
in vielen anderen Gebieten des Gehirns (*primary sensory*), zum Beispiel die Abbildung bestimmter Töne oder Tonfolgen auf bestimmte
Neuronen, wie sie im Gehirn von Vögeln nachgewiesen werden
konnten. Beim Hören sprechen also Neuronen ganz spezifisch an.
Ein weiteres Beispiel liefern die Farbkarten in der sogenannten Area
V4 der Sehrinde. Derartige Karten sind üblicherweise auf ein ziemlich kleines Gebiet beschränkt, meist weniger als fünf Millimeter im
Durchmesser.

Wie sieht es aber mit Karten aus, die mit der Sprache in Verbindung gebracht werden können? Obwohl schon seit längerem bekannt ist, daß bestimmte Sprachstörungen auftreten, wenn das Wernicke-Areal geschädigt ist, wird, selbst mit den modernen Abbil-
dungstechniken, wie die in Kapitel 2 besprochenen PET und
MRI-Verfahren, nur eine sehr grobe Lokalisierung von Sprachfunktionen möglich. So sind praktisch alle systematischen Karten mit hö-
herer Auflösung mit der sogenannten Anwendungsmethode gemacht worden. Dabei ist es wesentlich schwieriger als bei den
sensorischen Arealen, linguistische oder semantische Funktionen im
Gehirn zu lokalisieren. Zunächst einmal ist es unklar, welchen
Aspekten der Sprache die Merkmalsdimension entsprechen könnte.
Darüber hinaus kann eine solche Karte verstreut sein. Außerdem
können linguistische Elemente nur innerhalb kurzer Zeitfenster erscheinen.

Schließlich können die experimentellen Techniken, bei denen
man mit Sonden in das Gehirn eines Tieres eindringt, nicht beim
Menschen angewendet werden. Trotzdem gibt es eine bedeutende
Menge an experimentellem Material, das zeigt, daß Funktionen

ziemlich stark räumlich lokalisiert sind. Wie die PET-Methode zeigte, können während der Aufgabe, einzelne Wörter zu verarbeiten, verschiedene getrennte räumliche Stellen im Gehirn gleichzeitig aktiv werden. Diese sind keineswegs alle im Wernicke-Areal lokalisiert. Einige Teile im Stirnlappen und in den assoziativen Arealen können gleichzeitig Antworten zeigen, besonders an Stellen, die offensichtlich mit der Seh- und Hör-Wahrnehmung, der Artikulation und der Aufgabenplanung verknüpft sind. Um mögliche innere Darstellungen, die Lokalisation von Stellen also, die mit semantischen Vorgängen verknüpft sind, zu studieren, benötigt man eine feinere Auflösung von der Größenordnung eines Millimeters, die selbst durch die Stimulationstechnik bislang schwierig zu erreichen war.

Diese Technik besteht darin, eine spezielle Stelle auf der Oberfläche des Gehirns durch schwache elektrische Ströme anzuregen. Hierbei werden Neuronen entweder angeregt oder gehemmt, wodurch jedenfalls eine dort vermutete lokale Funktion gestört wird. Falls eine solche räumlich begrenzte Störung systematisch spezielle geistige Fähigkeiten, wie etwa die Benennung von Gegenständen, verhindert, so ist dies zumindest ein gewisser Hinweis darauf, daß die betreffende Stelle für diese Aufgabe wesentlich ist. Diese Methode ist allerdings immer wieder kritisiert worden, da es logisch nicht möglich ist, solche Ergebnisse als einen Beweis für Lokalisierung anzusehen. Der wesentliche Teil der Funktion könnte ja woanders sitzen, während die Störung einen für diese Funktion entscheidenden Zugang stört. Bereits 1878 stellte H. J. Jackson fest: »To locate the damage which destroys speech and to localize speech are two different things.« (»Die Lokalisierung eines Schadens, der die Sprache zerstört und die Lokalisierung der Sprache sind zwei verschiedene Dinge.«) Nehmen wir aber doch einmal die Stimulationstechnik ernst.

Interessant ist der Fall von Patienten, die zwei Sprachen beherrschen, wobei dem Patienten die Benennung des gleichen Objekts nur in einer der beiden Sprachen unmöglich ist, und zwar abhängig von der Stelle, die im Stimulationsexperiment betroffen ist. Wie es scheint, sind die Sprachfunktionen wie ein Mosaik von lokalisierten Modulen organisiert. Andere, mehr indirekte Evidenz für feinstrukturierte Karten ergibt sich aus verschiedenen Fällen von selektiven

Defiziten infolge von Schlaganfällen oder Verletzungen des Gehirns. Beispiele schließen Ausfälle in der Benutzung von konkreten gegenüber abstrakten Wörtern, Wörtern aus der unbelebten gegenüber solchen aus der belebten Natur, oder Wörter für lebende Objekte und Nahrung gegenüber jenen für Gegenstände der unbelebten Natur ein. Darüber hinaus gibt es gut belegte Berichte über selektive Ausfälle, die von solchen Subkategorien herrühren, wie Körperteile, Früchte und Gemüse.

Die Analyse all solcher Daten hat zu der Schlußfolgerung geführt, daß es einzelne Module im Gehirn gibt, die ein visuelles Wortlexikon, ein phonetisches Lexikon für Worterkennung, ein semantisches Lexikon für die Erkennung der Bedeutung von Wörtern, wie auch ein Ausgangslexikon für die Artikulation von Wörtern beinhalten. Die kategorialen Beeinträchtigungen, die wir eben nannten, scheinen sich auf selektive Schädigungen zu beziehen, die durch das semantische Lexikon verursacht werden.

Diese Beobachtungen können aber nicht als schlüssige Evidenz für die Lokalisierung von semantischen Klassen innerhalb des Lexikons angesehen werden, da es in all diesen Fällen nicht möglich war, die genaue räumliche Ausdehnung des kritischerweise betroffenen Gehirngewebes abzuschätzen. Trotzdem scheint es, wie Ritter und Kohonen hervorheben, gerechtfertigt zu sein, daß die selektive Beeinträchtigung in solch einer großen Zahl von Fällen sehr schwierig zu erklären wäre, wenn sich die semantische Organisation, die sich aus diesen Beobachtungen ergibt, nicht in irgendeiner Weise in der räumlichen Anordnung des Systems widerspiegeln würde.

Kapitel 15*

# Auf dem Wege zur neuen AI

## Woher kommt das Wollen (die Motivation)?

Schon in der Schule lernen wir, daß Menschen denken, fühlen, wollen. Inwieweit Computer denken können, damit hatten wir uns kritisch in Kapitel 13 befaßt. Wie steht es überhaupt mit dem Verständnis des Wollens, und können hier Computermodelle weiterhelfen?

Ein wichtiges Problem der kognitiven Psychologie ist zu erklären, wie in einem Menschen Motivation entsteht. Mit anderen Worten: Was veranlaßt uns, etwas zu tun? Eine bekannte Vorstellung der Psychologie hierzu war einfach: Wir nehmen eine bestimmte Situation wahr, die nicht mit der von uns vorgestellten Situation übereinstimmt und wollen den so bestehenden Unterschied beseitigen. Oder etwas wissenschaftlicher ausgedrückt: Motivationen werden durch wahrgenommene Diskrepanzen zwischen dem tatsächlichen Zustand und einem Zielzustand hervorgerufen. Allerdings wird hier wohl kaum gesagt, wer denn nun wiederum den Zielzustand, die gewünschte Situation also, bestimmt. Im Laufe der Entwicklung ist aber ohnehin dieser Ansatz, der eng mit der sogenannten klassischen künstlichen Intelligenz verknüpft ist, auf grundsätzliche Schwierigkeiten gestoßen, auf die wir weiter unten etwas näher eingehen wollen.

Erinnern wir uns daher an den zweiten Ansatz, die sogenannte Aktionstheorie. Diese hat schon eine lange Tradition innerhalb der Psychologie. Das Konzept der Aktion, des Tuns oder der Tätigkeit also, als zielgerichtetes und geplantes Verhalten ist sowohl in der

---

* In diesem Kapitel lehnen wir uns an einen bemerkenswerten Artikel von W. Tschacher und C. Scheier (vgl. Literaturverzeichnis) an, den wir durch eigene kritische Bemerkungen ergänzen.

psychologischen Introspektion als auch der Philosophie begründet. Wir brauchen hier nur auf Aristoteles' *causa finalis* hinzuweisen. Frühe psychologische Theorien der gewollten Aktion, wie sie von N. Ach (1910) und Reinhold Lebe (1926) entwickelt wurden, fanden ihre Fortsetzung und Ausarbeitung in der heutigen Evolutionspsychologie, der Psychologie gewollter Aktionen (Heckhausen, Grün) (1986). Diese Forschung analysiert unsere Absichten, die die Tätigkeitskontrolle bestimmen.

Die beiden genannten Ansätze beruhen auf entgegengesetzten Annahmen. Der erste, den man auch als *kognitive Informationsverarbeitung* bezeichnen kann, rührt von einem Computermodell des Geistes her. Bei diesem Ansatz werden, wie wir schon bemerkten, Symbole wie Wörter in Sätzen aneinandergereiht: er ist also *syntaktisch*. Des weiteren werden unsere Tätigkeiten gesteuert: der Ansatz ist *kybernetisch*. In der Aktionstheorie stehen hingegen als Mittel der Selbstregulation Wünsche auf der emotionalen sowie Absichten auf der kognitiven Seite im Vordergrund. Dies ist besser in Übereinstimmung mit der üblichen Psychologie, indem hier angenommen wird, daß das Verhalten selbstkontrolliert und beabsichtigt ist. Auf diese Weise trägt die Tätigkeitstheorie dem Sinn einer Tätigkeit Rechnung, ist also semantisch.

Beide Ansätze haben die Annahme mentaler Modelle und mentaler Repräsentationen der Welt, aufgrund derer der Geist arbeitet, gemeinsam. Erst nach verschiedenen Stadien der geistigen Verarbeitung werden bestimmte Handlungen anvisiert. Wie wir in Kapitel 11 über Mustererkennung sahen, ist diese keineswegs als ein Vorgang zu verstehen, bei dem die Information schrittweise verarbeitet wird. Sie muß statt dessen parallel verarbeitet werden. Hier bietet sich zugleich eine neue Auffassung zur Handlungssteuerung an. Ein Ordner, der von einem Teil des Eingangs von Sinnesorganen her aufgerufen wird, kann nämlich nicht nur das gesamte Muster, zum Beispiel ein Gesicht, ergänzen, sondern auch bestimmte früher gelernte Bewegungs- oder allgemeine Tätigkeitsmuster. Sensorischer Eingang und motorischer Ausgang verschmelzen so zu einer Einheit. Entscheidungen über Tätigkeiten unterliegen den gleichen »Mechanismen« wie Mustererkennung, wie wir das bereits von einem anderen Gesichtspunkt aus in Kapitel 12 diskutierten.

Trotz dieser Erfolge bleiben aber einige wichtige Hindernisse beim wissenschaftlichen Verständnis menschlichen Verhaltens bestehen. Dieses scheint, wie wir alle wissen, teleologisch bestimmt, zielgerichtet zu sein. Andererseits ist die Annahme teleologischen Verhaltens, zumindest für den Naturwissenschaftler einschließlich der Biologen, ein Tabu. Wir gelangen so zu der schon uralten Debatte: Wie können Ziele, oder mit anderen Worten, zukünftige Zustände eines Individuums, Absichten und Wünsche, das heißt Intentionen, hervorrufen, die das Verhalten des Individuums in der Gegenwart bestimmen? Wie W. Tschacher und C. Scheier in ihrer weiter oben zitierten Arbeit schreiben, ist diese Formulierung offensichtlich zwar eine angemessene Beschreibung von jedermanns Introspektion, aber nicht eine wissenschaftliche Erklärung. Diese Autoren sagen dann (sinngemäß) weiter: Wenn die Handlungstheorie behauptet, daß ihre intentionalistische Beschreibungsweise Verhalten erklären kann, so ähnelt diese Situation der Biologie vor Charles Darwin: Die Giraffe hat einen langen Hals, weil sie beabsichtigt, von Bäumen zu fressen. Aber wir können die Beschreibungsweise der Handlungstheorie insofern akzeptieren, als sie eine Art Abkürzung beschreibender Codes für Mechanismen ist, die auf nichtintentionalistische Weise und im Detail noch zu erklären sind.

Eine andere Annahme der meisten Theorien der kognitiven Psychologie ist unter harsche Kritik gekommen, nämlich die Annahme mentaler Repräsentationen. Diese beruhen auf der Voraussetzung, daß es eine Sprache des Geistes gibt: Die Welt wird auf den Geist in einer logischen oder analogen Weise abgebildet; sie wird durch mentale Zeichen oder Kategorien dargestellt. Diese Kategorien oder Zeichen werden gemäß syntaktischen Rechenregeln verarbeitet. Wie aber die Forschung über Kategorisierung und über das Gedächtnis gezeigt hat, ist dies wahrscheinlich nicht die ganze Geschichte. Die menschlichen Kategorien haben nicht die klassischen Eigenschaften von mengentheoretischen Kategorien, wo Zugehörigkeit durch einfache notwendige und zugleich hinreichende Bedingungen definiert wird. Kategorien sind vielmehr dynamische Ganzheiten, die diffus instabil in einer Weise sind, die unter den gegebenen Bedingungen der sozialen und kulturellen Umgebung angemessen sind. Darüber hinaus sind die Regeln, mit denen Denken Kategorien und Konzepte verknüpft, oft nicht identisch mit den Regeln der Wahrscheinlichkeit und Logik. Dies zeigt wiederum, daß Rechnen keine genügende Erklärung für menschliches Erkennen ist.

Die Haltung der Autoren ist hier optimistischer, wie wir schon in Kapitel 13 ausführten: Die Möglichkeiten der Computer sind bei weitem noch nicht ausgeschöpft.

## Der neue AI-Ansatz:
## Komplette autonome Agenten

Die zentrale Idee bei diesem Ansatz ist es, die Wechselwirkung eines Agenten, der ein Mensch, ein Tier oder ein Roboter sein kann, mit der Umgebung oder der realen Welt zu untersuchen, anstatt das Verhalten unter künstlich definierten Problemstellungen zu behandeln. Die Intelligenz des Agenten wird dabei in der Art seiner Wechselwirkung mit der Umgebung gesehen, nicht aber innerhalb des Systems des Agenten. Diese Sicht ist keineswegs neu. So führte der amerikanische Psychologe J. J. Gibson schon in den fünfziger Jahren das Konzept der sogenannten *affordance* ein. Hierbei steht die Wechselwirkung eines Subjekts mit seiner Umgebung im Vordergrund. Die Objekte unserer Umgebungen sind mit Eigenschaften ausgestattet, die direkt zu einer Wechselwirkung mit uns als Subjekt führen. Zum Beispiel lädt ein Stuhl zum Sitzen ein, ein Bleistift zum Schreiben usw. Wenn wir dieses Konzept auf die Spitze treiben, könnten wir sogar sagen: Ein Stein lädt zum daran Anstoßen ein. Man könnte hier vielleicht auch eine Rückkehr zum Behaviorismus sehen, wo gewissermaßen der Agent wieder als *black box* aufgefaßt wird. Sehen wir uns aber lieber an, was die neue AI (*artificial intelligence*: künstliche Intelligenz) bezweckt.

### Verkörperung

Die Wechselwirkung mit der Umgebung beinhaltet, daß man körperliche Systeme bauen muß. Nur wenn ein System in direkter Beziehung zu seiner Umgebung ist, das heißt nur wenn es einen Körper von irgendeiner bestimmten Beschaffenheit hat, kann es in einer situationsangepaßten Weise agieren. Diese Idee der Verkörperung (*embodiment*) hat zu einer Explosion von Arbeiten über bewegliche oder autonome Agenten geführt. Bewegliche Roboter stellen ein optimales Werkzeug für die neue AI dar, da sich in ihnen auf der einen Seite eine Art Baukastenprinzip im Sinne der alten AI verwirklichen läßt, und andererseits, weil man dann an ihnen studieren kann, wie sich ein solcher Roboter in der realen Welt verhält, sich also prüfen läßt, ob unsere Vorstellungen zur situationsgebundenen Erkennung gültig sind. Bei der Methode des amerikanischen Forschers R. A. Brooks wird die Kontrollarchitektur eines Roboters in einen Satz von Fähigkeiten zur Lösung von speziellen Aufgaben zerlegt. Erinnern wir uns zunächst daran, wie die übliche Methode ist, um uns intelligentes Verhalten vorzustellen; danach beruht diese auf einer funktionalen Zerlegung.

Zunächst kommt die Wahrnehmung, dann eine innere Verarbeitung, bei der Weltmodelle eingehen, sodann Planungen und Entscheidungsfindung, und schließlich werden bestimmte Tätigkeiten, wie sich vorwärts bewegen, greifen usw., ausgeführt. Dies ist also der Wahrnehmungs-Denk-Tätigkeits-Zyklus der traditionellen Informationsverarbeitung. Dies wird auch manchmal die *horizontale Zerlegung* genannt, da ein Model auf das andere der Reihe nach folgt.

Im Gegensatz zu diesem traditionellen Ansatz baut die Brooksche *Subsumptions*-Architektur Kontrollarchitekturen auf, in denen Schritt für Schritt Verhaltensschritte, die neue Aufgaben lösen, aufeinander aufgebaut werden. Der »Einbau« von derartigem Verhalten wird *Schicht* genannt. Höhere Schichten bauen auf niederen Schichten auf und können Unterschichten umfassen. Statt einer einzelnen Folge des Informationsflusses, von der Wahrnehmung über die Modellierung der Welt bis zur Tätigkeit, gibt es jetzt mehrfache Wege, die parallel aktiv sind. Jeder dieser Wege – oder Schichten – ist nur mit einer kleinen Unteraufgabe von der Gesamtaufgabe des Roboters befaßt, wie die Vermeidung von Wänden, das Umgehen von Hindernissen usw. Diese Schichten können relativ unabhängig voneinander funktionieren. Sie müssen nicht auf Instruktionen oder Resultate, die von anderen Schichten erzeugt werden, warten. Kurz gesagt, dieser Subsumptions-Ansatz verwirklicht die direkten Kopplungen zwischen Sensoren und Aktuatoren, zum Beispiel Greifarmen, mit einer begrenzten inneren Verarbeitung.

Bei genauerem Hinsehen scheint dieser Ansatz der Biologie entliehen zu sein: Bei der Höherentwicklung der Lebewesen bauen diese wohl in vielen Fällen auf schon früher in der Geschichte erworbene Fähigkeiten auf, ja, berühmte Biologen wie der französische Forscher Jacob sprechen von der Evolution sogar von einem Flickschuster. Wie uns scheint, könnten der neuen AI von dieser Interpretation her sogar Gefahren drohen – die Entwicklung von Robotern erschiene dann eher als Bastelei denn als ein Weg zur Gewinnung neuer tiefer Einsichten.

### Vollständige Systeme

1961 schlug der japanische Psychologe Toda vor, einen »Pilzesser« als Alternative zum traditionellen Weg der akademischen Psychologie zu studieren. Statt immer mehr eingeschränkte und genau kontrollierte Experimente über isolierte Fähigkeiten, wie Gedächtnis, Sprache, Lernen, Wahrnehmung, Emotionen usw., zu machen und enge Aufgaben, wie das Erlernen von Nonsens-Silben, Buchstabenerkennung usw., sollten wir lieber komplette Systeme studieren, wobei auch diese noch einfach sein können. Diese Idee ist für das Forschungsprogramm der neuen AI fundamental. *Komplett* in diesem Zusammenhang bedeutet, daß die Systeme fähig sind, sich autonom in einer Umgebung, ohne einen menschlichen Vermittler, zu verhalten. Solche Systeme müssen Fähigkeiten für die Klassifizierung, für Navigation, für Objektmanipulation und auch für Entscheidungen, was zu tun ist, in sich bergen. Die Integration dieser Fähigkeiten in einem System, das in der Lage ist, sich selbst aufrecht zu erhalten – so lautet wenigstens das Argument – gibt mehr Einsicht in die Natur von Geist und Intelligenz, als wenn wir auf Fragmente des unglaublich komplexen menschlichen Geistes schauen.

Der »Pilzesser«-Ansatz kann als ein Vorläufer einer mehr ökologisch gerichteten Psychologie angesehen werden. Der »Pilzesser« ist ein autonomer, das heißt auf sich gestellter Agent, der zu einem entfernten Planeten entsandt wird, um Uraniumerz zu sammeln. Je mehr Erz er sammelt, um so stärker wird er belohnt. (Wir müssen uns allerdings fragen, worin denn die Belohnung eines Roboters überhaupt bestehen soll und wer ihn belohnt. Ist vielleicht, um es ironisch auszudrücken, ein »Oberroboter« da, der den Pilzesser belohnt, indem er ihn besser ölt? Es ist erstaunlich, wie schnell sich in die Roboter-Diskussion rein menschliche Aspekte einschleichen!) Der Pilzesser ernährt sich von einer bestimmten Art von Pilz, der auf diesem Planeten wächst. Er hat einen Pilzvorrat und Mittel, um sich zu bewegen (seine Beine), um Entscheidungen zu treffen (ein Gehirn) und um Erz einzusammeln (seine Arme). Jede Art von Aktivität, einschließlich Denken, erfordert Energie. Wenn der Vorrat an Pilzen verschwindet, ist der Pilzesser tot. Der Pilzesser ist auch mit Sensoren ausgerüstet: einen um zu sehen und einen, der Uraniumerz entdeckt, wie einen Geigerzähler.

Das von Toda beschriebene Szenarium ist in vielerlei Hinsicht interessant. Der Pilzesser muß autonom sein, er ist einfach zu weit weg, um aus der Ferne kontrolliert zu werden. Die Pilzesser müssen sich selbst aufrechterhalten können, da es keine Menschen gibt, die die Batterien austauschen und den Roboter reparieren könnten. Sie müssen anpassungsfähig sein, da das Territorium, in dem sie funktionieren müssen, zum großen Teil unbekannt ist. Pilzesser sind reale physische Agenten, mit anderen Worten: sie sind mit Körpern versehen. Der Unterschied dazwischen, wie sich die Dinge in Wirklichkeit entwickeln, und wie wir dachten, sie würden sich entwickeln, wenn wir sie auf die reale Welt anwenden, ist eine ständige Quelle der Überraschung. Wir erwähnten bereits, daß die Idee, Intelligenz müsse *verkörpert* sein, eine der fundamentalen Annahmen der neuen AI ist.

## Ökologische Nischen und Universalität

Wenn wir biologische Agenten, zum Beispiel Tiere, ansehen, bemerken wir, daß sie eine besondere Art der Umgebung für das Überleben brauchen, die geeignet ist, ihre Bedürfnisse zu erfüllen. Solch eine Umgebung wird eine ökologische Nische genannt. In der Natur gibt es so etwas wie ein *universelles* Tier nicht. Tiere und Menschen sind immer durch die Evolution für eine spezielle Nische angepaßt oder »entworfen«. Agenten sollen in der realen Welt existieren. Sie benötigen immer bestimmte Bedingungen für ihr Überleben. Ein Roboter braucht immer eine bestimmte Art von Energiequelle. Er muß mit Sensoren und Effektoren (z. B. Gliedmaßen) ausgerüstet sein, um seine Aufgaben in einer speziellen Umgebung zu erfüllen, oder genauer, in einer speziellen ökologischen Nische. Wenn der Roboter nachts arbeiten muß, ist es keine gute Idee, ihn nur mit einem Sehsensor auszurüsten, sondern er sollte auch einen Infrarot-Apparat haben. Auf diese Weise gilt die Idee einer ökologischen Nische auch für Roboter. Es kann keinen universellen Roboter geben, da er in der realen Welt funktionieren soll. Ganz im Gegensatz zum Rechnen: Rechnen ist universell.

Turing-Maschinen sind die einzigen Maschinen, mit denen man sich befassen muß. Das ist natürlich nur deshalb möglich, weil Rechnungen definitionsgemäß in einer gedachten Welt stattfinden; die Universalität gilt nur in dieser virtuellen Welt. Von Computern sagt man auch, daß sie universell sind. Das ist nur dann wahr, wenn wir uns auf den Rechenvorgang selbst konzentrieren. Wenn wir Computer als reale Maschinen betrachten, hängen sie sehr stark von ihrer Umgebung ab. Sie brauchen Versorgung mit Elektrizität, sie müssen von ihren Benutzern mit Sorgfalt behandelt werden, sie dürfen nicht zu starker Hitze ausgesetzt werden usw. In diesem Sinne sind Computer, wie alle anderen von Menschen hergestellten Gegenstände, für eine spezielle ökologische Nische bestimmt. Natürlich können Roboter mehrere Dinge tun und können in verschiedenen Arten von Umgebungen existieren, so daß ihre Nischen größer als die anderer Roboter sind, aber diese Nische ist immer noch vorhanden.

Die Tatsache, daß Agenten in der realen Welt nicht universell sind, sondern in einer besonderen Nische funktionieren, klingt wie eine starke Einschränkung, ist zugleich aber auch eine Erleichterung. Die ökologische Nische ist beschränkt und hat ihre eigenen Gesetze und Charakteristika, ihre Arten von Objekten und von Agenten, ihr Temperaturprofil, wie sich im Laufe der Zeit die Temperatur ändert, ihre Beleuchtungsbedingungen usw. Daher gilt es, den Agenten für alle Möglichkeiten auszurüsten. Nehmen wir einmal an, daß in einer besonderen Nische nur große Objekte relevant sind. Dann braucht man keine hochauflösenden Sensoren, die ganz kleine Objekte unterscheiden. Ist die Nische flach, genügen Räder. Oft lassen sich Lernprobleme in Realzeit lösen, die auf dem rein rechnerischen Niveau unlösbar erscheinen, wenn die Bedingungen der Nische genutzt werden. Indessen ist es, wie immer, hier auch ein *trade off.*

Je mehr Bedingungen wir in unseren Entwürfen verwenden, um so weniger universal wird der Agent sein. Das Ziel der neuen AI ist es, autonome, sich selbst genügende, situationsangepaßte, verkörperte Agenten zu bauen, die für eine spezielle ökologische Nische entworfen sind.

Wir haben uns in diesem Kapitel weitgehend an einen Artikel von T. Tschacher und C. Scheier angelehnt, die in hervorragender Weise die Lage der neuen AI schildern. Wir können gleichzeitig erkennen, wie derzeit die Erforschung menschlichen Verhaltens verläuft. Dies ist schematisch in Tabelle 15.1 dargestellt.

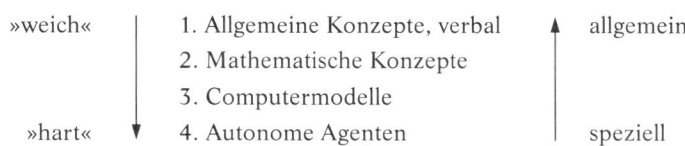

**Tabelle 15.1**

Es ist interessant zu sehen, was in der modernen Wissenschaft als Erklärung angesehen wird oder womit Überzeugungen vermittelt werden. Zweifellos hängt diese Entwicklung auch mit dem Fortschreiten technischer Möglichkeiten zusammen, es gibt effizientere Computer, neuartige Hardware-Komponenten und ähnliches; zweifellos befinden wir uns in einem Umbruch. Offen bleiben muß, ob hier der qualitative Sprung gelingen wird von simplen Leistungen autonomer Agenten zu einem Verhalten, das wir als intelligent bezeichnen können. Wie die Leser bemerkt haben, befaßt sich die Synergetik mit den Punkten 1 bis 3 (der Tabelle) und versucht hier, ein in sich geschlossenes Bild der Gehirntätigkeit zu entwerfen. Inwieweit sie zu Punkt 4 beitragen kann, muß der Zukunft überlassen bleiben.

Kapitel 16

# Netzwerke von Gehirnen

## Sprache als Bindeglied

Das zentrale Thema der Synergetik ist die Zusammenarbeit der Teile eines Systems. Bislang haben wir die Zusammenarbeit von Neuronen innerhalb eines Gehirns untersucht. Der Text wäre wohl unvollständig, wenn wir nicht noch die Zusammenarbeit der Gehirne diskutieren würden, denn durch sie ist die menschliche Rasse die herrschende Spezies geworden.

Allen voran steht hier die neue Qualität *Sprache*, die nur durch die Zusammenarbeit der Gehirne möglich wurde. Der Ursprung der Sprache ist immer noch ein Geheimnis, aber einige Spekulationen scheinen uns erlaubt: In den frühen Stadien kann die Sprache mit Zufallsereignissen begonnen haben, wobei Äußerungen, die zunächst wahllos erfolgten, mit gewissen Objekten oder Tätigkeiten verknüpft wurden. Wenn diese Äußerungen dann von einer Gruppe aufgenommen und den gleichen Objekten und Vorgängen zugeordnet wurden, könnte sich eine einfache Sprache gebildet haben.

Diese Situation erinnert daran, was in einem Laser geschieht, von dem zunächst nur einige Lichtwellen zufällig ausgesandt werden, die dann aber schließlich zu einer kohärenten Welle führen, nämlich dem Ordner des Lasers. Ganz offensichtlich war es damals nötig, daß das Gehirn diese Äußerungen sowie Assoziationen mit Objekten und Ereignissen speichern konnte, und daß es sie wieder im Zusammenhang mit diesen Objekten und Vorgängen aufrufen konnte. Auf diese Weise konnte die Zuordnung der Bedeutung zu Wörtern nur mit Hilfe des Kontexts geschehen. Das kann man auch leicht feststellen, wenn man beobachtet, wie kleine Kinder grundlegende Elemente einer Sprache erlernen. Nach einzelnen Wörtern, die einfache Objekte bezeichnen, werden später Kombinationen von zwei

Wörtern und schließlich dann auch kompliziertere Verbindungen benutzt.

Die Sprache hat sich natürlich über eine lange Periode entwickelt. Es gab aber auch grausame Experimente im Mittelalter, bei denen Kinder ohne jeglichen verbalen Kontakt mit ihrer Umgebung aufgezogen wurden; sie haben niemals eine Sprache entwickelt (und starben nach kurzer Zeit). Daher ist es ganz offensichtlich, daß die Erlernung einer Sprache von Generation zu Generation weitergegeben wird. Im Tierreich ist hingegen Übertragung von Wissen sehr begrenzt. Der enorme Vorteil, den Menschen gegenüber Tieren haben, ist, daß Sprache in gesprochener oder geschriebener Form weitergegeben wird. Diese kollektive Tradierung des Wissens ist inzwischen auch in Bibliotheken niedergelegt.

Aber gegenwärtig beobachten wir eine neue Revolution durch Computer. Sie gestatten es uns nicht nur, Informationen zu speichern, sondern sie auch in vielfältiger Weise zu verarbeiten. Der mögliche Einfluß dieser neuen Revolution auf die weitere Entwicklung der Menschheit kann kaum überschätzt werden. Zur inneren Speicherung und Verarbeitung von Information in jedem individuellen Gehirn müssen wir jetzt auch die äußere Speicherung und Informationsverarbeitung in Rechnung stellen. Dies hat J. Portugali (1994) dazu geführt, das Konzept von Inter-Repräsentations-Netzwerken zu erstellen. Aufgrund der Arbeiten von H. Haken und J. Portugali (1994) wollen wir hier einige dieser Konzepte erläutern.

Durch das Wechselspiel zwischen intern und extern entwickeln sich neue Ordner, sowohl im Individuum als auch im Kollektiv. Gleichzeitig muß das kognitive System nicht nur als ein inneres Netzwerk gesehen werden, das die äußere Umgebung repräsentiert, sondern auch als ein internes/externes Netzwerk, dessen Teile – zumindest partiell – innerlich dargestellt oder im Gehirn gespeichert sind, und einige, die in der äußeren Umgebung existieren, gespeichert oder extern repräsentiert sind. Portugali schlug vor, daß eines der schönsten experimentellen Beispiele der Wirkweise von Inter-Repräsentations-Netzwerken die sogenannten Bartlett-Szenarien sind, die 1932 von F. Bartlett als Teil seiner Studien zum Erinnern entworfen wurden. Die allgemeine Struktur der Bartlett-Szenarien

**Abb. 16.1**
Ausschnittweise Wiedergabe eines Bartlett-Szenarios.

wird uns so helfen, das Konzept der Inter-Repräsentations-Netzwerke zu vermitteln. Ein typisches Bartlett-Szenario entwickelt sich so: Einer Testperson wird ein Text gegeben oder ein Bild gezeigt, und sie wird dann gebeten, diese zu lernen. Danach soll sie aus ihrem Gedächtnis heraus reproduzieren, das heißt, den Text niederschreiben und das Bild nachzeichnen. Diese Darstellung wird dann einer anderen Person gegeben, damit diese sich wieder daran erinnern und reproduzieren soll (Abb. 16.1).

Das übliche Resultat eines solchen Experimentes ist, daß nach mehreren starken Schwankungen bei der Wiedergabe der Text oder die Figur stabilisiert sind und sich nicht mehr viel von Schritt zu Schritt ändern (Abb. 16.2, 16.3).

**Abb. 16.2**
Ein modernes Bartlett-Szenario.

Die Interpretation, die angeboten wird, ist, daß wir hier

1. ein kognitives Netzwerk haben, das aus inneren und äußeren Elementen und Darstellungen besteht,
2. eine sequentielle Wechselwirkung zwischen den inneren und äußeren Elementen des Systems, und
3. einen typischen synergetischen Prozeß.

Diese sequentielle Wechselwirkung zeigt erst starke Fluktuationen zwischen miteinander konkurrierenden Konfigurationen, was dann zur Emergenz von bestimmten Ordnern führt, die sowohl die äußeren als auch die inneren Elemente beziehungsweise Darstellung des Systems versklaven. So tritt an die Stelle des üblichen Prozesses der Musterbildung, in dem die Ordner bestimmte äußere Untersysteme versklaven, und dem üblichen Prozeß der Mustererkennung, in dem die Ordner bestimmte innere Merkmale versklaven, ein integrierter Prozeß. Die Ordner versklaven sowohl die äußerlich dargestellten Untersysteme als auch die innerlich dargestellten Merkmale.

246

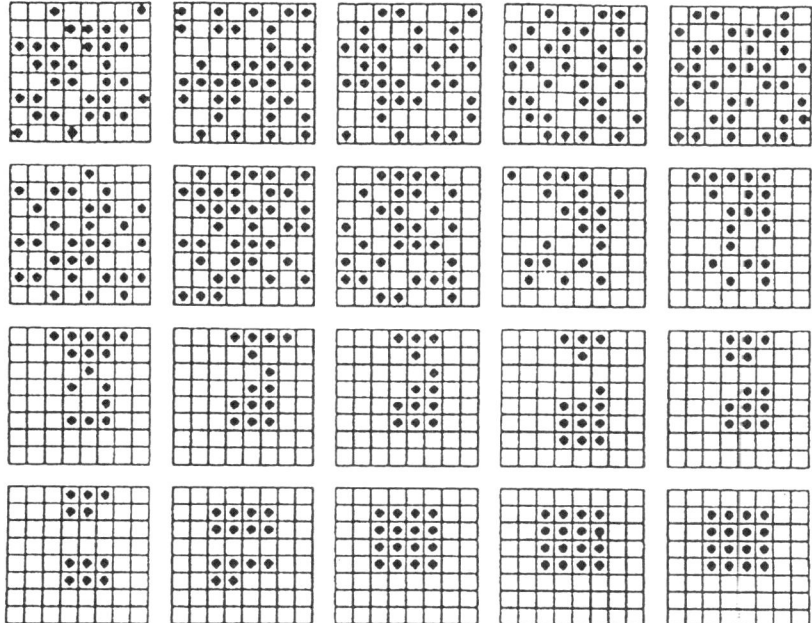

**Abb. 16.3**
Serielle Reproduktion eines komplexen Punktmusters bei 19 aufeinanderfolgenden Versuchspersonen.

## Ein allgemeines Modell des Inter-Repräsentations-Netzwerks (IRN) in der Sprache der Synergetik

Um diese integrierende Sicht in eine grafische Form zu bringen, die man übrigens dann auch mathematisch fassen kann, greifen wir auf das Konzept des synergetischen Computers von Kapitel 11 zurück. Wie wir dort sahen, läßt sich dieser sowohl auf der Ebene der einzelnen Modellneuronen als auch auf derjenigen der Ordner betrachten. Interessanterweise gibt es auch eine Netzwerkdarstellung dieses

Computers, in der die Verknüpfung der beiden Betrachtungsebenen direkt sichtbar wird und zwar gemäß Abbildung 16.4 in drei Schichten:

1. Die Eingangsschicht mit den Modellneuronen, wobei jedes mit seiner Aktivität den Grauwert des Bildes wiedergibt. Die Neuronen dieser Schicht sind nicht miteinander verknüpft. Diese Schicht leitet die Signale an die nächste weiter.
2. Die mittlere Schicht stellt die Ordner dar. Diese sind untereinander verknüpft und führen den uns schon wohlbekannten Wettkampf aus. Diese Schicht gibt ihre Signale an die Ausgangsschicht weiter.
3. Die Ausgangsschicht mit Neuronen, in der diese eine bestimmte Aktivität entwickeln, die dann die Grauwerte des vollständigen Bildes wiedergeben.

Für das Folgende wird es einfacher sein, wenn wir das Netzwerk der Abbildung 16.4 von der Seite betrachten, wie das durch den Pfeil angedeutet wird (Abb. 16.5). Nun sind wir in der Lage, unsere integrie-

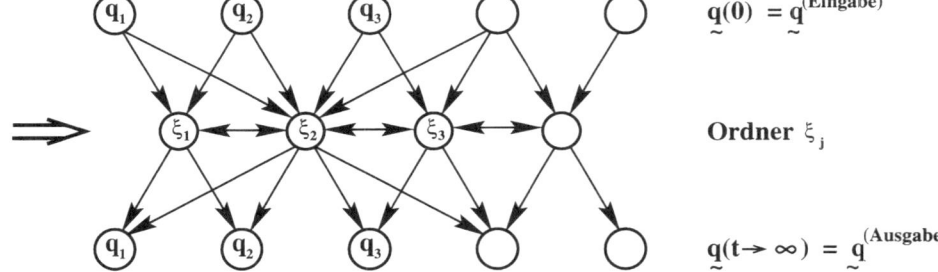

**Abb. 16.4**
Drei-Schichten-Darstellung des synergetischen Computers.

rende Sicht in eine grafische Darstellung zu bringen (Abb. 16.6). Wir haben hier zwei Arten von Eingängen, nämlich einen inneren und einen äußeren, und zwei Arten von Ausgängen, wiederum einen inneren und einen äußeren. Die Eingänge werden zu einer Anfangszeit vorgegeben, wohingegen die Ausgänge nach einer längeren Zeit gewissermaßen abgelesen werden. Der mittlere Knoten symbolisiert das Gehirn, in dem einer oder mehrere Ordner gebildet worden sind. Natürlich haben wir hier zwischen mehreren Ordnern zu unterscheiden.

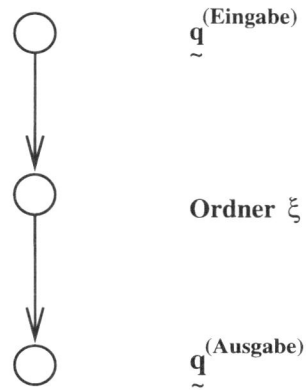

**Abb. 16.5**
»Seitenansicht« des Netzwerks von Abbildung 16.4.

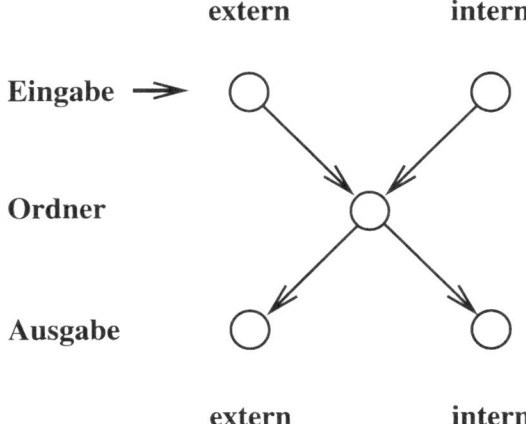

**Abb. 16.6**
Die Schicht der Ordner hat zwei Eingänge und zwei Ausgänge (»Ausgabe«), jeweils extern und intern.

Wichtig ist, daß der gleiche Ordner ganz verschiedene äußere Ausgänge regieren kann. Zum Beispiel kann er mit einem speziellen Ausgangsmuster verknüpft sein. Solch ein Ausgangsmuster kann ein Text oder eine Zeichnung in dem Bartlett-Szenario sein, aber auch irgendeine andere Tätigkeit, wie Bewegungen oder Schreiben, die dann schließlich zu einer äußeren Speicherung, in Handschrift oder im Computer, führen kann. Die möglichen Ausgänge bilden so einen ganzen Satz von Möglichkeiten, die sich im Laufe der Zeit entwikkeln. Völlig analog aber können die Ordner auch innere Muster regieren, so etwa innerlich gespeicherte Bilder oder erlernte Muster. Wir haben hier also eine sehr interessante Eigenschaft vor uns: Die gleichen Ordner können sowohl innere als auch äußere Muster bestimmen.

Wie werden aber die Ordner geschaffen? Zu diesem Zweck betrachten wir Abbildung 16.6, wo wir offensichtlich zwei verschiedene Eingänge haben, nämlich äußere und innere. Wiederum können diese Eingänge ganz verschiedene Qualitäten, wie etwa akustische oder visuelle, haben. Allgemein gesprochen werden die äußeren Modalitäten durch unser Wahrnehmungssystem gegeben, während die inneren durch Ideen, Phantasien, Träume, Gedanken usw. gegeben sind. Ein wichtiger Schritt von der oberen Schicht in Abbildung 16.6, nämlich der Eingangsschicht, zur mittleren Schicht, die mit den Ordnern befaßt ist, muß mit Hilfe von bestimmten Arten von Vorverarbeitungen geschehen. Zum Beispiel können die Muster nicht vollständig sein, sie können auch verzerrt oder im Raum verschoben, rotiert oder verschieden groß sein. Diese Muster müssen dann intern gegenüber den gespeicherten Prototypmustern geprüft werden.

Im Folgenden wollen wir uns mit dieser Vorverarbeitung nicht weiter befassen, jedoch ist es ganz offensichtlich, daß in diesem Stadium das Konzept der Gestalt auftritt: die Vorverarbeitung liefert uns also bestimmte Gestalten. Durch das Zusammenspiel all dieser verschiedenen Vorgänge und ihrer Vorverarbeitung kommt es dann zur Ausbildung der Ordner, wobei sowohl, wie wir es von Ordnern her kennen, Konkurrenz aber auch Kooperationsvorgänge bei der Bildung der Ordner eine Rolle spielen.

Bevor wir uns mit kollektiven Effekten befassen, erinnern wir uns also noch einmal ganz kurz an die Bedeutung der Abbildung 16.6. Innere und äußere Anlässe führen im Gehirn zur Bildung der Ordner, die dann wieder nach außen in bestimmter Weise weitergegeben werden und so bestimmte Tätigkeiten veranlassen, zum anderen aber auch wieder innerlich gespeichert werden können. Schauen wir uns im nächsten Abschnitt an, wie diese einzelnen Elemente zusammengefaßt werden, und wie sie dann zusammenwirken.

## Kollektive kognitive Vorgänge

Eine der wichigsten Eigenschaften der Inter-Repräsentations-Netzwerke betrifft die kollektiven Möglichkeiten der äußerlich dargestellten Elemente des Netzwerkes. Sobald die kognitive Konstruktion einer Person zu einem äußeren Element wird, wird es zur gleichen Zeit öffentlich, das heißt, andere Leute können diese Konstruktion wiederum für verschiedene Zwecke verwenden, indem sie diese als ein Element in ihrem eigenen persönlichen IRN einschließen. Das äußere Element tritt so in einen kollektiven sozialen oder kulturellen Prozeß ein. Um zu sehen, wie dies arbeitet, beziehen wir uns wieder auf einen klassischen Fall des Bartlett-Szenarios. Wie schon bemerkt, beginnt ein typisches Experiment mit einem gegebenen Eingang, wie etwa einer Geschichte, einer Zeichnung und fährt dann mit einer Folge fort, in der das Gedächtnis einer Person des vorangegangenen Eingangs zum Eingang der nächsten Person wird. Abbildung 16.7 zeigt ein solches Beispiel.

Ähnliche Experimente wie Bartlett-Szenarien wurden vor allen Dingen auch von M. Stadler und P. Kruse (1990) (Abb. 16.3) durchgeführt. Bartlett, Stadler und Kruse entwarfen ihre Szenarien, um so darzustellen, woran sich der Geist oder das Gehirn erinnern kann und an was nicht. Wir benutzen diese Szenarien als Illustration der Dynamik kollektiver zwischenmenschlicher kognitiver Prozesse und der Rolle der äußeren Darstellung, wie etwa Zeichnungen, dabei.

Das interessante Ergebnis der verschiedenen Bartlett Szenarien ist, daß sich nach verschiedenen Schritten die Geschichte oder die Bilder stabilisieren und sich somit nicht mehr ändern. In der Spra-

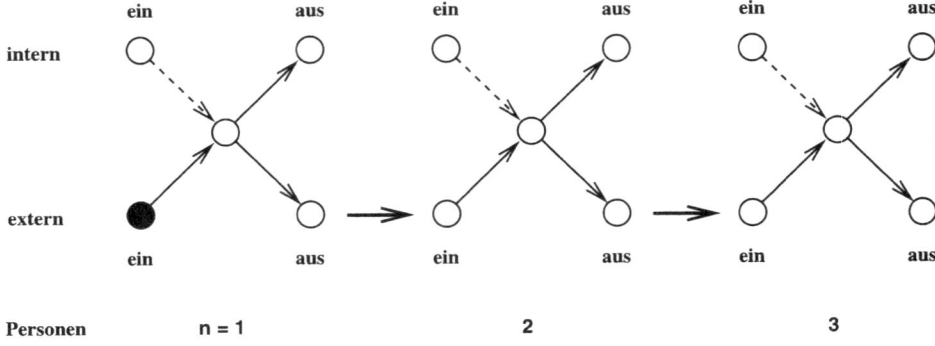

**Abb. 16.7**
Verknüpfung von Elementen der Abbildung 16.6 bei verschiedenen Personen.

che der Synergetik bedeutet dies, daß ein gewisser Ordner das System versklavt und es in einen stationären Zustand gebracht hat. Im Rahmen der gegenwärtigen Diskussion sollten wir betonen, daß das Resultat zeigt, wie aus einer Folge der Wechselwirkung zwischen inneren und äußeren Darstellungen der Individuen eine kollektive Übereinstimmung zwischen den Individuen erreicht wird, ohne daß sich diese bewußt sind, daß sie in einen kollektiven Übereinstimmungsprozeß eingebunden sind. Der Ordner, der schließlich das System versklavt, ist auf diese Weise ein kollektiver Ordner geworden. Bei einer näheren Untersuchung dieser Prozesse lassen sich verschiedene Möglichkeiten noch genauer unterscheiden, nämlich:

1. innerhalb einer Person. Die Äußerungen einer Person können zuerst schriftlich niedergelegt werden. Wenn die Person das Geschriebene dann wieder liest, kann dieses als Eingangssignal für die gleiche Person dienen. Dies führt auch zu einer Beschreibung des Bartlett-Experiments hinsichtlich einer einzelnen Person, in dem der eben beschriebene Vorgang immer wiederholt wird. Heutzutage kann bei der schriftlichen Niederlegung auch ein Computer eingeschaltet werden, dem man es sogar erlauben kann, das Niedergeschriebene in bestimmter Weise zu verändern. Auf diese Weise kommt ein interessantes Wechselspiel zwischen Mensch und Maschine zustande, das noch nicht eingehend untersucht worden ist.

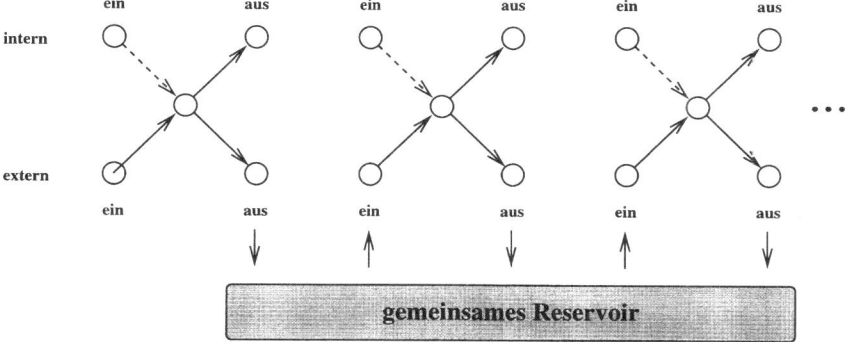

**Abb. 16.8**
Verknüpfung von einzelnen Personen mit einem gemeinsamen Reservoir.

2. Eine zweite Klasse der Iterationen kann zwischen Personen erreicht werden, wie wir dies schon ausführlicher besprochen haben, und wie es gerade im Bartlett-Experiment dargestellt ist.
3. Verbindungen zwischen Personen mit Hilfe eines gemeinsamen Reservoirs. Eine weitere zwischenpersönliche Verbindung wird mit Hilfe der Abbildung 16.8 dargestellt, wo jedes Individuum seine Äußerungen in ein gemeinsames Reservoir, zum Beispiel eine Bibliothek, eine Datenautobahn, das Internet oder einen öffentlichen Computer eingibt, und dann wieder Eingänge von diesem Reservoir empfängt.

Wegen der Erreichbarkeit vieler Benutzer – und auch durch viele Benutzer – und der Möglichkeiten, Texte rasch zu ändern, entsteht hier eine völlig neue Art von Informationsdynamik, deren Auswirkungen wir kaum erahnen können. Es ist damit zu rechnen, daß es zunächst eine Übergangszeit geben wird, in der sich ein immer noch großer Teil der Bevölkerung der bisherigen Medien bedient, während ein zunächst kleiner, aber immer mehr wachsender Teil auch die zweite Art – oder diese ausschließlich – benutzt. Es kann so zu zwei ganz neuen Arten von öffentlichem Bewußtsein kommen. Zugleich geht damit eine starke Internationalisierung der Verknüpfungen einher, wie auch dann schließlich eine Sprache als Ordner auftreten wird, nämlich das Englische. Daneben könnten natürlich auch kleinere, in sich geschlossene Netzwerke koexistieren, die sich einer anderen Sprache bedienen, wie es etwa von Frankreich angestrebt wird, des Französischen. Aber natürlich sind auch ganz andere Sprachräume leicht vorstellbar, wie etwa Japanisch oder Chinesisch.

Wir möchten hier noch einen Schritt weitergehen und sagen, daß durch diese Netzwerke die Vorbedingungen nicht nur für eine neue Art von öffentlicher Meinung geschaffen werden, sondern auch eine ganz neue Art von öffentlichem Bewußtsein entsteht. Es wird eine neue Sicht der Welt auf kollektiver Ebene geschaffen, wie wir sie nie zuvor hatten. Wir müssen uns aber auch im klaren sein, daß hier ganz neue Arten von kollektiver politischer Willensbildung erfolgen können, die dann zum Beispiel diejenigen, die nicht in diesem Netz mit verankert sind, überraschen könnten.

# Kapitel 17

# Synergetik des Gehirns

## Rückblick

Das bisher Beschriebene kann als Versuch aufgefaßt werden, eine in sich zusammenhängende Vorstellung über Gehirnaktivitäten auf dem makroskopischen Niveau zu entwickeln. Wir fassen das Gehirn als ein gigantisches komplexes System auf, das den Gesetzen der Synergetik genügt, das heißt, es arbeitet nahe an Instabilitätspunkten, wobei die makroskopischen Muster durch Ordner bestimmt werden. Die Brücke zwischen der makroskopischen und der mikroskopischen Betrachtung wird dabei durch das Versklavungsprinzip geschlagen. In der Vergangenheit dominierten sicherlich wegen der Komplexität der Gehirnfunktionen verbale Beschreibungen der Gehirnaktivität.

Zur Zeit gibt es hauptsächlich aus zwei Gründen Veränderungen: Einen Trend kann man, wie das schon mehrfach anklang, als Konnektionismus bezeichnen und auf das Netzwerkmodell von W. McCulloch und W. Pitts zurückführen, das wir kurz in Kapitel 13, im Abschnitt über Neurocomputer und Konnektionismus behandelten. Der andere Trend der mathematischen Modellierung von Gehirnfunktionen beruht auf der Synergetik, wie wir dies ausgeführt haben. Das heißt natürlich keineswegs, daß es nicht auch noch andere Denkansätze gibt, aber es scheint uns, daß jene doch wesentlich enger sind als diejenigen, die wir hier betrachtet haben. Verbale Beschreibungen haben oft den Vorteil, daß sie flexibler sind als Folge der Mehrdeutigkeiten, die jeder Sprache innewohnen. Das ist natürlich auch bei unseren Darlegungen der Fall.

Im Gegensatz dazu sind mathematische Methoden, wie sie aufs engste mit der Synergetik verknüpft sind, operationell, das heißt, sie gestatten es, die Feststellungen im Detail, sogar auch quantitativ, zu prüfen. Wir haben versucht, dem Leser hierzu ein gewisses Gefühl mit dem Hinweis auf die Deutungen der Kelso-Experimente bei Fingerbewegungen zu geben. Wahrscheinlich besteht die beste Methode in einem Mittelweg zwischen der mathematischen und der verbalen Beschreibung, nämlich sie sollte nicht so starr wie die gegenwärtigen mathematischen Behandlungen sein, sollte aber auch quantitativer sein, als es die üblichen verbalen Beschreibungen gestatten.

Wir haben hier darauf hingewiesen, daß es wichtig ist, konkrete und explizite mathematische Modelle zu behandeln, die sich so eng wie möglich an die experimentellen Ergebnisse anschließen. Wir begannen hierzu mit Experimenten und Modellen über die Bewegungskoordination, die es uns gestatteten zu zeigen, wie gut die grundlegenden Konzepte der Synergetik auf das Phänomen der Koordination angewendet werden können. Ein zentrales Thema war die Beschreibung des Verhaltens mit Hilfe von einem oder wenigen Ordnern, und dabei zu zeigen, wie das Gehirn mit Hilfe von Lernen die Zahl der Ordner reduzieren, aber auch in anderen Fällen neu schaffen kann. Ein anderes konkretes Beispiel war die EEG-Analyse, insbesondere im Falle von epileptischen Anfällen, wo wir ein konkretes Modell darstellten. Im Falle der Koordination von Wahrnehmung und Bewegungen, wie es in dem Kelso-MEG-Experiment wiedergegeben wird, gelang es, bestimmte Ordner zu identifizieren. Wir behandelten dann verschiedene Aspekte des Sehens, wobei wir auch das räumliche Sehen und die Erkennung von Kippfiguren einschlossen. Die Modellierung wurde wieder auf dem makroskopischen phänomenologischen Niveau vorgenommen, wobei das Konzept der Ordner eine zentrale Rolle spielte. Gleichzeitig ergaben sich aber auch aus der phänomenologischen Beschreibung mikroskopische Modelle neuronaler Netze. Dies gestattete es uns, zu den Konzepten der neuronalen Computer Kontakte herzustellen.

Wir machten dann einen kühnen Schritt zu den kognitiven Fähigkeiten, indem wir behaupteten, daß die Sehvorgänge als Metapher für andere kognitive Fähigkeiten betrachtet werden können, und wir arbeiteten diese Idee im Falle der Entscheidungsfindung aus, die wir in der Tat in enge Analogie zur Mustererkennung setzten. Wir befaßten uns dann mit dem Kohonen-Netz, das uns Einblicke in die lokale Speicherung von Sprache vermittelte. Schließlich zeigten wir, wie man auch Netzwerk-Modelle von Gehirnen und Computern entwickeln kann, wobei eine Hierarchie von Ordnern entsteht.

Bevor wir eine Diskussion der grundsätzlicheren Probleme beginnen, sollte ein Wort darüber gesagt werden, welche Art von Modellen wir hier beschrieben haben, und wie wir sie interpretieren. Auf einen ersten Blick hin scheint das Konzept der Gebirgslandschaft, in der sich ein Ball bewegt, sei es bei der Interpretation von Bewegungen oder von Wahrnehmungsvorgängen, eine wichtige Rolle zu spielen. Der Vorteil dieser Darstellung liegt natürlich in der Tatsache begründet, daß sie uns sehr schnell eine Vorstellung davon vermittelt, wie die Vorgänge ablaufen, die zu qualitativen makroskopischen Änderungen bei Verhalten und Wahrnehmung führen.

Einer der Autoren (H. Haken) fand diese Beschreibung mit Hilfe von Landschaften stets sehr nützlich, zum Beispiel auch, als er 1964 den dramatischen Wechsel der Eigenschaften des Laserlichts voraussagte. Derartige Landschaftsdarstellungen sind natürlich in der Mechanik und in Systemen im thermischen Gleichgewicht in der Physik wohlbekannt. Ihre Existenz im Falle von Nichtgleichgewichtssystemen, wie beim Laser, war aber damals keineswegs offensichtlich.

Trotz dieser Erfolge dürfen wir aber nicht die Grenzen dieses Landschaftsmodells übersehen. Selbst etwa in dem relativ einfachen Fall des Lasers gilt dieses Modell nur unter ganz speziellen Bedingungen. Das gilt natürlich in weit höherem Maße in Verbindung mit den Gehirnaktivitäten. In der Tat ist das Landschaftsmodell des Haken-Kelso-Bunz-Modells, das wir in Kapitel 5 diskutierten, nur eine Annäherung an ein Oszillatormodell, das ebenfalls von diesen Autoren entwickelt wurde. Um kompliziertere Bewegungsaufgaben zu modellieren, muß man jenseits dieser Landschaftsvorstellung gehen.

Hiernach genügen die Ordner bestimmten Bewegungsgesetzen, oder genauer ausgedrückt, Bewegungsgleichungen. In diese Gleichungen gehen Kontrollparameter ein, die so die Bewegung der Ordner indirekt steuern. Gemäß solcher Bewegungsgleichungen laufen die Ordner in bestimmte Attraktoren hinein, wobei sie nicht nur wie ein Ball beim Landschaftsmodell zur Ruhe kommen, sondern auf denen sie ewig regelmäßig umlaufen, oder im Falle des Chaos eine ständige, zwar unregelmäßige, aber wohldefinierte Bewegung ausführen.

Wie es scheint, arbeitet das Gehirn nahe an Instabilitätspunkten, wobei es ständig seine Zustände ändert. Zum Beispiel zeigt unser EEG die sogenannten α-Wellen wenn wir ruhig, mit geschlossenen Augen, sitzen. Ihre Analyse ergibt, wie R. Friedrich, A. Fuchs und H. Haken (1990) im Detail nachwiesen, niedrig-dimensionales Chaos. Hier wird schließlich auch die Grenze des Attraktorkonzepts deutlich. Attraktoren (man vergleiche als Beispiel die Gebirgstäler) können gemäß den Kontrollparametern verschwinden oder geschaffen werden – es ist ein ständiges Kommen und Gehen.

## Geist und Materie – Eine ewige Frage

Wir beschrieben eine zentrale Idee der Synergetik: daß die Selbstorganisation eines Systems indirekt gesteuert wird, indem Kontrollparameter verändert werden. Dieses Festlegen der Kontrollparameter ist keineswegs eine einfache Aufgabe. Wann immer wir bei unseren numerischen Rechnungen diese Parameter in den Modellgleichungen festzusetzen hatten, sei es bei der Fingerbewegung oder bei der EEG-Analyse, hingen die Lösungen der Gleichungen empfindlich von den Werten dieser Parameter ab. Auf diese Weise ergibt sich hier ein sehr tiefes Problem, es entsteht nämlich die Frage: Wer setzt die Kontrollparameter im Gehirn fest? Kommt hier die Idee von J. C. Eccles herein, nämlich daß das Gehirn eine Maschine oder ein Computer ist und sein Programm, oder in der Sprache der Synergetik seine Kontrollparameter, vom Geist festgelegt werden? Wir sind tief davon überzeugt, daß die Kontrollparameter auch wieder vom Gehirn festgesetzt werden, nämlich mit Hilfe anderer Selbstorganisationsprozesse.

Es gibt eine Zahl von Hinweisen, wie eine solche Festlegung von Kontrollparametern erreicht werden kann. Eine geschieht durch Lernen, das heißt durch eine Änderung der synaptischen Stärken. Ein höchst interessanter, wenngleich indirekter Hinweis für das Setzen von Kontrollparametern wird mit Hilfe der sogenannten *Bereitschaftspotentiale*, die von H. Kornhuber und L. Deecke (1965) entdeckt wurden, gegeben. Bei den entsprechenden Experimenten wird eine Person gebeten, ihren Zeigefinger zu bewegen, sobald sie es wünscht. Nach einiger Zeit bewegt sie tatsächlich den Finger. Aber, und das ist die entscheidende Entdeckung, ungefähr 60 tausendstel Sekunden *vor* dieser Tätigkeit können spezielle elektrische Potentiale im Gehirn mit Hilfe des EEGs beobachtet werden. Es ist, als ob das Gehirn die Aktion vorbereitet. Unserer Ansicht nach ist die Erstellung der *Bereitschaftspotentiale* wiederum ein Akt der Selbstorganisation, die anderen Akten der Selbstorganisation durch passend gesetzte Kontrollparameter vorausgeht. Die offensichtliche Schwierigkeit ist nun: Was löst die Selbstorganisation der *Bereitschaftspotentiale* aus? Wir glauben, daß hier mikroskopische Ereignisse in makroskopische Manifestationen in der Form von elektrischen Potentialen überführt werden. Es ist unsere Überzeugung, daß alle Wirkungen des Gehirns, die heutzutage als immateriell angesehen werden, mit materiellen Vorgängen verknüpft sind. Zum Beispiel wird das Kommando, das durch materielle Medien übertragen wird, materiell von den Neuronen oder Synapsen gespeichert und dann (vielleicht spontan) durch eine Fluktuation aktiviert, die wie F. Beck und J.C. Eccles annehmen, durchaus quantenmechanischen Ursprungs sein könnte. Der experimentelle Beweis dieser Argumente ist sicher – zumindest gegenwärtig – schwierig, weil wir viel zu wenig über die materielle Basis des Gedächtnisses wissen.

Andererseits glauben wir auf keinen Fall, daß die Eigenschaften des Geistes ein bloßes Ergebnis der materiellen Gehirnaktivitäten sind. Unsere Ansicht beruht vielmehr auf dem Konzept der Ordner und dem Versklavungsprinzip, einschließlich dem der zirkulären Kausalität. Mit anderen Worten, unsere Interpretation ist, daß sich die abstrakten Vorgänge, die durch Ordner und deren Wechsel regiert werden, die materiellen Vorgänge, die durch die Teile, zum Beispiel die Neuronen, des Systems beschrieben werden, gegenseitig bedingen. Es mag sehr wohl sein, daß diese Feststellungen im Prinzip nicht prüfbar oder von *philosophischer* Natur sind. Der Grund liegt in der Tatsache, daß das Gehirn äußerst komplex ist, und die Emergenz neuer Qualitäten auf ganz verschiedenen Niveaus geschehen kann, vom Mikroskopischen hin bis zum Makroskopischen, und es kann sehr schwierig sein, all die Korrelationen zu prüfen, die nötig sind, um zu zeigen, daß sich eine neue Qualität entwickelt hat.

Wie wir ausgeführt haben, bedeutet das Auftreten der Ordner und die Wirkung des Versklavungsprinzips im allgemeinen eine enorme Informationskompression. Spezielle komplexe mikroskopische Konfigurationen – die Aktivitätsmuster der Neuronen – werden durch einen oder nur wenige Ordner regiert. Ein eindrucksvolles Beispiel für die Wirkung der Informationskompression ist unsere Sprache. Ein einfaches Wort wie Hund umschließt eine große Mannigfaltigkeit verschiedener Rassen, Farben, Formen, Stellungen usw. Die Kommunikation wird nur möglich durch diese und ähnliche Arten von Informationskompression. Zur gleichen Zeit gibt die Informationskompression Anlaß zu Mehrdeutigkeiten und die Effizienz einer Sprache liegt in der Balance zwischen Eindeutigkeit und Mehrdeutigkeit.

Interessanterweise läßt sich die Informationskompression auch bei der Bewegungskontrolle finden. Wie wir im Falle des Pedalo-Experiments zeigten, wird diese Bewegung schließlich, nach dem Lernvorgang nämlich, von einem einzigen Ordner regiert, der sogar einer sehr universellen Ordnergleichung genügt, nämlich der des Van der Pol-Oszillators, der auch in der Radiotechnik bekannt ist. Andererseits können die individuellen Ordner erst wirksam werden, indem sie in die vielen Freiheitsgrade übersetzt werden, die Freiheitsgrade der Muskelzellen. Dieser Vorgang kann als eine Informationsinflation angesehen werden. So hat das Versklavungsprinzip in der Tat zwei Aspekte: Von der einen Seite aus gesehen dient es dazu, Information zu komprimieren, von der anderen Seite aus erzeugt es Information.

Ein anderer Aspekt, der die Diskussion wert ist, ist die Natur der Ordner. Mit wenigen Ausnahmen sind Ordner immateriell. Zum Beispiel können sie eine Phase, wie bei der Fingerbewegung, darstellen. Dies führt uns natürlich sofort zum Körper-Geist (oder Leib-Seele)-Problem, nämlich: Wie kann eine immaterielle Größe, wie ein Ordner, das Verhalten eines materiellen Systems, wie der Muskeln, steuern? Vom rein mathematischen Standpunkt aus gibt es hier keinerlei Schwierigkeit. Die Phase und die Kontraktion der Muskeln können durch mathematische Variable und durch deren Bewegungsgleichungen beschrieben werden. Gemäß den Resultaten der Synergetik geben die einzelnen Teile mit ihren Variablen Anlaß zu einem Ordner, und umgekehrt regiert der Ordner nach dem Versklavungsprinzip das Verhalten der Teile, das durch die Relation $q = f(\xi)$ beschrieben wird, das heißt, $q$ ist eine Funktion von $\xi$.

Aber in der Wissenschaft und noch mehr in der Philosophie wollen wir Beziehungen deuten, oder sie mit einer Bedeutung belegen. Zum Beispiel besagt das Newtonsche Gesetz $ma = F$, daß die Masse $m$ eines Teilchens mal seiner Beschleunigung $a$ gleich der Kraft $F$ ist. Dies wird aber so interpretiert, daß man sagt: Die Kraft $F$ ist die *Ursache* für die Beschleunigung des Teilchens. Was wäre dann die entsprechende Interpretation der Gleichung $q = f(\xi)$? $q$ stellt die Variablen der materiellen Bestandteile dar, zum Beispiel der Muskelzellen, während $\xi$ eine immaterielle Größe (der Ordner oder der Geist?) ist. Mit Hilfe der Analogie zwischen dieser Gleichung und der Gleichung $ma = F$ würden wir sagen: Der Geist ist die Ursache für das Verhalten der Materie.

Auf der anderen Seite, wie schon oben bemerkt, gibt $q$ Anlaß zur Existenz von $\xi$, oder in der jetzigen Interpretation: Materie bestimmt den Geist. (*Mind from Matter*, also Geist aus der Materie, ist der Titel eines berühmten Buches von M. Delbrück.) Des weiteren können wir aber auch die zirkuläre Kausalität bemühen: Geist und Materie bedingen sich gegenseitig, oder Geist und Materie sind zwei Seiten der gleichen Münze. Dieser Gesichtspunkt, den wir vertreten, ist natürlich nicht neu. Man kann ihn schon bei Benedictus de Spinoza finden.

Schließlich sind noch andere Deutungen möglich. Zum Beispiel ließe sich sagen, daß sich selbstorganisierende Systeme (das Gehirn) so verhalten, *als ob* sie von Ordnern (dem Geist) regiert würden. Wir fürchten, daß an dieser Stelle ganz verschiedene Meinungen zum Ausdruck gebracht und auch in Zweifel gezogen werden können. Unserer Ansicht nach beginnt im vorliegenden Falle die Schwierigkeit, wenn wir von der Mathematik zur Ontologie von Gehirn und Geist übergehen.

Was auch immer das Ergebnis solcher Dispute sein wird, glauben wir, daß das Ordnerkonzept und das Versklavungsprinzip zumindest eine *Metapher* für das Geist-Körper Problem sein könnten, vielleicht aber auch mehr.

## Einige offene Fragen

Es ist in der Wissenschaft wohlbekannt, daß die Lösung eines Problems oft ein Dutzend weiterer Fragen aufwirft. Das gilt natürlich auch für das Vorgehen, das wir hier dargestellt haben. Das Gehirn ist ein äußerst komplexes System, und wie wir am Anfang schon feststellten, hat ein solches viele Facetten. In der Tat gibt es zahlreiche Fragen, die in diesem Buch nicht beantwortet wurden, oder die wir nicht einmal erwähnt haben; auch Fragen, die überhaupt noch nicht gestellt sind. Nennen wir einige davon: Wo ist das Gedächtnis lokalisiert? Ist es in den Synapsen oder spezifisch in den Rezeptoren lokalisiert? Oder ist Gedächtnis mit den *Microtubuli* verknüpft, jenen winzigen, in den Zellen vorkommenden, aus einer Molekülschicht bestehenden Röhrchen, die sich verkürzen oder verlängern können? Eine derartige Vermutung wurde von D. Hameroff (1987) geäußert.

Ein wichtiges Problem, das wir überhaupt nicht diskutierten, ist das des Wachsens des Gehirns und seine Entwicklung. Dies ist eine ganz fundamentale Frage, da Struktur und Funktion sich gegenseitig bedingen. Dieses Gebiet ist aber so groß, daß es mindestens ein weiteres Buch verdienen würde.

Warum sind wir auf das Problem des Bewußtseins überhaupt nicht eingegangen? Ist dies doch für viele *das* Wesensmerkmal des Menschen und wohl für uns alle die grundlegende Erfahrung unseres Lebens. Wie der bedeutende amerikanische Gehirnforscher W. J. Freeman (1995) in seinem kürzlich erschienenen Buch (*Societies of brains*) bemerkte, wird die Frage, was denn eigentlich Bewußtsein ist, immer wieder neu aufgeworfen. Unserer eigenen Erfahrung nach diskutierten Wissenschaftler bislang Bewußtsein um so weniger, je näher sie durch ihre eigene Arbeit mit der Gehirnforschung verbunden sind. Diese Haltung scheint sich aber in den letzten Jahren aus mindestens zwei Gründen zu ändern: Zum einen aus der schon lange von J. Locke, D. Hume und vielen anderen geäußerten Ansicht, daß Bewußtsein ein Erlebniszustand ist, keine Wesenheit also, und zum anderen aus der Entwicklung moderner Untersuchungsmethoden des Gehirns, wie PET, MRI und in gewissem Umfang auch EEG und MEG (vgl. Kap. 2).

Wie die entsprechenden Forschungen zeigen, sind die unterschiedlichen Bewußtseinsinhalte des Menschen mit in verschiedenen Gehirnregionen mehr oder weniger lokalisierten neuronalen Aktivitäten *verknüpft*. Hierbei hängt es wohl auch von der philosophischen Einstellung ab, wie man das Wort *verknüpft* deutet, etwa nur im Sinne einer Begleiterscheinung oder einer fundamentalen Ursache-Wirkung-Beziehung in einem Sinne, den wir zu Ende des Abschnitts über »Geist und Materie – Eine ewige Frage« diskutierten. Interessante Vorschläge zu dieser Problematik stammen von F. H. C. Crick und C. Koch (1990), wie auch G. M. Edelman (1992) und besonders von G. Roth und H. Schwegler. Sie zeigen, wie man dieses Problem wissenschaftlich anpacken könnte, aber wir möchten es hier unterlassen, da zum einen die Dinge zu sehr im Fluß sind, und zum anderen gerade auch von bekannten Physikern hierzu schon viel Unsinn gesagt wurde. Mit dem Problem des Bewußtseins ist das der sogenannten Qualia verwandt. Qualia, wie die Wahrnehmung von Farbe oder von Schmerz, sind unserer Ansicht nach nicht – oder noch nicht – einer mathematischen Modellierung zugänglich, so wie sie hier dargestellt worden ist.

Vielleicht könnten wir einen Schritt vorankommen, wenn wir näher untersuchen, welche einzelnen Vorgänge schon im Auge der Farbwahrnehmung zugrunde liegen. Wie wir wissen, gibt es im Auge drei verschiedene Empfangsmoleküle, die für drei verschiedene Grundfarben zuständig sind. Auf diesem Niveau ist die Farbe eines Gegenstandes durch die drei Intensitäten der darin enthaltenen Grundfarben bestimmt. In diesem Sinne ist also die Farbe nicht durch *eine* Größe, sondern durch deren *drei* definiert. Der Natur gelingt es offenbar, diese drei Intensitäten zu einem jeweils bestimmten Farbeindruck zusammenzubinden. Mit anderen Worten, die Natur löst das Bindungsproblem durch eine ganz neuartige Kodierung. Das hier vorgestellte Bild ist unter anderem insofern zu einfach, als unsere subjektive Farbempfindung von den Farben der Umgebung des betrachteten Gegenstandes erheblich beeinflußt werden kann. Aber vielleicht erscheinen die Qualia so in einem neuen Licht – nämlich als ein Teil der Lösung des Bindungsproblems, warum uns die Gegenstände dieser Welt jeweils als Ganzheit erscheinen.

Was wird die Zukunft unseres Denkansatzes, den wir dargestellt haben, sein? Ganz offensichtlich kann man immer kompliziertere mathematische Modelle im Rahmen der Synergetik entwickeln, und wir können kompliziertere Bewegungen oder Verhaltensweisen modellieren. Wenden wir uns aber statt dessen noch einigen allgemeinen Problemen zu.

### Ist das Gehirn eine Maschine?

Um diese Frage zu diskutieren, müssen wir uns bewußt sein, daß sich das Konzept einer Maschine im Laufe der Jahrhunderte stark gewandelt hat. Ursprünglich war eine Maschine eine einfache Vorrichtung, wie ein Hebel oder ein Hammer, um mechanische Arbeit auszuführen. Heutzutage sprechen wir von einem Computer als einer Maschine. Darüber hinaus werden derzeit eine Menge von Konzepten aus der Biologie ausgeliehen, um auf Maschinen angewendet zu werden. Wir finden Konzepte, wie solche der Selbstorganisation, Selbstreparatur, Selbstzusammenfügung (*self-assembly*), Selbststeuerung usw. im Zusammenhang mit der Konstruktion von Maschinen. Man beachte, wie das *Selbst* in die Maschinen hineinkriecht!* So also müssen wir, wenn wir das Gehirn mit einer Maschine vergleichen, sorgfältig diskutieren, welche Art von Maschine wir im Sinn haben. Das Gehirn ist sicherlich keine Maschine im ursprünglichen Sinn des Wortes, nämlich eine von Menschen gemachte Vorrichtung, die spezielle Aufgaben erfüllt. Aber wenn wir eine Maschine mit immer mehr biologischen Aspekten versehen, dann kann vielleicht schließlich kein großer Unterschied zwischen dem Gehirn und einer Maschine bestehen. Wie es scheint, ist hier ein ehrgeiziges Rennen zwischen dem menschlichen Gehirn und dem menschlichen Gehirn (das ist kein Druckfehler!) im Gange. Auf der einen Seite will das menschliche Gehirn eine Maschine konstruieren, deren Fähigkeiten denen des menschlichen Gehirns gleichen oder diese sogar übertreffen, und auf der anderen Seite will das menschliche Gehirn beweisen, daß es immer einer solchen Maschine überlegen ist. Eine

---

* Dabei sehen wir uns mit der Frage konfrontiert, das »Selbst« im wissenschaftlichen Sinne zu definieren. Im Rahmen der Synergetik möchten wir es als Wirkgefüge von sich gegenseitig bedingenden Verhaltensweisen und -möglichkeiten definieren.

ähnliche Fragestellung ist der Vergleich zwischen Gehirn und Computer, den wir in Kapitel 13 diskutierten.

## Wo entsteht Bedeutung im Gehirn?

Wir haben das Gehirn auf zwei Betrachtungsebenen untersucht, der mikroskopischen und makroskopischen. Hier entdecken wir bei der Frage nach der Entstehung von Bedeutung eine merkwürdige Symmetrie. Wie wir sahen, sind die Nervenimpulse völlig unspezifisch – alle Zellen benutzen den gleichen Code. Um welche Sinneswahrnehmung es sich handelt, geht aus den benutzten Nervenzellen und deren Fortleitungen hervor, nicht aber aus den Signalen. Ähnlich ist es auf dem makroskopischen Niveau der Ordner. Auch diese sind unspezifisch – ihre Bedeutung erhalten sie erst durch das jeweilige Nervennetz auf das oder in dem sie wirken.

## Das Gehirn und Chips – oder Gehirnprothesen

Eine interessante Aufgabe wird die physikalische Verbindung zwischen Neuronen und Chips sein, die von P. Fromherz (1994) verfolgt wird. Hier sind wir erst an einem Beginn, und es ist sicherlich zu früh schon Feststellungen über weitere Entwicklungen zu treffen, zum Beispiel über den Einsatz von Chip-Implantaten in verletzten Gehirnen, oder die Verbesserung der Kapazität des Gehirns durch Gehirnprothesen. Nur die Zukunft kann uns sagen, ob das Sciencefiction ist oder nicht. Andererseits aber, von dem abstrakten Gesichtspunkt der Synergetik her, können kooperative Effekte zu dem gleichen makroskopischen Verhalten von Systemen führen, die ganz verschiedene mikroskopische Komponenten haben. Dies ist möglich eben durch die Existenz der Ordner. Nehmen wir das im vorangegangenen Absatz Gesagte hinzu, so erscheint die Entstehung von Bedeutung auch bei solchen »Zwittergebilden« möglich.

## Was ist Kreativität?

Schließlich seien noch einige Worte über Kreativität gesagt. Wir haben dieses Problem völlig ausgelassen. Wie uns scheint, ist Kreativität das tiefste aller Rätsel, die das menschliche Gehirn betreffen. Es bedeutet die Geburt neuer Gedanken, die niemals vorher erzeugt worden sind, und deren Erzeugung äußerst unwahrscheinlich war. Man kann die Schaffung einer neuen Idee mit einem Puzzlespiel vergleichen. Es kann sogar ziemlich einfach sein, den Schöpfungsakt in einfacher Weise verbal auszudrücken: zum Beispiel als den Wettbewerb und die Kooperation verschiedener Ideen, um neue Ordner zu bilden. Aber gerade hier setzt auch unsere Kritik an verbalen Beschreibungen an. Solche Feststellungen sind ziemlich müßig und geben uns keinerlei operationalen Hinweis oder ein Rezept, wie man ein Puzzle löst, oder wie man eine neue grundsätzliche Idee finden kann. Vielleicht ist es gut, daß die Natur des Genius von Geheimnis umgeben bleibt.

**Ist unser Blickwinkel der richtige?**
Wir glauben, daß es beim Verstehen der Welt oder auch unseres Gehirns nicht viel anders ist als bei der Wahrnehmung, wozu wir an Abbildung 4.14 erinnern (s. S. 91): Ob rechts oben (oder links unten) »in Wirklichkeit« ein Männerkopf oder eine Frauengestalt »vorliegt«, ist unentscheidbar. Was wir erkennen, hängt von dem vorher Wahrgenommenen ab. Ist es beim Gehirn oder beim Leib-Seele Problem anders? Wir kommen von der Synergetik – woher kommen Sie, liebe Leserin, lieber Leser?

Wir möchten mit einem Gedicht von Angelus Silesius schließen:

*Ich bin, ich weiß nicht wer,*
*ich komme, ich weiß nicht woher,*
*ich gehe, ich weiß nicht wohin,*
*mich wundert's, daß ich so fröhlich bin.*

# Literatur

**Vorwort**

Ausgangspunkt des vorliegenden Buches ist die Synergetik, die Lehre vom Zusammenwirken. Siehe hierzu

H. Haken: Erfolgsgeheimnisse der Natur. rororo, Reinbek b. Hamburg 1995, sowie

J. Kriz: Systemtheorie. Eine Einführung für Psychotherapeuten, Psychologen und Mediziner. Facultas Universitätsverlag, Wien 1997.

G. Schiepek, W. Tschacher: Selbstorganisation in Psychologie und Psychiatrie. Vieweg, Braunschweig 1997.

M. Stadler, P. Kruse: Ambiguity in mind and nature, (Hrsg.). Springer, Berlin 1995.

Als wertvolle Ergänzung zum vorliegenden Buch

R. Breuer: Das Rätsel von Leib und Seele, (Hrsg.). Deutsche Verlags-Anstalt, Stuttgart 1996.


**Kapitel 1: Einführung**

R. Descartes: Meditationen über die Grundlagen der Philosophie. Übers. v. A. Buchanan, Hamburg (Titel der Originalausgabe: Méditations de prima philosophia, 1641/42, 1961. Abhandlung über die Methode. Übers. v. K. Fischer, Stuttgart (Originalausgabe: Discours de la méthode, 1637).

H. Haken: Erfolgsgeheimnisse der Natur. rororo, Reinbek b. Hamburg 1995.

J.C. Eccles, K. R. Popper: The self and its brain. Springer, Berlin 1977.

J. C. Eccles: New light on the mind-brain problem: How mental events could influence neural events. In: H. Haken (Hrsg.), Complex systems – operational approaches. Springer, Berlin, 81–106 (1985).

C.S. Sherrington: The integrative action of the nervous system. Constable, London 1906.

## Kapitel 2: Wir erkunden unser Gehirn

P. Broca: Remarques sur la siège de la faculté du language articulé. Bulletin de la société d'anthropologie, Paris 1861.

T.H. Bullock, R. Orkland, A. Grinnell: Introduction to nervous systems, W. H. Freeman and Co., San Francisco 1977.

A. Daffertshofer, M. Schwartz: private Mitteilung 1994.

A. Fuchs, R. Friedrich, H. Haken, D. Lehmann: Spatio-temporal analysis of multichannel $\alpha$-EEG map series. In: Computational systems – natural and artificial, H. Haken (ed.). Springer, Berlin 1987.

A. Fuchs, J. A. S. Kelso, H. Haken: Phase transitions in the human brain: Spatial mode dynamics. International Journal of Bifurcation and Chaos 2, 917–939 (1992).

J.A.S. Kelso, S. L. Bressler, S. Buchanan, G. C. de Guzman, M. Ding, A. Fuchs, T. Holroyd: A phase transition in human brain and behavior. Physics Letters A *169*, 134–144 (1992).

Arbeiten von B. F. Skinner siehe C. A. Catania, S. Harnad (Hrsg.): The selection of behavior. Cambridge University Press, Cambridge 1988.

Frühere Arbeiten:

B. F. Skinner: Verbal behavior. Appleton-Century-Crofts, New York 1957.

Arbeiten von Sperry siehe S. P. Springer, G. Deutsch: Left brain, right brain. 4th ed., W. H. Freeman and Co., New York 1993.

C. Wernicke: Der aphasische Symptomenkomplex. Breslau 1874.

## Kapitel 3: Das Neuron – Baustein des Gehirns

Boeckh: Nervensysteme und Sinnesorgane der Tiere. Freiburg 1975.
Daumer, Hainz: Verhaltensbiologie. München 1980.

I. Dudel, R. Menzel, R. F. Schmidt (Hrsg.): Neurowissenschaft. Springer, Berlin 1996.

E.R. Kandel, J. H. Schwartz, T. M. Jessell (Hrsg.): Neurowissenschaften. Spektrum Akademischer Verlag, Heidelberg 1996.

J.G. Nicholls, A. R. Martin, B. G. Wallace (Hrsg.): Vom Neuron zum Gehirn. Gustav Fischer Verlag, Stuttgart, Jena, New York 1995.

R.F. Schmidt: Grundriß der Neurophysiologie. Springer, Berlin 1987.

R.F. Thompson: Das Gehirn. Springer, Berlin 1990.

## Kapitel 4: Ein Minikurs in Synergetik

M. Bestehorn, M. Fantz (Neufeld), R. Friedrich, H. Haken: Hexagonal and spiral patterns of thermal convection. Phys. Lett. A, *174*, 48–52 (1993).

H. Haken: Erfolgsgeheimnisse der Natur. rororo, Reinbek b. Hamburg 1995.

H. Haken, A. Wunderlin: Die Selbststrukturierung der Materie. Braunschweig 1991.

## Kapitel 5: Bewegungskoordination – Bewegungsmuster

N. Bernstein: The coordination and regulation of movements, Pergamon Press, London 1967.

J.J. Gibson: The ecological approach to visual perception. Boston: Houghton-Mifflin 1979.

H. Haken, J. A. S. Kelso, H. Bunz: A theoretical model of phase transitions in human hand movements. Biol. Cybernectics *51*, 347–356 (1985).

D.P. Hanes, J. D. Schall: Science *274*, 427 (1996).

E. von Holst: Über den Prozeß der zentralnervösen Koordination. Pflügers Arch. *236*, 149–158 (1935).

E. von Holst: Die relative Koordination als Phänomen und als Methode zentralnervöser Funktionsanalysen. Erg. Physiol. *42*, 228–306 (1939).

E. von Holst: Über relative Koordination bei Anthropoden. Pflügers Arch. *246*, 847–865 (1943).

J.A.S. Kelso: On the oscillatory basis of movements. Bulletin of Psychonomic Society *18*, 63 (1981).

M.L. Shik, F. V. Severin, G. N. Orlovskii: Control of walking and running by means of electrical stimulation of the mid-brain. Theor. Biol. *142*, 359–391 (1966).

R.C. Schmidt, C. Carello, M. T. Turvey: Phase transitions and critical fluctuations in the visual coordination of rhythmic movements between people. Journal of Experimental Psychology: Human Perception and Performance *16*, 227–247 (1990).

G. Schöner, H. Haken, J. A. S. Kelso: A stochastic theory of phase transitions in human hand movement. Biol. Cybernetics *53*, 247–257 (1986).

J.P. Scholz, J. A. S. Kelso, G. Schöner: Non-equilibrium phase transitions in coordinated biological motion: critical slowing down and switching time. Physics Letters A *123*, 390–394 (1987).

C.S. Sherrington: The integrative action of the nervous system. Constable, London 1906.

### Kapitel 6: Lernen von Bewegungsmustern

G.S. Schöner: Learning and recall in a dynamic theory of coordination patterns. Biological Cybernetics *62*, 39–54 (1989).

G.S. Schöner, P.G. Zanone, J.A.S. Kelso: Learning as change in coordination dynamics: Theory and experiment. J. of Motor Behavior *24*, 29–48 (1992).

B. Tuller, J.A.S. Kelso: Environmentally specified patterns of movement coordination in normal and split-brain subjects. Experimental Brain Research *74*, 306–316 (1989).

J. Yamanishi, M. Kawamoto, R. Suzuki: Two coupled oscillators as a model for the coordinated finger tapping by both hands. Biol. Cybernetics *37*, 219–225 (1980).

P.G. Zanone, J.A.S. Kelso: The evolution of behavioral attractors with learning: Nonequilibrium phase transitions. J. of Experimental Psychology: Human Perception and Performance *18*, 403–421 (1992).

R. Haas, H. Haken, H. Körndle: Movements on a pedalo: An analysis based on synergetics. Unveröffentlichtes Manuskript (1995).

H. Haken: Principles of Brain Functioning. Springer, Berlin 1996.

H. Körndle: Private Mitteilung 1992.

### Kapitel 7: Chaos im Gehirn

A. Babloyantz: Strange attractors in the dynamics of brain activity. In: Complex systems – operational approaches, H. Haken (Hrsg.). Springer, Berlin 1985.

A. Babloyantz, C. Nicolis, M. Salazar: Evidence of chaotic dynamics of brain activity during the sleep cycle. Phys. Lett. A *111*, 152 (1985).

N. Birbaumer: Vortrag im Stuttgarter Physikalischen Kolloquium (1997).

S.P. Layne, G. Mayer-Kress, J. Holzfuss: Problems associated with dimensional analysis of electroencephalogram data. In: Dimensions and entropies in chaotic systems, G. Mayer-Kress (Hrsg.). Springer, Berlin 1986.

E.N. Lorenz: Deterministic nonperiodic flow. J. Atmos. Sci, *20*, 130–141 (1963).

H. Poincaré: Les méthodes nouvelles de la mécanique celeste, Vols. 1–3. Gauthier-Villars, Paris, reprint (1957), Dover, New York 1892–1899.

L.P. Shilnikov: A case of the existence of a countable number of periodic motions. Sov. Math. Dok. 6, 163–166 (1965). Math. USSR Sbornik 10, 91 (1970).

### Kapitel 8: Minikurs in Synergetik II:
### Die Bildung raum-zeitlicher Muster

R. Friedrich, C. Uhl, H. Haken: Reconstruction of spatio-temporals signals of complex systems. Zeitschrift für Physik B 92, 211–219 (1993).

C. Uhl, R. Friedrich, H. Haken: Analysis of spatio-temporal signals of complex systems. Phys. Rev. E 51, 3890–3900 (1995).

### Kapitel 9: Gehirnströme spielen verrückt

R. Friedrich, C. Uhl: Spatio-temporal analysis of human electroencephalograms: Petit-mal epilepsy. Physica D 98, 171–182 (1996).

D. Lehmann: Multichannel topography of human alpha EEG fields. Electroenceph. Clin. Neurophysiol. 31, 439–449 (1971). Human scalp EEG fields: evoked, alpha, sleep and spike-wave patterns. In: Synchronisation of EEG activity in epilepsies, H. Petsche, M. A. B. Brazier (Hrsg.). Springer, Berlin 1972.

### Kapitel 10: Das magnetische Gehirn

A. Fuchs, J. A. S. Kelso, H. Haken: Phase transitions in the human brain: Spatial mode dynamics. International Journal of Bifurcation and Chaos 2, 917–939 (1992).

V.K. Jirsa, R. Friedrich, H. Haken, J. A. S. Kelso: A theoretical model of phase transitions in the human brain. Biol. Cybern. 71, 27–35 (1994).

V.K. Jirsa, R. Friedrich, H. Haken: Reconstruction of the spatio-temporal dynamics of a human magnetoencephalogram. Physica D 89, 100–122 (1995).

V.K. Jirsa, H. Haken: Field theory of electromagnetic brain activity. Physical Review Letters 77, Nr. 5, 960–963 (1996).

J.A.S. Kelso, S. L. Bressler, S. Buchanan, G. C. deGuzman, M. Ding, A. Fuchs, T. Holroyd: Cooperative and critical phenomena in the human brain revealed by multiple squids. In: Measuring chaos in the human brain, D. Duke, W. Pritchard (Hrsg.). World Scientific, Singapore 1991.

J.A.S. Kelso, S. L. Bressler, S. Buchanan, G. C. deGuzman, M. Ding,

A. Fuchs, T. Holroyd: A phase transition in human brain and behavior. Physics Letters A *169*, 134-144 (1992).

**Kapitel 11: Wahrnehmung**

T. Ditzinger, H. Haken: Oscillations in the perception of ambiguous patterns. Biol. Cybern. *61*, 279-287 (1989).

T. Ditzinger, H. Haken: The impact of fluctuations on the recognition of ambiguous patterns. Biol. Cybern. *63*, 453-456 (1990).

H. Haken, M. Haken-Krell: Erfolgsgeheimnisse der Wahrnehmung. Deutsche Verlags-Anstalt, Stuttgart 1992.

B. Julesz: Foundations of cyclopean perception. University of Chicago Press, Chicago 1991.

W. Köhler: Die physischen Gestalten in Ruhe und im stationären Zustand. Vieweg, Braunschweig 1920.

W. Köhler: The task of Gestalt psychology. Princeton 1969.

D. Marr, H. Hildreth: Theory of edge detection. Proc. R. Soc. Lond [Biol] *207*, 187-217 (1980).

D. Marr, T. Poggio: Cooperative computation of stero disparity. Science *194*, 283-287 (1976).

D. Marr, T. Poggio: A computational theory of human stero vision. Proc. R. Soc. Lond [Biol] *204*, 301-328 (1979).

M. Ossig, A. Daffertshofer, H. Haken, W. Lorenz: Hierarchical structures in pattern recognition. Proc. ICASSE 94, F. G. Böbel, T. Wagner (Hrsg.), Erlangen 1994.

D. Reimann, H. Haken: Stereo vision by self-organization. Biol. Cybern. *71*, 17-26 (1994).

J.R. Saffran, R. N. Aslin, E. L. Newport: Science *274*, 1926-1928 (1966).

P. Vanger, R. Hönlinger, H. Haken: Applications of the synergetic computer in decoding complex facial patterns. Proceedings of the First International Conf. on Applied Synergetic and Synergetic Engineering, June 21-23, Erlangen, 111--117 (1994).

P. Vanger, R. Hönlinger, H. Haken: Anwendung der Synergetik bei der Erkennung von Emotionen im Gesichtsausdruck. In: G. Schiepek, W. Tschacher (Hrsg.), Synergetik in Psychologie und Psychiatrie. Springer, Berlin 1994.

P. Vanger, R. Hönlinger, H. Haken: Automated coding of facial expressions of emotions with the synergetic computer. (1996). Wird veröffentlicht.

M. Wertheimer: Experimentelle Studien über das Sehen von Bewegung. Zeitschrift für Psychologie *62*, 371–394 (1912).

### Kapitel 12: Entscheidungsfindung als Mustererkennung

H. Haken: Principles of Brain Functioning, Kap. 17. Springer, Berlin 1996.

W.A. Wagenaar: Heuristics: Simple ways for dealing with complex problems. Talk given at the symposium: Natural Sciences and Human Thought, Villa Vigoni, Italy, 29.3.–2.4.1993.

### Kapitel 13: Das Gehirn als ein Computer oder können Computer denken?

J.J. Hopfield: Neural networks and physical systems with emergent collective computational abilities. Proc. Natl. Acad. Scis *79*, 2554–2558 (1982).

W. Mc.Culloch, W. Pitts: A logical calculus of the ideas immanent in nervous activity. Bulletin of Math. Biophysics *5*, 115–133 (1943).

M.L. Minsky: The Society of mind. Simon und Schuster, New York 1986.

J. von Neumann: The computer and the brain. New Haven, Connecticut 1958.

R. Rosenblatt: Principles of neurodynamics. Spartan Books, New York 1962.

T.N. Sejnowski, C. R. Rosenberg: Parallel networks that learn to pronounce English text. Complex Systems *1*, 145–168 (1987).

A.M. Turing: On computable numbers, with an application to the Entscheidungsproblem. Proc. London Mathem. Soc. Series 2, *42*, 230–265 (1936).

A.M. Turing: Computing machinery and intelligence. In Mind *59* (1950).

J. Weizenbaum: Eliza – A computer program for the study of natural language communication between man and machine. Communications of the Association for Computing Machinery *9*, 36–45 (1966).

N. Wiener: Cybernetics, or control and communication in the animal and the machine. Cambridge, MA 1948.

K. Zuse: Der Computer, mein Lebenswerk. Nachdr. der 2. Aufl., Springer, Berlin 1990.

## Kapitel 14: Neuronale Netze und kognitive Karten

H.J. Jackson: On affections of speech from disease of the brain. Brain *1*, 304–330 (1878).

T. Kohonen: Associative memory – A system theoretical approach. Springer, Berlin 1978.

T. Kohonen: Self-organization and associative memory. 2. Aufl., Springer, Berlin 1987.

M.I. Posner und M. Raichle: Bilder des Geistes. Spektrum Akademischer Verlag, Heidelberg 1996.

H. Ritter, T. Kohonen: Self-organizing semantic maps. Biol. Cybern. *61*, 241–254 (1989).

D.E. Rumelhart, J.L. McClelland: Parallel distributed processing: Explorations in the microstructure of cognition., Band 1 und 2. Cambridge University Press, MA 1984.

M. Spitzer: Geist im Netz. Spektrum Akademischer Verlag 1996.


## Kapitel 15: Auf dem Wege zur neuen AI

J.J. Gibson: The ecological approach to visual perception. Boston: Houghton Mifflin 1979.

W. Tschacher und C. Scheier: Nichtlineare Analyse dynamischer psychologischer Systeme. I: Konzepte und Methoden. System Familie *7*, 133–144 (1994).

W. Tschacher und C. Scheier: Toward a new cognitive psychology – The perspective of situated and self-organizing cognition. In: Cognitive psychology. Concepts and complex systems. Bd. 13, 1996, 163–189.

W. Tschacher, C. Scheier und E.J. Brunner (Hrsg.): Nichtlinearität und Chaos in Psychoseverläufen – eine Klassifikation der Dynamik auf empirischer Basis. In: W. Böker, H.D. Brenner (Hrsg.). Integrative Therapie der Schizophrenie. Bern: Huber, 48–65 (1992).


## Kapitel 16: Netzwerke von Gehirnen

F. Bartlett: Remembering. A study in experimental and social psychology. Cambridge Univ. Press, Cambridge 1932.

A. Daffertshofer und Benz: Visual Remembering. Bartlett revised. Unveröffentlicht.

H. Haken, J. Portugali: Synergetics, inter-representation networks and cognitive maps. J. Portugali (ed.), The Construction of Cognitive Maps, 45–67. Kluwer Ac. Publishers (1996).

J. Portugali: Inter-representation networks and cognitive maps. J. Portugali (ed.), The Construction of Cognitive Maps, 11–43, Kluwer Ac. Publishers (1996).

M. Stadler, P. Kruse: The self-organization perspective in cognition research: Historical remarks and new experimental approaches. In: H. Haken, M. Stadler (Hrsg.), Synergetics of cognition. Springer, Berlin, 32–52 (1990).

### Kapitel 17: Synergetik des Gehirns

F.H.C. Crick, C. Koch: The problem of consciousness. Scientific American *267*, 152–159 (1990).

M. Delbrück: Mind from matter. An essay on evolutionary epistemology. Blackwell, Palo Alto, CA 1986.

G.M. Edelman: Bright air, brilliant fire. Basic Books, New York 1992.

W.J. Freeman: Societies of brains. Lawrence Erlbaum Ass., Hillsdale, NJ 1995.

R. Friedrich, A. Fuchs, H. Haken: Spatio-temporal EEG patterns. In: Rhythms in physiological systems, H. Haken, H.P. Koepchen (Hrsg.). Proceedings of the International Symposium at Schloß Elmau. Springer, Berlin 1990.

P. Fromherz, A. Offenhäuser, T. Vetter, J. Weis: A neuron-silicon junction: A retzius-cell of the leech on an insulated-gate field-effect transistor. Science 252–253 (1991).

H. Haken: Z. Physik *181*, 96 (1964).

H. Haken: Are synergetic systems (including brains) machines? In: H. Haken, A. Karlqvist, U. Svedin (Hrsg.), The machine as metaphor and tool. Springer, Berlin, 123–137 (1993).

H. Kornhuber, L. Deecke: Hirnpotentialänderung bei Willkürbewegungen und passiven Bewegungen des Menschen: Bereitschaftspotential und reafferente Potentiale. Pflügers Archiv *284*, 1–17 (1965).

# Bildnachweis

| | |
|---|---|
| 2.3a,b | Bullock et al., 1977 |
| 2.5 | Lehmann, private Mitteilung |
| 2.6 | Fuchs et al., 1987 |
| 2.7, 2.9, 2.10 | Kelso et al., 1992 |
| 2.15 | Daffertshofer und Schwartz, private Mitteilung 1994 |
| 3.1 | Thompson: Das Gehirn, Heidelberg, 1990 |
| 3.2, 3.3 | Schmidt (Hrsg.) Grundriß der Neurophysiologie, Berlin, 1994 |
| 3.4 | Haken-Krell, 1997 |
| 3.5 | nach Vorlage aus Nicholls, Martin, Wallace: Vom Neuron zum Gehirn, Stuttgart, 1995 |
| 3.6 | nach Vorlage aus Daumer, Hainz: Verhaltensbiologie, München, 1980 |
| 3.8 | Boeckh: Nervensysteme und Sinnesorgane der Tiere, Freiburg, 1975 |
| 4.3 | Bestehorn et al., 1993 |
| 5.6 | Kelso et al., 1986 |
| 5.7 | Scholz, Kelso, Schöner, 1987 |
| 6.2, 6.3, 6.6 | Schöner, Zanone, Kelso, 1992 |
| 9.1–9.4 | Friedrich, Uhl, 1995 |
| 10.1, 10.2 | Fuchs, Kelso, Haken, 1992 |
| 11.10 | Vanger, Hönlinger, Haken 1996 |
| 11.15 | Computersimulation nach Ditzinger und Haken |
| 11.18 | Daffertshofer, private Mitteilung |
| 11.23, 11.24, 11.27 | Reimann und Haken, Biol. Cybern. 71, 1994 |
| 14.3, 14.6–14.8 | Ritter und Kohonen, Biol. Cybern. 61, 1989 |
| 14.9 | aus »Bilder des Geistes« von Posner und Raichle, 1996 |
| 16.1 | Bartlett, 1932 |
| 16.2 | Daffertshofer und Benz, »Visual Remembering. Bartlett revised«, unveröffentlicht |
| 16.3 | Stadler und Kruse, 1990 |

# Personenregister

# Sachregister

**Möchten Sie noch
mehr über unser
Verlagsprogramm
wissen, dann schicken
Sie uns bitte einfach
diese Karte zurück.**

Absender:

Name

Straße

PLZ/Ort

Ich interessiere mich für:

☐ Architektur und Kunst
☐ Geschichte und Politik
☐ Memoiren und Erinnerungen
☐ Belletristik
☐ Philosophie, Religion, Psychologie

Diese Karte entnahm ich dem Buch:

Umseitige Abbildung wurde dem Band

Antwort

Deutsche Verlags-Anstalt
Abt. MB
Postfach 106012
70049 Stuttgart

# Eine Auswahl aus dem Programm der DVA

Reinhard Breuer (Hrsg.)
**Der Flügelschlag des Schmetterlings**
Ein neues Weltbild durch die Chaosforschung
239 Seiten mit 58 farbigen Abbildungen

**Das Rätsel von Leib und Seele**
Der Mensch zwischen Geist und Materie
236 Seiten mit 66 zumeist farbigen Abbildungen

Hermann Haken/Maria Haken-Krell
**Erfolgsgeheimnisse der Wahrnehmung**
Synergetik als Schlüssel zum Gehirn
264 Seiten mit 176 Abbildungen

Dankwart Rost
**Pawlows Hunde**
Die Legende von der beliebigen
Manipulierbarkeit des Menschen
304 Seiten mit 4 Abbildungen